카르마 경영의
6가지 원칙

Karma

카르마 경영의 6가지 원칙

윤홍식 저

봉황동래

들어가며　　　　　　　　　　　　　　008

🍁 홍익보살의 길 ——

대승보살도 선언문	017
홍익보살 선언문	028
홍익보살의 길	030
홍익보살 실천지침 14조	059
대승보살의 참선법, 6바라밀선禪	061
카르마 경영의 6가지 원칙	067
6바라밀선禪의 구체적 실천법	069
보살의 길, 6바라밀의 실천법	072
에고의 찬가	077
참나와 현상계	079
한 생을 넘어선 큰 안목으로 보살도를 하자	082
존재의 목적	095

🍁 참나를 밝히는 길

모든 선禪은 대승선의 방편일 뿐이다	099
진정한 열반이란 무엇인가?	107
초간단 견성법	126
최상승선의 비결	135
우리는 본래 열반이다	156
지금 여기	186
몰입의 9단계	187
즐거움 속에 명상에 들어가는 방법	195
6바라밀선禪으로 견성하기	215
참나에게 믿고 맡기는 삶	226
6바라밀선禪은 불성의 향연	256
1급과 1단	258
영성의 1급과 1단의 실체를 밝히다	286
1급과 1단의 실체와 영성연구방법론	319
화엄 10지, 보살이 닦아 가는 길	333

🍁 운명을 바꾸는 길

양심전문가가 되어라	345
양심적 가정·조직의 경영을 위한 6가지 점검 사항	349
나와 세상을 바꾸는 6바라밀 양심혁명	351
6바라밀 양심캠페인과 정신문명의 도래	372
매 순간 자명함을 따르는 삶	376
6바라밀로 가정을 경영하라	394
먼저 주변부터 밝히는 것이 보살의 길	411
종교의 어두운 그림자	424
6바라밀을 총동원하여 독서하기	440
참회와 6바라밀	442
작은 일부터 바로잡아라	456
받아들임의 지혜	461
모든 고통에서 자유로워지는 길	478

🪷 부록 ——

5분 명상	509
10분 명상	511
몰입의 4단계	515
불교의 4선정四禪定과 멸진정滅盡定	516
5가지 화두	517
10가지 견성의 인가 기준	518
6바라밀과 6도윤회	520
지상정토 게임(MMORPG) 즐기는 법	524
선정·지혜·실천의 3가지 공부	526

들어가며

진정한 불법은
자신의 '불성' 즉 '양심'에
충실한 삶을 사는 것일 뿐입니다.

그리고 이렇게
자신의 양심에 충실한 삶을 살아가는
'깨달은 중생'을 '보살'이라고 부릅니다.

중생은 보살로 살아갈 때 비로소
일체의 고액에서 벗어날 수 있습니다.
이것이 진정한 '대승보살의 길'입니다.

보살로 살아간다는 것은
매 순간 '양심선禪' 즉 '6바라밀선禪'을
닦는 삶을 산다는 것을 의미합니다.

우리는 오직 '마음'을 통해서만
현상계를 경험합니다.
우리의 마음에 나타나지 않은 것은
결코 체험할 수 없습니다.

우리의 '마음'
즉, '생각'과 '감정'과 '오감'이
우리가 체험할 수 있는 '일체의 현상계'입니다.
더구나 그러한 현상계는 모두
'순수한 알아차림'인 '참나'(열반)의 나툼입니다.

보살은 6바라밀 중 '반야바라밀'로
이러한 진실을 '있는 그대로' 꿰뚫어 보고,
매 순간 자신의 마음에 나타나는 현상계를
6바라밀로 잘 경영할 뿐입니다.

어떤 경계를 만나건
그것이 역경이건 순경이건,
생각으로 감정으로 오감으로 나타난
중생심을 6바라밀에 따라 척척 요리해 냅니다.

인색한 중생심을 '보시바라밀'로 요리하고
유혹에 흔들리는 중생심을 '지계바라밀'로 요리하며,
진실을 받아들이지 못하는 중생심을
'인욕바라밀'로 요리합니다.

나태한 중생심을 '정진바라밀'로 요리하고
산란하고 혼침한 중생심을 '선정바라밀'로 요리하며,
진실을 있는 그대로 꿰뚫어 보지 못하는 중생심을
'반야바라밀'로 요리합니다.

이렇게 언제 어디서나
자신의 마음을 6바라밀로 경영하는 것,
이것이 바로 '6바라밀선禪'입니다.
매 순간 '6바라밀선'을 잘 챙기는 것이야말로
최고의 수행이라 할 수 있습니다.

'6바라밀선'은 참선을 닦는 순간부터
즉각 우리의 마음을 정화시키고
우리가 사는 세계를 정화시키는 수행법입니다.

우리의 마음을 6바라밀로 채울수록
우리가 사는 이 현상계는
곧장 정토로 거듭날 것입니다.
우리는 곧장 보살이 될 것이며
우리의 삶은 그대로 신성해질 것입니다.
어떤 '카르마'(업보)도 모두 정화시킬 수 있을 것입니다.
'6바라밀선'이 아닌 그 어떤 참선이
이러한 공효를 즉각 나타낼 수 있겠습니까?

21세기를 맞이하여 방황하는 우리 인류에게
무엇보다 절실한 것이 바로
이 '양심선' '6바라밀선'의 닦음입니다.

온 인류가 내면의 신성인 '양심'의 뜻대로
생각하고 말하고 행동할 때,
우리가 사는 세계는 청정해질 것이며
온 인류는 태평성대를 맞이하게 될 것입니다.

지구, 나아가 온 우주를
'대승보살' '홍익보살'로

장엄하게 장식하기를 간절히 염원하는 마음으로,
'6바라밀선'이 전 인류에게 널리 퍼지기를
간절히 기원합니다.

끝으로 이 책을 꼼꼼하게 검토해 준
영주, 선아·선우와
편집을 도와준
윤동현군, 송진일군과 박두병군,
그리고 이 책이 출간되도록 큰 애를 써 준
나의 오랜 벗 종원이와 병문이에게 감사를 전합니다.

2019년 홍익학당 대표 윤홍식

나와 세상을 바꾸는
6바라밀 양심혁명

우리 모두 대승보살의 길로 나아가야 한다!
잠시도 지체할 시간이 없다.
'중생의 마음자리'가 유일한 도량이며,
'지금 이 순간'이 유일한 시간이다.

홍익보살의 길

대승보살도 선언문 ───

우리의 목표는
윤회에서 벗어나 열반에 드는 것이 아니다.
그것은 어디까지나 소승불교의 목표일 뿐이다.

대승불교의 목표는
일체의 현상계가 그대로 청정함을 깨달아
늘 열반에 안주하되,
윤회에서 떠나지 않는 '보살'이 되어
온 우주를 '화엄華嚴세계'로 만드는 것이다.

또한 우리는 '비로자나불'과 같이
에고를 모두 초월한
전지·전능한 '부처'가 되고자 하지 않는다.

보살은 '깨달은 중생'이다.
그는 늘 열반에 안주하기에 '깨달은 자'이며

늘 현상계에 머물기에 '중생'이다.

에고의 개체성이 없이는
온전한 '중생'이 될 수 없다.
온전한 중생이 되지 못하면
중생계에서 수작을 할 수 없다.

선에 복을 주고 악에 벌을 주는 것은
'인과법' 그 자체인 '법신불' 비로자나불의 몫이나,
중생계 안에서
복 받을 선을 짓고
벌 받을 악을 짓지 않는 것은
오직 '깨달은 중생'의 몫이다.

보살은 비로자나불이 개체성을 입은 존재이다.
비로자나불은 에고를 초월한 부처이며
보살은 에고를 입은 부처이다.

본체가 부처이며
작용이 보살이다.

깨달은 중생인 보살이 없다면
중생이 어떻게 깨달음을 얻을 수 있으며,
사바세계는 어떻게 정토(淨土)가 될 수 있겠는가?

이 현상세계의 혼탁한 카르마를
그 누가 정화할 수 있겠는가?
이 세계는 비로자나불이 없어서
혼탁해지는 것이 아니라,
깨달은 중생인 보살이 없어서 혼탁해지는 것이다.

그러니 인간은
윤회를 떠나 열반에 안주하거나,
전지·전능한 비로자나불이 되는 것을
목표로 해서는 안 된다.

오직 '보살'이 되는 것을
목표로 삼아야 한다.
그것이 인간의 사명이다!
보살이야말로 이 시대에 필요한
인간의 모습을 한 부처이다.

우리 모두 철저히 중생으로 살아가되
깨달은 중생이 되면 그것으로 충분하다.
그래서 『화엄경華嚴經』이 10지 보살을
중생의 궁극의 경지로 묘사한 것이다.
그러니 우리는 '깨달은 중생'을 목표로 삼아야 한다.

현상계는 '카르마karma'로 굴러간다.
카르마의 결이 모두에게 이로울 때 '선善'을 이루며
모두에게 해로울 때 '악惡'을 이루게 된다.

통에서 벗어나야 통을 굴릴 수 있듯이
카르마에서 벗어날 수 있어야
카르마를 경영할 수 있다.

우리를 보살로 인도하는 선禪은,
우리를 곧장 카르마를 초월한
참나(열반)로 인도할 수 있어야 하며,
현상계의 카르마를 영원히 저버리지 않으면서
모두에게 이롭게 경영하도록 돕는 참선이어야 한다.

참나에서 온갖 공덕을 끌어내는 '선정'과
만법萬法이 본래 청정함을 꿰뚫어 보는 '반야',
진리를 기꺼이 수용하는 '인욕'과
남을 나처럼 사랑하고 돕는 '보시',
남에게 부당한 피해를 주지 않는 '지계'와
현실에 안주하지 않고 나아가는 '정진',

이 6가지 덕목을 두루 갖춘 참선이 아니고는
우리가 늘 열반에 머물 수 없으며
카르마를 올바르게 경영할 수 없다.

지금까지 닦았던 참선으로는
진정한 깨달음을 얻을 수 없다.

신비한 체험에 매몰된 참선으로는
나와 남을 이롭게 할 수 없으며
카르마를 경영할 수도 없다.

오직 6바라밀선만이 우리를
'중생의 리더'이자 '카르마의 경영자'인

보살의 길로 인도한다.

'대승보살' '홍익보살'은 6바라밀선의 달인이다.
6바라밀선을 통해 늘 열반에 머물되
윤회를 떠나지 않으며
나와 남을 이롭게 하는 이가
진정한 대승보살이다.

늘 카르마를 초월한 참나에 안주하면서,
6근根으로 굴러가는 카르마 세계를
참나에서 샘솟는 6바라밀로 경영하여,
나와 남 모두를 살리는 불변의 선업善業을
쌓아 가는 이가 대승보살인 것이다.

6바라밀선은 '양심선禪'이다.
6바라밀이야말로 양심의 온전한 덕목이다.
매 순간 자신이 있는 그 자리에서
'양심'을 구현하는 것이야말로
비로자나불의 지상명령이다.
이것이 대승보살의 길이다.

우리 모두 대승보살의 길로 나아가야 한다!
잠시도 지체할 시간이 없다.
'중생의 마음자리'가 유일한 도량이며,
'지금 이 순간'이 유일한 시간이다.

지금 이 순간,
바로 여기(마음)에서,
생각과 감정과 오감을
6바라밀로 경영할 뿐이다!
이것이 최고의 수행이다.

우리는 오직 지금 이 순간만을 살아가고 있다.
과거와 미래에 집착하지 말고
'지금 여기'에서
최선을 다하는 것으로 족하다.

과거의 업력이 아무리 두텁더라도
지금 이 순간
여기에서
6바라밀을 실천할 때,

어떠한 업도 청정하게 정화된다.

우리의 마음이 6바라밀로 물드는 순간,
우리는 온 우주를 장식하는
위대한 보살로 다시 태어날 것이며,
온 우주는 정토로 거듭날 것이다.

우리 마음에 '6바라밀의 꽃'을 피우고
6바라밀로 다른 중생도 인도하여,
천지에 보살들이 우글거리게 해야 한다.

보살의 꽃들이 온 우주를 장엄하게 장식할 때,
'화엄세계'는 우리의 목전에 펼쳐지게 될 것이다!

깨달음을 얻기 위해 속세를 떠나려 하지 마라.
우리는 산으로 절로 출가하는 것이 아니다.
도를 닦는 도량은 오직 '마음',
그것도 바로 우리의 '중생심'이다.

탐진치가 넘실대는 중생심을 도량으로 삼고

6바라밀선으로 중생심을 경영할 때,
우리는 진정한 '대승보살'이 될 수 있으며
중생심은 불성이 구현된 '정토'로 거듭날 것이다.

중생심의 파도 속에서
6바라밀로 중심을 잡고 버티며
남을 돕는 것이야말로
보살도를 닦는 참된 수행이다.

열반의 세계와 현상계도
둘로 보지 않는 존재가 보살이다.
그런데 어찌 승속僧俗의 구별이 있을 수 있겠는가?

보살은 언제나 철저히 '중생'이어야 한다.
중생심을 떠나는 순간 보살이 될 수 없다.
그래서 유마거사는 속인의 모습을 하고 있으며
원효보살도 소성거사小性居士로 자처한 것이다.

그러니 어찌 속인과의 구별을 둘 수 있겠는가?
승속의 차별을 떠나지 못하고

윤회와 열반의 차별을 떠나지 못하면,
대승의 도리는 구경도 못하게 될 것이다.

진정한 대승보살이라면,
① 절대계와 현상계가 둘이 아님을
　　명백히 깨닫고(眞俗不二),
② 머무름이 없는 열반에 안주하되(無住涅槃),
③ 나와 남을 둘로 보지 않고(自他一如),
④ 언제 어디서나 일체 중생을
　　널리 이롭게 해야 한다(利益衆生).
이것이 바로 '대승의 4법인法印'이다.

대승의 4법인을 자명하게 깨닫고,
중생심을 떠나지 않으면서
6바라밀로 이를 잘 경영할 때,

우리는 진정한 중생의 리더이자,
카르마의 경영자인 보살로 거듭나게 될 것이다.
이것이야말로 진정한 대승보살의 길이다!

유튜브(YouTube) | 대승보살도 선언문

홍익보살 선언문

① 나는 언제 어디서나 양심을 따라서
　깨어있으면서 평정심을 유지할 것이다.

② 나는 언제 어디서나 양심을 따라서
　내가 상대방이라면 원했을 것을
　상대방에게 베풀 것이다.

③ 나는 언제 어디서나 양심을 따라서
　내가 상대방이라면 원하지 않았을 것을
　상대방에게 가하지 않을 것이다.

④ 나는 언제 어디서나 양심을 따라서
　내가 받아들여야 할 것을 적극적으로 수용할 것이다.

⑤ 나는 언제 어디서나 양심을 따라서
　선을 실천하고 악을 제거하는 일에 최선을 다할 것이다.

⑥ 나는 언제 어디서나 양심을 따라서
　자명한 것과 찜찜한 것을 명확히 분별할 것이다.

⑦ 나는 언제 어디서나 양심을 따라서
　나의 재능을 인류 모두를 위해 사용할 것이다.

유튜브(YouTube) | 홍익보살 선언문

홍익보살의 길

에고는 무상한 생각 · 감정 · 오감으로
이루어져 있음을 직시하십시오.

일체의 생각 · 감정 · 오감에 대해
"몰라!"라고 선언하십시오.
일체의 마음 작용 이전의
'나라는 존재'로 존재하십시오.

'나라는 존재'는 영원합니다.
어떠한 부족함도 없는
시공을 초월한 자리입니다.
오직 알아차릴 뿐입니다.
오직 존재할 뿐입니다.

이제 생각 · 감정 · 오감으로 작용하는
마음을 알아차리십시오.

생각·감정·오감이 모두
'참나의 작용'임을 알아차리십시오.

'생각'도 알아차리는 참나가 없이는
존재할 수 없습니다.
참나도 생각을 통해 현상계를 경험합니다.

'감정'도 알아차리는 참나가 없이는
존재할 수 없습니다.
참나도 감정을 통해 현상계를 경험합니다.

'오감'도 알아차리는 참나가 없이는
존재할 수 없습니다.
참나도 오감을 통해 현상계를 경험합니다.

우리의 마음 작용은
모두 참나의 작용입니다.
우리의 마음이 사멸하지 않는
영원한 존재임을 느껴 보십시오.

참나가 바다라면 마음은 파도입니다.
참나가 태양이라면 마음은 햇살입니다.
참나가 영원하면 마음도 영원합니다.
둘은 본래 하나입니다.

'나라는 존재감'은 영원히
우리의 내면에서 빛날 것이며,
참나가 빛나는 한
우리는 영원히 현상계에 머물면서
보고 듣고 느끼고 생각하며
살아갈 것입니다.

참나의 작용인 마음은
영원히 죽지 않을 것입니다.
우리의 마음이 영원하면
우리의 세계도 영원할 것입니다.

찰나 찰나 모습이 바뀔 뿐,
우리는 사멸하지 않고
이 현상계에 영원히 머물면서,

생각 · 감정 · 오감을 통해
보고 듣고 느끼고 생각할 것입니다.

나의 생각 · 감정 · 오감은
모든 존재들에게 영향을 주게 되어 있습니다.
나와 남을 모두 이롭게 하는
선의 결을 따르면 선한 결실을 맺을 것이며,
나와 남을 모두 해롭게 하는
악의 결을 따르면 악한 결실을 맺을 것입니다.

이 우주가 나로 인해
더욱 밝아지고 행복해지도록,
생각으로 말로 행동으로
언제 어디서나 선한 작품을 지으십시오.

영원히 사라지지 않을 불멸의 선업을 지으십시오.
이것이 진정한 홍익보살의 길입니다.

홍익보살의 길 풀이

이 글은 제가 현대판 『반야심경般若心經』이 되기를 바라면서 쓴 글입니다. 『반야심경』의 어려운 한문을 해석하면서 전달하는 것보다는, 한글판 『반야심경』을 만들면 좋겠다는 생각이 들어서 한글로 풀어 보았습니다. 여기에 '홍익보살의 길'이라는 제목을 붙이고, 실천적인 내용과 이론적인 내용을 덧붙여 설명하였습니다.

> 에고는 무상한 생각·감정·오감으로
> 이루어져 있음을 직시하십시오.
>
> 일체의 생각·감정·오감에 대해
> "몰라!"라고 선언하십시오.

먼저 에고가 매 순간 무상하게 변화하는 '생각·감정·오감'으로 구성되어 있다는 것을 직시할 수 있어야 합니다. 생각·감정·오감은 한순간도 머물지 않고 변합니다. 우리는 그것들의 이런 무상함을 통찰하면서 "몰라!" 하고 내려놓을 수 있어야 합니다. 그것들을 내려놓을 수 없다면 초월적인 지혜를 얻을 수 없습니다. 우리가 생각·감정·오감에 매몰되어 살아가는 한, 생각·감정·오감을 낳은 자리, 굴리는 자리를 바로 체험하고 느낄 수 없거든요.

생각·감정·오감을 내려놓고 존재할 뿐인 상태, 즉 '나라는 존재감'의 상태로 들어가면, 그 자리에서 우리가 바로 '신성'을 만나 신성과 하나가 될 수 있습니다. 신성과 만난다고 하니 신성과 우리가 둘로 분리되어 있는 것처럼 이해하면 안 됩니다. 그 둘은 본래 하나입니다. 신성과 만난다는 것은, 우리가 '신성'으로서 존재하게 됨으로써 우리 자신이 본래 신성이라는 것을 알게 된다는 의미입니다.

> 일체의 마음 작용 이전의
> '나라는 존재'로 존재하십시오.
>
> '나라는 존재'는 영원합니다.
> 어떠한 부족함도 없는
> 시공을 초월한 자리입니다.
> 오직 알아차릴 뿐입니다.
> 오직 존재할 뿐입니다.

실제로 우리가 '나라는 존재' 상태로만 있을 때에는 이름도 나이도 말할 수 없고, 어떤 분별심도 존재하지 않습니다. 그 자리는 어떠한 부족함도 없는 시공을 초월한 자리이니까요. 우리가 생각·감정·오감과 만나더라도 이 자리는 타락하거나 변질되지 않기 때문에, 생각하고 말하고 움직이는 중에도 '나라는 존재'를 충분히 느낄 수 있습니다.

그 자리에는 생각도 그 무엇도 없고, 부처도 들어가지 못합니다. 부처라는 언어나 개념이 들어갈 수 있는 자리가 아니라는 뜻입니다. 어떠한 상相도 들어갈 수 없고, "내가 존재한다!"라는 느낌만 있습니다. 그 자리에서는 오직 알아차릴 뿐이고, 오직 존재할 뿐입니다. 존재의 방식이 '알아차림'이에요. 그 상태에서는 알아차림으로 존재하는 것이지요.

그렇다고 아주 아무것도 모르는 자리는 아닙니다. "몰라!" 한다니까 "그 자리는 진짜 멍청한 자리인가 보다." 하고 생각할 수도 있겠습니다만, "몰라!" 한다는 것은 생각·감정·오감을 "모른다!" 하고 내려놓으라는 얘기입니다. 이것들을 일단 내려놓고 나면, 온 우주를 알아차리는 그 자리가 나옵니다.

그 상태로 존재하게 되면 우리가 비로소 '참나'를 알게 됩니다. 이것을 불교식 표현으로는 '아공我空'[01]을 깨달았다고 합니다. 우리의 '에고'(我)는 생각·감정·오감으로 이루어져 있고, 이것이 무상하다는 것을 알고 내려놓고 나면, 무상하지 않은 '진정한 자아'인 '참나'를 만나게 된다는 것입니다.

이제 생각·감정·오감으로 작용하는
마음을 알아차리십시오.
생각·감정·오감이 모두
'참나의 작용'임을 알아차리십시오.

'생각'도 알아차리는 참나가 없이는
존재할 수 없습니다.
참나도 생각을 통해 현상계를 경험합니다.

'감정'도 알아차리는 참나가 없이는
존재할 수 없습니다.

---

01 아공我空의 진리
참나·열반은 상락아정常樂我淨하나, 에고의 작용인 생각·감정·오감은 무상無常·고苦·무아無我이다! 에고는 불변하는 독자적 실체가 없다! 참나·열반은 시공과 주객을 초월하나, 에고의 작용에는 시간성·공간성·이원성·인과성이 존재한다!

참나도 감정을 통해 현상계를 경험합니다.

'오감'도 알아차리는 참나가 없이는
존재할 수 없습니다.
참나도 오감을 통해 현상계를 경험합니다.

'아공'을 논했으니, 이제부터는 "현상계 자체가 본래 참나의 작용이다."라는 '법공法空'[02]의 깨달음까지 나아가 보겠습니다. 생각·감정·오감으로 작용하는 마음을 통으로 알아차려 보세요. '참나'를 단단히 붙잡고 참나의 측면에서 보면서, 생각·감정·오감으로 작용하는 마음을 알아차려 보세요.

이것은 '참나의 눈'으로 봐야 보이지, 지금 제 얘기를 듣고 그냥 상상만 하시면 안 됩니다. 그러면 엉터리 철학이 나옵니다. 철학은 간단해요. 우주에 실제로 존재하는 진실을 직접 체험하고, 그 체험으로부터 논리를 전개해야만 진짜 철학자가 됩니다.

---

02 **법공法空의 진리**
생각·감정·오감의 만법은 참나의 작용이다! 만법은 참나의 작용으로서 불변하는 독자적 실체가 없다! 만법은 불생·불멸이니 본래 청정한 열반이다! '지금·여기·나'로부터 '시간성·공간성·이원성'이 생겨난다!

참나의 입장에서 '생각·감정·오감'을 알아차리다 보면, 생각·감정·오감이 통으로 참나의 작용임을 체험하게 됩니다. 이것이 그대로 '지혜'가 됩니다. 참나 체험으로부터 지혜를 하나 얻은 것이죠. "생각·감정·오감, 즉 내 마음이 모두 참나의 작용이었구나!" 하고 꿰뚫어 보세요. 이건 누구나 쉽게 체험할 수 있습니다. 다만, 체험을 한 후 그 체험(직관)을 개념으로 정리해야만 여러분의 자명한 지혜가 늘어납니다.

'생각'은 알아차리는 참나가 없이는 존재할 수 없고, 또한 참나도 생각을 통해서 현상계를 경험한다는, 이 2가지 지혜를 체험적으로 이해해야 합니다. "모른다!" 하는 상태에서 순수하게 알아차리고 있는 '참나'가 느껴지면, 그 참나의 눈으로 생각·감정·오감을 알아차려 보세요. 생각·감정·오감이 일어나고 사라지는 것을 느끼면서 평소처럼 말하고, 생각하고, 다 해 보세요.

그런데 그렇게 '참나의 눈'으로 보면 평소와는 느낌이 다를 것입니다. 생각·감정·오감이 모두 참나의 작용이라는 게 느껴지면, 그때 이 2가지 사항을 정리해 보십시오. ① "생각도 참나가 없이는 돌아갈 수가 없구나." 즉, 우리 안에 있는 이 근원적인 알아차림이 없이는, 제약적인 알아차림도 존재할 수 없다는 사실을 깨달아야 합니다.

'알아차림'이 근원적으로는 우리 존재의 중심이라는 것을 알아야 합니다. 시공간 속에서 우리가 보고 느끼는 각종의 오염된 알아차림이 결국 모두 순수한 알아차림인 '참나'로부터 나왔다는 것을 알아야 하는 것이지요. 참나가 본래 알아차림이기 때문에, 우리가 시공간 안에서 온갖 것을 알아차릴 수가 있습니다. 따라서 생각이라는 것도 결국에는 '근원적인 알아차림'이 있어야 존재할 수 있는 것입니다.

② "생각은 참나의 소중한 도구이다!"라는 사실을 알아야 합니다. '참나'는 순수하게 알아차리고만 있지, 그 내용물을 구체적이고 개별적으로 정리할 수가 없습니다. '생각'을 일으키지 못한다면, 자신이 알고 있는 것이 무엇인지를 표현할 수가 없습니다. 생각이 도와줘야만 만법을 정리할 수 있기 때문에 생각은 아주 중요한 역할을 하고 있지요. 결국 참나도 생각을 통해서 현상계를 경험하는 것입니다.

마찬가지로 '감정'도 ① 알아차리는 참나가 없이는 기쁘고 슬

프다는 것을 알아차리지 못합니다. '근원적인 알아차림'이 없이는 감정 작용도 불가능해요. 알아차림이 감정의 옷을 입을 때, 우리가 희로애락을 알아차리는 것입니다. 그러니까 알아차림이 없이는 감정도 존재할 수가 없습니다. ② 동시에 참나도 감정을 통해서 슬픔이나 기쁨을 구체적으로 경험할 수 있는 것입니다.

'오감'도 마찬가지입니다. ① 오감도 참나가 없이는 존재할 수 없지만, ② 참나도 오감이 없이는 현상계를 구체적으로 경험할 수 없습니다. 순수한 참나 상태에서도 오감의 근본적인 진리들은 존재하겠지만, 구체적 경험을 하지는 못합니다. 하나하나의 감각을 두루 경험해 보려면 오감이 필요합니다. 따라서 에고는 불필요한 물건이 아니라, 우리가 참나 상태에서는 경험할 수 없는 것들을 경험하게 해 주는 소중한 존재입니다.

모두 참나 안에 존재하는 것들이지만 풀어놓아야 그것을 하나하나 체험할 수 있습니다. 참나 안에서 하나로 갈무리되어 있는 것들을, 낮은 차원에서 구체적으로 표현해야 개별적으로 살펴볼 수 있는 것이지요. 고차원에서는 모두가 하나가 돼 버리거든요. 고차원, 즉 참나 차원에서는 나와 남이 하나입니다. 하지만 저차원에서는 나와 남이 둘로 갈라지니까 서로 싸우고, 사랑하고, 배신하고, 화해할 수 있습니다. 저차원에서는 이 모든 것들을 경험해 볼 수 있는 것이지요.

따라서 우리가 살아가는 이 세계는 무의미하고 참나만이 의미가 있다는 생각은 아주 엄청난 편견입니다. 그냥 있는 그대로 관찰해 보세요. 참나의 눈으로 보고 있으면, 갑자기 그 자리에서 "에고는 버려야겠다." 하는 생각이 나오지 않습니다. 참나의 빛이 약해져서 "에고는 싫어! 참나가 좋아!"라는 편견과 욕망이 튀어나와야만 현상계에 대한 거부감이 생겨나는 것입니다.

우리의 마음 작용은
모두 참나의 작용입니다.
우리의 마음이 사멸하지 않는
영원한 존재임을 느껴 보십시오.

이렇게 참나의 눈으로 보고 있으면, 참나는 가르는 자리가 아니기 때문에 일체를 하나로 회통하고 껴안아 버린다는 것을 알게 됩니다. 이것이 '법공'을 체험하고 이해한 것입니다. 한번 냉정하게 관찰해 보십시오. 참나가 영원하면 참나의 작용인 에고도 영원해야 합니다. 에고는 물론 무상하지만, 동시에 영원합니다. 참나가 존재하는 한 에고도 존재하기 때문입니다.

참나가 바다라면 마음은 파도입니다.
참나가 태양이라면 마음은 햇살입니다.
참나가 영원하면 마음도 영원합니다.
둘은 본래 하나입니다.

'나라는 존재감'은 영원히
우리의 내면에서 빛날 것이며,
참나가 빛나는 한
우리는 영원히 현상계에 머물면서
보고 듣고 느끼고 생각하며
살아갈 것입니다.

참나의 작용인 마음은
영원히 죽지 않을 것입니다.
우리의 마음이 영원하면
우리의 세계도 영원할 것입니다.

찰나 찰나 모습이 바뀔 뿐,

우리는 사멸하지 않고
이 현상계에 영원히 머물면서,
생각 · 감정 · 오감을 통해
보고 듣고 느끼고 생각할 것입니다.

여기에서 '마음'은 '에고의 작용'을 말합니다. '참나'가 영원하면 '마음'도 영원해야 합니다. 둘은 본래 하나이니까요. 마음을 관찰해 보면 우리가 경험하며 살아가는 세계라는 것이, 결국 우리의 마음에 들어와 있는 생각 · 감정 · 오감일 뿐이라는 사실을 알 수 있습니다. 객관적인 세계가 아예 없다는 말이 아니라, 우리는 우리의 마음 안에 들어와 있는 세계만 보고 느끼면서 살아간다는 뜻입니다.

'마음'이 영원하다는 것은, 마음의 대상인 '세계'도 내 마음에서 영원히 펼쳐질 것이라는 의미입니다. 이를 개념으로만 이해하는 것을 넘어서 체험적으로도 이해할 수 있어야 합니다. 지금 우리가 사는 세계는 우리의 마음과 별개가 아닙니다. 우리가 경험하는 세계란, 결국 우리 마음을 통해 경험하는 세계일 뿐이니까요.

다시 말하면, 우리의 '에고의 작용'이 존재하는 한, 생각·감정·오감이 느끼고 관찰하는 대상인 '세계'도 더불어 존재하는 것입니다. 그 세상이 우리가 살아가는 물질계 세상이 아니라, 꿈속에서 경험하는 세상과 같이 전혀 다른 차원의 세상일지라도, 마음이 있으면 세계도 있는 것입니다. 이것이 공식입니다.

즉, '참나'가 영원하면 참나의 작용인 '마음'도 영원하고, 마음이 영원하면 마음의 대상인 '세계'도 영원합니다. 우리 마음에 나타난 우주는 계속해서 또 다른 시공간으로 모습을 나타낼 것입니다. 우리 각자의 마음에는 생시에서나 꿈에서나, 늘 '시간'(世)이 흐르고 '공간'(界)이 펼쳐집니다. 이것이 바로 우리가 경험하는 '세계世界'입니다. 참나는 우리의 에고를 통해 수많은 세계를 낳고 경험합니다. 실로 '1인 1세계'라고 할 수 있습니다.[03]

과거·현재·미래로 '시간'이 흐르고 상하·동서남북의 '공간'이 있다는 것은, 그 공간 안에 다양한 존재가 있다는 것을 의미하고(다양성) 그 다양한 존재들이 시간 속에서 변한다는 것(변화성)을 의미합니다. 따라서 각각의 세계에는 '시간성'과 '공

---

[03] '하나의 세계'란 바로 '하나의 법계法界'(진리의 세계)이니, '1인 1세계'는 '1인 1법계'라고 말할 수도 있다. 우리는 각자 자신의 법계를 책임지고 살아가는 '법계의 주인'이다.

간성'에 따라 '변화성'과 '다양성'도 함께 존재하게 됩니다. 그런데 이러한 변화는 일정한 '인과의 결'에 따라 일어납니다(인과성). 이것이 우리의 마음에서 매 순간 벌어지고 있는 일입니다.

우리의 마음에 시공, 인과성, 변화성, 다양성이 없다면 우리는 세계를 인식할 수가 없습니다. 아무리 그 모든 것을 갖춘 객관세계가 존재하더라도, 우리의 마음이 그렇게 생겨 먹지 않았다면 우리 마음에 그런 것들이 나타날 수 없습니다. 이 둘(세계와 마음)의 본질이 같기 때문에, 우리 마음이 세계를 반영하면서 보고 느끼고 있는 것입니다.

우리의 마음이 본래 '시간성'과 '공간성'을 갖추고 있기에, 우리가 경험하는 세계에도 시간과 공간이 있는 것입니다. 객관세계에도 그러한 속성이 있겠지만, 우리 마음에도 그러한 속성이 있어서 세계를 있는 그대로 이해하고 있다는 것을 알아야 합니다. 동질의 것만이 동질의 것을 이해할 수 있으니까요.

이 말을 한번 입증해 볼까요? 우리가 꿈을 꿀 때, 그 안에서 시간과 공간을 경험하지요? 우리는 꿈속에서 외부의 자극이 없이도 시공을 경험합니다. 꿈이 전개될 때 자연스럽게 공간이 펼쳐지고 시간 자체는 계속 흐르고 있죠. 바로 이겁니다. 우리 마음 안에는 이미 시공이 갖추어져 있어요. 그것은 바깥에서 들어온 것이 아닙니다. 이런 이유 때문에 우리가 '마음'을 통해 세상을 해석할 때에도, 시공의 틀로 세상을 읽어 낼 수 있는 것입니다. 서양의 철학자 중에서 이와 같은 주장을 했던 사람이 바로 '칸트'입니다.

저는 모든 것이 주관적일 뿐이라고 말하는 것이 아닙니다. 아무리 객관세계에 시간과 공간이 있더라도 우리 마음에 그러한 속성이 없다면, 바깥세상을 있는 그대로 읽어 낼 수 없고 우주를 다른 식으로 왜곡하여 해석했을 것입니다.

우리가 느끼는 시공간의 느낌들은 우리 마음에 내재해 있는 것입니다. 우리는 우리 마음밖에 못 느껴요. 감각도 우리 마음에서 느끼는 그 감각만 느끼는 것이지, 객관적으로 어떤 자극이 어떤 느낌을 갖고 있는지는 알 수 없습니다. 어떤 대상을 보고 듣고 만져 본다고 해도, 결국 우리 마음 안에 나타난 '색깔' '소리' '촉감'을 느끼는 것뿐입니다.

'영원히'라는 말을 선뜻 받아들이기 어렵다는 분도 계실 것입니다. 하지만 우리는 영원히 이 우주에서 살아가야 합니다. 왜냐하면 우리의 본질인 '참나'가 영원하니까요. 참나가 영원하면 참나의 작용인 '마음'도 영원하며, 마음의 대상인 '세계'도 영원한 법이니까요. 이것이 "마음과 세계를 이루는 '5온'(색수상행식 色受想行識)이 본래 텅 비어 있으니, 생겨날 수도 없고 소멸될 수도 없다!"라는 『반야심경』의 핵심 가르침입니다.

소승불교는 5온에서 벗어나려고만 합니다. 그러나 대승불교는 5온이 본래 참나(空)의 작용임을 알고 적극적으로 활용하려고 합니다. 우주에서 벗어날수록 신성한 존재가 되는 것이 아니라, 우주에 대해 책임을 많이 지는 존재일수록 신성한 존재라고 보기 때문입니다. 그래서 '보살'이 중생 중에서 가장 신성한 존재가 되는 것입니다.

신성함의 극치라 할 수 있는 존재인 비로자나불도 마찬가지입니다. 온 우주의 본체가 되면서, 우주의 인과법을 공정히 집행하는 '비로자나불'(우주의 법신불)이 현상계에서 벗어나 있겠습니까? 우리가 해탈해서 현상계를 떠날 수 있다고 가정하더라도 다른 중생들이 여전히 존재할 것이니, 비로자나불은 영원히 현상계를 떠날 수 없지 않을까요? 지금 이 순간, 현상계를 현현하게 하고 현상계 전체를 통으로 알아차리면서, 인과법대로 현상계를 굴리는 존재가 비로자나불 아닌가요?

이런 비로자나불의 분신으로서 온 우주에 무한한 책임감을 갖고 온 우주를 영원히 이롭게 하는 존재이기 때문에, '보살'이 신성한 것입니다. 신성한 존재는 자신이 있는 곳에서 최대한 우주를 이롭게 하면서 살아가는 존재입니다. 이런 철학이 확고하지 않으면 그런 실천적인 행동이 나올 수 없습니다. 그래서 철학부터 정확히 해야 합니다.

지금까지 제가 말씀드린 것은 여러분도 모두 체험해 볼 수 있습니다. "몰라!" "괜찮아!"만 잘하면, 이 모든 것을 여러분이 체험을 통해 자명하게 이해할 수 있습니다. "몰라!" "괜찮아!" 상태에서 참나를 체험하고 참나의 눈으로 '생각·감정·오감'(에고의 작용)을 보고 듣고 느낄 때, 이런 지혜(아공·법공의 지혜)를 두루 얻을 수 있습니다.

나의 생각·감정·오감은
모든 존재들에게 영향을 주게 되어 있습니다.
나와 남을 모두 이롭게 하는

선의 결을 따르면 선한 결실을 맺을 것이며,
나와 남을 모두 해롭게 하는
악의 결을 따르면 악한 결실을 맺을 것입니다.

'6바라밀'을 따르면 모두가 행복해지는 결과가 올 것이고, 나와 남을 해롭게 하는 악의 결을 따르면 악한 결실을 볼 것입니다. "나는 선을 한다고 했는데, 나쁜 결과가 나오던데요?"라고 말씀하시는 분도 계시는데, 그게 선이 아니었기 때문에 그런 것입니다. "저는 콩 씨를 뿌렸는데, 팥이 났어요."라고 말씀하시는 분은, 아마도 팥 씨를 뿌렸을 것입니다.

여러분이 선하다고 판단한 것이 우주가 인정하는 진정한 선함이 아니었기 때문에 그런 결론이 나오는 것입니다. 우주는 공식대로 집행하기 때문에, 즉 뿌린 씨앗대로 결과가 나오기 때문에, 그 씨앗을 다시 검토해 보아야 합니다. 무슨 잘못이 있었는지, 6바라밀이 제대로 이루어졌는지 다시 분석해 보세요.

그러면 "지계의 마음은 있었으나 지혜가 없었구나!" "지혜는 있었으나 보시의 마음이 부족했구나." "상대방의 입장을 수용하는 인욕의 마음이 부족했구나." "보시의 마음은 있었으나 지혜가 없었구나."와 같은 잘못이 분석될 것입니다. 우리는 무지 때문에 서로에게 해로운 것을 이로운 것으로 착각하여 권할 수도 있습니다. 하지만 우주는 냉정합니다. "난 보시의 마음으로 했는데, 하늘은 어떻게 이럴 수 있습니까?"라고 하늘을 원망해 봤자, 하늘은 "그건 애초에 먹으면 병이 나는 독이었다."라고 할 것입니다.

우주에는 '선의 결' '악의 결'이라는 것이 엄정하게 존재하기에, 이 결을 우리가 속일 수는 없습니다. 그러니 결과를 보고 판단해야 합니다. 내가 한 일이라고 해서 변호하려고만 할 것이 아니라, 결과가 이상하면 원인에도 문제가 있었을 것이라는 사실을 재빨리 파악해야 합니다. 눈치가 빨라야 후회할 일을 덜 할 수 있으니까요.

이 부분에서는 '아공' '법공'을 넘어 '6바라밀' 즉, '양심'을 이야기하고 있습니다. '6바라밀'을 체득해야 **구공**具空'[04]의 깨달음을 얻은 '1지 보살'이 나올 수 있습니다. 이런 홍익보살이 많이 나와야 이 지구가 정화됩니다. 아무리 에고의 실상을 알고

---

04 **구공(具空·俱空)의 진리**
참나에는 6바라밀의 본성이 원만하게 갖추어져 있다!

에고를 초월하여 참나를 증득하고 참나 입장에서 우주를 통으로 꺼안더라도, 마지막은 반드시 '양심' 즉 '6바라밀'로 결론을 내려야 합니다. 우주가 참나의 작용인 줄 알면 뭐하나요? 6바라밀로 카르마를 경영하여 중생을 이롭게 할 수 없다면 말이죠.

이 우주가 나로 인해
더욱 밝아지고 행복해지도록,
생각으로 말로 행동으로
언제 어디서나 선한 작품을 지으십시오.

영원히 사라지지 않을 불멸의 선업을 지으십시오.
이것이 진정한 홍익보살의 길입니다.

우리가 생각으로, 말로, 행동으로 하는 모든 것은 우리가 우주에서 만들어내는 '작품'이 됩니다. 그러니까 '생각' 하나도 양심에 맞게 깨어서 해야 합니다. 이런 '양심적인 생각'은 멋진 작품이 됩니다. 밖으로 발표를 하지 않더라도 '우주 법계'는 이미 알고 있어요. 지구의 어디에서 누가 '양심적인 생각'을 창작했다는 것을 우주 법계는 바로 알아차립니다. 그것을 '말'로 하면 '양심적인 말'이 되고, '행동'으로 하면 '양심적인 행동'이 됩니다. 이런 작품들은 우주에 영원히 남아서, 다른 존재들에게 긍정적인 영향을 줄 것입니다.

그러니 이왕이면 '양심적인 생각'을 해야 합니다. 이왕이면 양심적이고 중생에게 이로운 '염체念體'를 만들어야 합니다. 우리가 생각·감정·오감의 마음으로 만들어 내는 것이 염체인데, 거기에 양심을 담으려고 노력해야 합니다. 양심인 생각을 할 때에는 반드시 깨어서 몰입해서 해 보세요. 그러면 같은 생각이라도 그 힘이 달라집니다. 혹시 비양심적인 생각이 일어난다면 곧장 "몰라!" 하고 무시함으로써 더 이상 힘을 실어 주지 않으면 됩니다.

우리가 더 힘 있게, 더 실감 나게, 더 양심적으로 생각할수록 그 자체로 좋은 업을 짓는 것이 됩니다. 그 업이 보이지 않는 중에 나와 남을 바꿔 놓을 수 있기 때문입니다. 근본적으로 내 생각 하나를 바꿔 놓는 것이, 결국에는 나의 말과 행동을 다 바꿔 버리지요. 생각은 이처럼 엄청난 업을 짓는 힘을 갖고 있습니다.

우리는 우리가 만들어 놓은 '생각'대로 살게 되어 있습니다.

그러니 평소에 '양심성찰'[05]을 통해 6바라밀에 맞지 않는 고정 관념을 몇 가지라도 확실하게 바꿔 놓으면, 우리의 인격이 달라지고 인생이 달라지는 것이 당연하지 않겠습니까? 오늘 하루 잘못된 생각을 하나라도 확실히 바꾼 것이 있나 점검해 보세요. 이것이야말로 남는 장사가 아닐까요?

이상의 '지혜'를 얻는 데에는 다음과 같은 '체험'이 필요합니다. ① "몰라!" "괜찮아!"를 통해서 '참나 체험'을 할 수 있어야 합니다(아공我空의 지혜를 얻기 위한 체험). ② 참나 상태에서 '생각·감정·오감'을 느끼고 체험해야 합니다(법공法空의 지혜를 얻기 위한 체험).

③ 내가 마음을 어떻게 쓰느냐에 따라서, 모두가 행복해지는지 불행해지는지에 대한 '인과의 결'을 관찰하는 체험이 필요합니다. 내가 '양심'을 따랐을 때 어떤 결과가 오는지, 양심을 어겼을 때 어떤 결과가 오는지를 있는 그대로 체험하고 연구해 보세요. 즉, '양심성찰'을 자꾸 해야 합니다(구공具空의 지혜를 얻기 위한 체험).

05　'양심성찰'의 구체적 방법은 '6바라밀선禪의 구체적 실천법'을 참고하기 바란다.

이 3가지 체험만 튼튼히 한다면, 여러분은 제가 말씀드린 내용이 자명한지 아닌지를 스스로 점검할 수 있게 됩니다. 3가지 체험이 튼튼한데 제 이야기가 찜찜하게 느껴지신다면, 제 생각이 잘못된 것이 확실하지 않겠습니까? 이런 내용이 맞는지 아닌지 일단 실험해 보세요. 직접 실험해 보지 않고서 제 얘기를 듣고 믿기만 한다면 구원은 일어나지 않습니다.

그런데 제 얘기를 듣고 진지하게 생각만 하더라도 '업'이 하나 바뀔 수 있습니다. 그럼 해 볼 만한 일 아닌가요? 나아가 직접 체험까지 해 보세요. 그러면 여러분의 삶에 엄청난 변화가 일어날 것입니다. 반드시 '체험'을 통해서 자명한지 아닌지 정확히 판단하는 선까지는 가 보시기 바랍니다. 어중간하게 해서는 큰 도움이 되지 않습니다. 오히려 머릿속만 더 혼잡해질 수도 있어요. 그러니 실험을 통해 저와 같은 결과가 나오는지 끝까지 연구해 보세요.

"여기까지는 직접 체험해 봤고, 이 말은 맞는 것 같다." "이 부분은 아직 체험이 부족하다." "체험을 통해 나는 이런 결론을 내렸다." "내가 내린 결론과 왜 다른지 또 연구해 보자." 이런 식으로 하나하나 점검해 가면서 계속 연구해 보세요. 자명한 판단이 하나만 늘어도 남는 장사입니다.

　철학은 이렇게 공부하는 것입니다. 철학과를 전공한다고 해서 철학 실력이 느는 것이 아닙니다. 이런 태도로 진지하게 연구할 때 철학 실력이 느는 것이죠. 이렇게 공부해서 철학의 기본을 모두 자명하게 이해해야, 이런 진리가 여러분의 것이 돼요. 그렇지 않다면 자기만 혼자 자명하다고 우기는 것이 될 뿐이고, 이런 얘기를 듣고도 자명해질 수 없습니다. "좋은 말이네." "은혜 받은 것 같네." 이런 느낌만으로 해결될 일이 아닙니다.

　그건 그냥 잠깐 기분 내는 것일 뿐입니다. 기분 좋게 술 한 잔 한 것과 같아요. 여건이 될 때마다 여러분의 삶을 바꿔 놓을 '선업'을 지어야 합니다. 업이 엮여서 우리의 운명이 만들어지니까요. 그러니 언제 어디서나 선업을 짓도록 노력해야 합니다. 그래야 운명이 바뀝니다. 업을 지어 변수를 만들지 않으면, 늘 그 모양일 것입니다.

　쉽게 선업을 짓는 비법이 있습니다. 제 이야기가 정말로 자명한지 점검해 보고, 자명한 것은 자명하다고 받아들이기만 하면 됩니다. 아무리 작은 것이라도 자명한 것이 있으면 "자명하다!"라고 선언해 보세요. 이것이 6바라밀에 맞는 행위입니다. 6바라밀에 부합하면 아무리 작은 것이라도 실천하세요. 그 작은 실천이 큰 변화를 가져올 것입니다.

의심 속에서 헤매지 말고, 실험을 통해 생각을 자명하게 정리해 보세요. 생각이 자명해야 자명한 말과 행동이 나오게 됩니다. 무리할 필요가 없습니다. 그냥 제 말을 잘 듣고(聞), 잘 검토해 보고(思), 체험을 통해 진짜로 자명한 것인지 확인해 보면 됩니다(修). 별다른 방법이 없어요. "듣고, 생각하고, 체험하세요!" 이 3가지 방법으로 '홍익보살의 길'을 스스로의 힘으로 열어 가십시오.

제가 지금까지 드린 말씀에 대해 여러분이 명확한 답을 얻게 되면, 여러분은 이제 누가 뭐라고 해도 자명한 인생을 살 수 있고, 신성한 존재로 거듭날 수 있고, 자신의 인생을 가장 아름다운 방식으로 창조할 수 있게 됩니다. 설령 다른 사람들이 인정해 주지 않더라도, 우주가 여러분을 인정해 줄 것입니다.

유튜브(YouTube) | 홍익보살의 길(윤홍식의 현대판 반야심경)

홍익보살 실천지침 14조

1. 과거에 집착하지 말라! (제행무상諸行無常)
2. 미래를 걱정하지 말라! (일체개고一切皆苦)
3. 에고를 내세우지 말라! (제법무아諸法無我)
4. 참나의 현존에 만족하라! (열반적정涅槃寂靜)[06]

5. 일체의 존재는 참나의 신비임을 알라! (진속불이眞俗不二)
6. 참나의 현존에 일체를 맡기며 살아가라! (무주열반無住涅槃)
7. 참나의 뜻에 따라 남을 나처럼 사랑하라! (자타일여自他一如)
8. 모두를 이롭게 하는 양심적 삶을 살라! (홍익중생弘益衆生)[07]

9. 내가 받고 싶은 것을 남에게 베풀어라! (보시바라밀)
10. 내가 당하기 싫은 것을 남에게 가하지 말라! (지계바라밀)
11. 진실을 수용하고 매사에 겸손하라! (인욕바라밀)
12. 양심의 구현에 최선을 다하라! (정진바라밀)

---

[06] 이상의 4개조는 '아공我空의 4가지 진리'(소승불교의 4법인, 자아의 진리)에 해당한다.

[07] 이상의 4개조는 '법공法空의 4가지 진리'(대승불교의 4법인, 존재의 진리)에 해당한다.

13. 늘 고요하되 자명한 참나와 접속하라! (선정바라밀)
14. 자명한 것만 옳다고 인가하라! (반야바라밀)[08]

유튜브(YouTube) | 홍익보살 실천지침 14조

---

08 이상의 6개조는 '구공具空의 6가지 진리'(양심의 진리)에 해당한다.

대승보살의 참선법, 6바라밀선禪

대승보살은 '무지와 아집'을 효과적으로 다스려 '지혜와 자비'로 변하게 하는 연금술사입니다. 보살은 자신의 지혜·자비를 배양하고, 자신과 남을 이롭게 하는 '자리自利·이타利他'를 이루기 위해 '6바라밀'을 닦습니다. 6바라밀은 참나가 지닌 6가지 공덕을 현상계에 드러내는 지혜와 자비를 닦는 최고의 수행법입니다.

대승불교의 대표적인 경전인 『대승기신론大乘起信論』에서는, 6바라밀을 닦는 선법禪法을 강조하면서 다음과 같이 설명하고 있습니다.

> ① '진리의 본성'(참나의 본성)은 탐욕이 없음을 본체로 삼음을 이해하였기에, 진리의 본성에 순응하고 따라서 '보시바라밀'을 닦으며, ② '진리의 본성'은 오염되지 않아 5욕의 허물에서 벗어나 있음을 이해하였기에, 진리의 본성에 순응하고 따라서 '지계바라밀'을 닦는다.

③ '진리의 본성'에 고뇌가 없어서 성냄과 번뇌를 벗어나 있음을 이해하였기에, 진리의 본성에 순응하고 따라서 '인욕바라밀'을 닦으며, ④ '진리의 본성'에 몸과 마음의 형상이 없어서 나태함을 벗어나 있음을 이해하였기에, 진리의 본성에 순응하고 따라서 '정진바라밀'을 닦는다.

⑤ '진리의 본성'이 항상 안정되어 있어서 어지럽지 않음을 본체로 삼음을 이해하였기에, 진리의 본성에 순응하고 따라서 '선정바라밀'을 닦으며, ⑥ '진리의 본성'이 광명함을 본체로 삼아 어두움을 벗어나 있음을 이해하였기에, 진리의 본성에 순응하고 따라서 '반야바라밀'을 수행하는 것이다.

以知法性體無慳貪故 隨順修行檀波羅蜜 以知法性無染 離五欲過故 隨順修行尸波羅蜜 以知法性無苦離瞋惱故 隨順修行羼提波羅蜜 以知法性無身心相 離懈怠故 隨順修行毘黎耶波羅蜜 以知法性常定 體無亂故 隨順修行禪波羅蜜 以知法性體明 離無明故 隨順修行般若波羅蜜
(『대승기신론』)

즉, 보살의 수행은 오직 '불성'에 여실히 순응하는 것일 뿐이

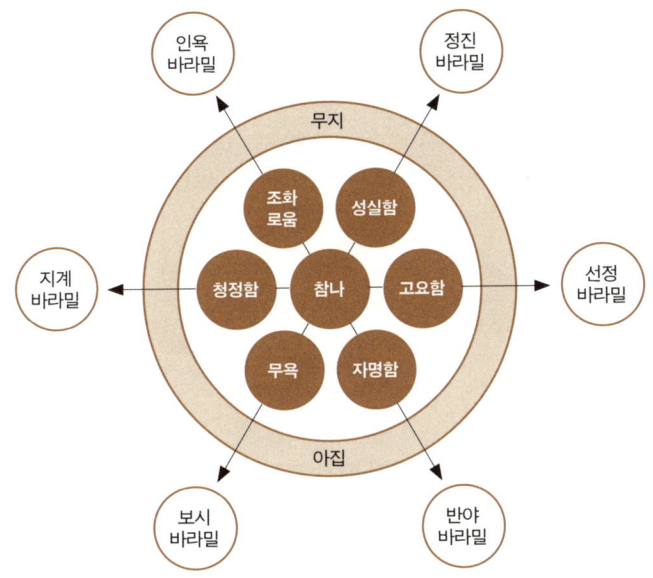

[참나의 6가지 덕목과 6바라밀]

며, '참나' 안에 갖추어진 선한 본성을 생각과 언행으로 드러내는 것일 뿐입니다. 우리는 참나에 갖추어지지 않은 본성을 닦고 구현할 수 없습니다. 절대계에 갖추어진 6가지 진리의 본성을, 6근을 재료로 삼아 현상계에 드러내는 것이 바로 '6바라밀선禪'입니다. 생각·감정·오감을 재료로 6바라밀을 최선을 다해서 구현하는 것, 오직 이것이 나와 남을 모두 이롭게 하는 보살도의 핵심입니다.

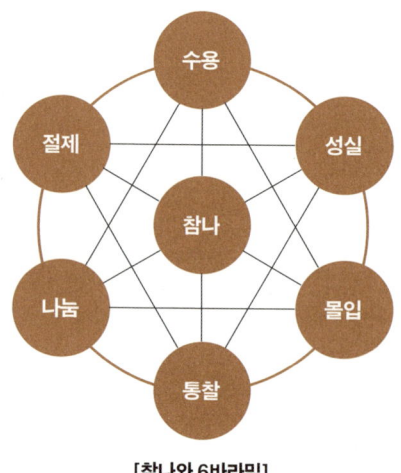

[참나와 6바라밀]

① 참나는 본래 욕심이 없으니 남과 나눌 수 있어야 하며(보시), ② 참나는 본래 청정하니 늘 유혹을 이겨 내고 남에게 피해를 주지 않는 계율을 지켜 절제할 수 있어야 하고(지계), ③ 참나는 본래 조화로우니 남의 입장이나 진리를 깨끗이 수용할 수 있어야 합니다(인욕).

또한 ④ 참나는 본래 게으르지 않고 성실하니 늘 정진해 나갈 수 있어야 하고(정진), ⑤ 참나는 본래 고요하니 늘 마음을 비우고 깨어서 몰입할 수 있어야 하며(선정), ⑥ 참나는 본래 자명하여 의심이 없으니 매사에 옳고 그름을 자명하게 통찰할 수 있어야 합니다(반야). 이것이 보살이 닦아야 할 수행의 전부입니다.

이렇게 볼 때 참나의 6가지 공덕에 기반을 둔 6바라밀은, ① 나눔바라밀(보시) ② 절제바라밀(지계) ③ 수용바라밀(인욕) ④ 성실바라밀(정진) ⑤ 몰입바라밀(선정) ⑥ 통찰바라밀(반야)이라고 불러도 무방할 것입니다.

대승보살은 우리가 살아가는 삶의 모든 곳에 '6바라밀'이 깃들어 있음을 압니다. 공부를 하려고 해도, 돈을 벌려고 해도, 자녀를 키우려 해도, 부모를 모시려 해도, 우리는 도처에서 6바라밀을 표현하라는 우주적 진리를 만나게 됩니다. 나눔(보시)이 없이, 지킴(지계)이 없이, 받아들임(인욕)이 없이, 꾸준함(정진)이 없이, 몰입(선정)이 없이, 꿰뚫어 봄(반야)이 없이 무슨 일을 할 수 있겠습니까?

그래서 대승보살은 언제 어디서나 온갖 모습의 '6바라밀'을 닦으며, 나와 남 모두를 이롭게 하고자 노력합니다. 오직 그 길만이 자신과 중생을 진정으로 이롭게 하는 길임을 자명하게 알기 때문입니다. 보살은 중생의 모습을 버리지 않습니다. 중생의 다양한 모습을 통해 표현되는 6바라밀을 닦음에 늘 최선을 다할 뿐입니다. 현상계가 없고 중생이 없다면 어떻게 6바라밀을 닦을 수 있겠습니까? 그래서 보살은 절대로 현상계를 버리지 않으며, 윤회를 떠나려 하지 않습니다. 보살에게 있어서 현상계는 6바라밀의 '온갖 보살행'을 닦는 최고의 수행처이기 때문입니다.

유튜브(YouTube) | 견성, 그 이후의 길(대승기신론 강의)

카르마 경영의 6가지 원칙

1. 선정바라밀(몰입)
   지금 이 순간 깨어있는가?

2. 보시바라밀(나눔)
   자신의 이익만을 추구하지 않고 상대방의 이익도 배려하였는가?

3. 지계바라밀(절제)
   내가 당하기 싫은 일을 상대방에게 가하지는 않았는가?

4. 인욕바라밀(수용)
   상대방의 입장을 진심으로 인정하고 수용하였는가?

5. 정진바라밀(성실)
   양심의 인도를 따르는 데 최선의 노력을 기울였는가?

6. 반야바라밀(통찰)

나의 선택과 판단은 찜찜함 없이 자명했는가?

6바라밀선禪의 구체적 실천법

『화엄경』에서 "7지 보살은 한 생각에 10바라밀이 다 갖춰져 있다!"라고 하였습니다. 여기에서 10바라밀은 6바라밀의 확장판일 뿐입니다. 따라서 무지와 아집의 업장을 정화하고 참나의 지혜와 자비를 증장시키는 수행을 닦기 위해서는, 언제 어디서나 자신의 생각과 언행을 '양심경영의 6가지 원칙'(6바라밀)으로 점검하며 살아가야 합니다.

생각과 언행에 6바라밀이 온전히 발현될 때, 우리는 늘 청정한 업을 짓는 삶을 살 수 있습니다. 매사에 6가지 항목을 스스로에게 묻고 양심의 울림 그대로 답하여, 각각의 항목에 대해 ① 자명 ② 자찜(자명〉찜찜) ③ 찜자(찜찜〉자명) ④ 찜찜으로 구분해 보십시오.

'통증'의 신호가 건강을 지켜 주듯이, '찜찜함'의 신호는 우리의 양심을 지켜 줍니다. 각각의 항목에 대해 양심에 찜찜한 부분이 얼마나 되는지를 잘 관찰하다 보면, 자연히 양심이 보내는

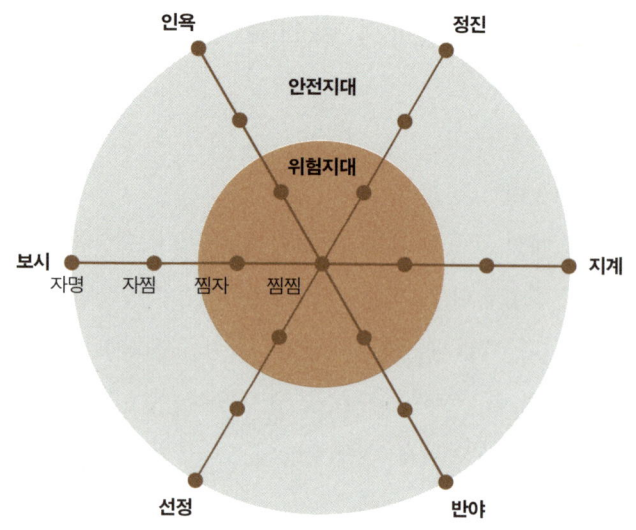

[6가지 원칙에 의거한 점검표]

자명함과 찜찜함의 신호에 민감해지게 됩니다.

그리고 각 항목에서 느낀 자명함과 찜찜함의 정도를 4단계로 표시한 다음, 이를 종합하여 검토해 보십시오. 모든 항목이 '자찜'(자명>찜찜)의 범위 안에 존재하면 양심의 '안전지대'를 벗어나지 않는 선택이 되니, 이런 식으로 매사를 점검하면 늘 양심이 내면을 주도하는 선택을 할 수 있습니다. 나와 남 모두에게 이로운 선택을 할 수 있는 것입니다.

그러나 만약 안전지대를 벗어나는 항목들이 있다면, 마음 씀에 있어 욕심이 양심을 위태롭게 하는 위험지대로 나갔다는 신호이므로, 이를 잘 분석하여 자명하게 바로잡으시기 바랍니다. 그대로 방치하면 나와 남 모두에게 해로운 선택을 하게 될 테니까요.

생각과 언행이 언제 어디서나 '안전지대'를 벗어나지 않게 살아갈 수 있다면, 날로 업장이 정화되고 지혜와 자비가 배양되어 위대한 불보살의 경지로 나아갈 것입니다. 이것이 바로 '6바라밀선禪'이니, 참나를 각성하고 참나가 지닌 6바라밀의 공덕을 온전히 발현하는 것이 나와 남을 모두 이롭게 하는 위대한 '보살의 길'입니다.

보살의 길, 6바라밀의 실천법 ———

한편으로는 참나의 각성을 통해
늘 세상을 초월한 고요함에 머물되,
다른 한편으로는 6바라밀의 실천을 통해
생사윤회 속에서 아주 작은 선행도
놓치지 않는 이가 '보살'입니다.

'참나의 각성'이 없이는 고요함에 머물 수 없으며
'6바라밀의 실천'이 없이는 공덕을 완수할 수 없습니다.
'참나의 각성'은 '마음의 중심점'을 찾는 것이며
'6바라밀의 실천'은 '마음의 균형'을 잡는 것입니다.

이 둘을 두루 갖추고 나와 남을 이롭게 하여
널리 중생을 돕는 이가 '보살'입니다.
'바라밀'이란 '궁극, 완성'이라는 의미가 있으니
보시바라밀은 보시의 궁극이자 완성입니다.

집착을 가진 '에고'로 하는 보시는
궁극의 보시가 아닙니다.
무집착의 '참나'로 하는 보시만이 궁극의 보시입니다.
그러니 6바라밀의 실천은
오직 '참나각성'으로 가능합니다.

① 에고가 어려운 처지의 사람을
　그냥 무시하자고 할 때,
　에고와 싸우지 말고
　먼저 "오직 모른다!"라고 하여
　참나와 하나가 되십시오(선정바라밀).
　이 점이 중요합니다!
　에고와 싸우지 마십시오.
　에고와 싸워서는 '에고 놀음'에 빠질 뿐입니다.

　참나는 결코 나와 남을 가르지 않습니다(지혜바라밀).
　나와 남을 가르지 않는 참나의 힘으로
　자연스럽게 남을 도울 수 있게 될 것입니다.
　이것이 '보시바라밀'입니다.

② 에고가 온갖 욕망에 흔들릴 때도
곧장 참나를 돌아보십시오(선정바라밀).
참나는 결코 욕망에 흔들리지 않습니다(지혜바라밀).
욕망에 흔들리지 않는 참나의 힘으로
유혹을 이겨 내십시오.
이것이 '지계바라밀'입니다.

③ 에고가 상황을 받아들이지 못하고
분노로 이글거릴 때도
곧장 참나를 돌아보십시오(선정바라밀).
참나는 결코 분노에 이글거리지 않습니다(지혜바라밀).
상황을 있는 그대로 수용하는 참나의 힘으로
분노를 녹여 내십시오.
이것이 '인욕바라밀'입니다.

④ 에고가 나태해지고 게을러질 때도
곧장 참나를 돌아보십시오(선정바라밀).
참나는 결코 게으름에 빠지지 않습니다(지혜바라밀).
게으름을 모르는 참나의 힘으로
게으름을 극복하십시오.

이것이 '정진바라밀'입니다.

⑤ 에고가 흔들리고 산란해질 때도
곧장 참나를 돌아보십시오(선정바라밀).
참나는 결코 요동하거나 산란하지 않습니다(지혜바라밀).
산란함을 모르는 참나의 힘으로
산란함을 다스리십시오.
이것이 '선정바라밀'입니다.

⑥ 에고가 어둡고 어리석어질 때도
곧장 참나를 돌아보십시오(선정바라밀).
참나는 결코 어둡고 어리석지 않습니다(지혜바라밀).
지혜롭고 광명한 참나의 힘으로
무지를 극복하십시오.
이것이 '지혜바라밀'입니다.

6바라밀의 실천은 '참나의 작용'이며
'참나의 각성'은 6바라밀의 뿌리입니다.
이러한 본체와 작용을 두루 갖추고서
온 우주의 중생을 널리 교화하고 돕는 것,

이것이야말로 인간이 걸을 수 있는 최고의 길인
'보살의 길'입니다.

유튜브(YouTube) | 보살의 길, 6바라밀 실천법

에고의 찬가 ─────

참나가 영원하면
에고도 영원하다.

참나의 도道를
에고는 덕德으로 현실화한다.

참나를 생각 · 감정 · 오감으로 표현하는
에고는 최고의 창조물이며,
매 순간 참나의 영감을
작품으로 표현하는 예술가이다.

참나의 공덕을 시공과 개체성으로
표현하는 것이 에고이다.
에고는 시공과 개체성을 갖춘
참나의 나타냄이며
생각 · 감정 · 오감으로

참나를 체험한다.

선악의 갈림길에서 선을 따르고
악을 거부하여
참나의 뜻을 따르며,
무상하고 고독하고
불안한 실존을 참나의 힘으로
극복하는 것이 에고이다.

에고는 참나의 드러난 작용이며
참나는 에고의 감춰진 본질이다.

참나의 무한한 힘으로
소중한 에고를 아름답게
닦아 가는 것이 '보살의 길'이다.

유튜브(YouTube) | 에고의 찬가

참나와 현상계

참나에서 5온(색수상행식色受想行識)이 나오는 이유는
참나의 본성이 '창조'이기 때문입니다.

사랑, 생명, 창조가 진리(道)의 속성들이죠.
그러니 참나가 있으면 현상계가 창조되며,
창조된 것들을 사랑하게 되는 것입니다.

부처님은 이 현상계를
'5온'으로 설명했습니다.

5온의 '색色'은 물질이고 육체입니다.
'수受'는 좋다 싫다의 느낌이며,
'상想'은 이리저리 따지는 생각이고,
'행行'은 마음의 끌림, 즉 의지이며,
'식識'은 최종적 식별이자,
이렇다 저렇다 하는 확인이죠.

이 '식識'을 알음알이라고 부릅니다.

우리가 5온을 낳는 것은 창조요,
5온에 눈이 머는 것도 사랑이니,
이것을 피할 수는 없습니다.
늘 깨어서 참나의 우주적 속성들로
다스려 갈 뿐이죠.

현상계의 어떠한 욕망도 부정하지 마세요.
참나의 창조성의 발현이니까요.
다만 거기에 매몰되지 않게 깨어서
6바라밀로 경영할 뿐입니다.
깨어서 체험하는 5온은 무한한 축복이죠.

'색'으로 대표되는 오감은
참나를 가장 덜 방해하지요.
그런데 알고 보면 '수 · 상 · 행 · 식'도 색과 동일합니다.

모두 동일한 참나의 창조물이니까요.
그래서 5온이 다 청정하다고 하는 것입니다.

그래서 5온이 모두 공空하다고 하지요.

그러니 참나는 5온,
즉 현상계를 떠날 수 없고,
5온을 통해 전지·전능·자비를 표현합니다.
이것이 조금도 5온을 꺼려서는 안 되는 이유죠.
이것이 5온을 떠나기만을 바라는
소승小乘이 그릇된 이유입니다.

우주가 춘하추동으로 쉬지 않는 것처럼
참나 또한 쉬지 않고 5온(6근)으로 자신을 표현하고
6바라밀로 이를 경영합니다.

6바라밀을 얼마나 잘 이해하고
실천하느냐가 관건입니다.
6바라밀의 정밀도가 그대로 영적인 단계가 됩니다.
경영능력이 인간의 길의 핵심이니까요.

한 생을 넘어선
큰 안목으로 보살도를 하자

한 생을 초월한 안목

우리가 장기적 안목으로 공부하기 위해서는 윤회를 인정하고 받아들이는 것이 좋습니다. 사실 윤회를 인정하지 않고서는 장기적인 계획이나 관점을 갖기가 어려우며, 늘 단기적인 계획만 가지고서 인생을 살아가야 합니다. 또한 우리가 이 세상에 윤회할 때마다 그 한 생生만을 전부로 알고 당장에 모든 목표를 이루려고 한다면, 언제나 큰 낭패를 보게 될 것입니다.

짧은 시간에 너무 큰 목표를 이루려고 욕심을 부리게 되면, 결국 어떠한 시도도 하지 못하고 고민만 하다가 허송세월을 보내게 될 뿐입니다. 곧장 완벽해지려고 하다가는 하루를 공치게 될 것입니다. 웬만큼 해서는 완벽해질 것 같지가 않으니까 고민만 하다가 소중한 시간을 낭비하게 되는 것이지요.

만약 오늘 안에 100억 대의 부자가 되어야 한다고 생각하면,

10년이 아니라 100년이 가도 집에 그냥 누워서 끙끙 앓게 될 것입니다. 하지만 100년 뒤에 100억 부자가 되자고 덤비면, 오늘 10원이라도 벌기 위해 밖으로 나가게 됩니다. 이런 태도의 차이가 전혀 다른 결과를 불러온다는 것을 알아야 합니다.

"이번 생에 반드시 열반을 얻어야 한다!" "이번 생에 반드시 전지·전능한 신이 돼야 한다!"라고 생각하는 한, 어리석음 속에서 헤매는 윤회가 계속될 수밖에 없습니다. 그런데 "이번 생은 우선 1단(1지 보살)까지 가 보자!" 하는 자세로, 다음 생에 2단, 그다음 생에 3단…. 이렇게 한 단계씩 확보해 나간다면 몇 생 뒤에 그 사람은 분명 고단자가 되어 있을 것입니다.

"장기적인 계획은 모르겠고, 이번 생에 모든 공부를 끝내 버리고 싶다!" 이런 욕심을 내려놓고 현실을 받아들이기 위해 명상을 하는 것입니다. '명상'을 하지 않고서는 이런 마음을 내려놓기가 어렵습니다. 그런데 명상을 하면 마음이 텅 비워지면서 현실을 인정하고 수용할 수 있게 됩니다. "좋다! 우선 1단까지만 가 보자." 명상은 본래 이런 데에 쓰는 물건입니다.

명상의 올바른 활용법

'명상'은 우주로부터 도망가고 싶을 때 쓰는 것이 아니라, 하기 싫은 일을 즐거운 마음으로 하고 싶을 때 활용하는 수단입니다. 그래서 제가 "하기 싫은 일을 재미있게 하는 것이 몰입이다!"라고 종종 말하는데, 명상을 하면 우리는 하기 싫은 일도 받아들일 수 있는 그릇이 됩니다. 우리의 그릇이 커져서 잠시나마 '우주적인 마음'을 가질 수 있게 되는 것이죠.

바로 그때가 중요한 사안을 결정하고 어려운 문제를 처리하기에 좋은 때입니다. 우리는 중생이다 보니 명상에서 벗어나면, 명상을 통해 가졌던 넓은 마음이 바로 좁아집니다. 그래서 남에게 베푼 것도 다시 뺏고 싶고, 좋은 일도 다시 무르고 싶어집니다. 그럴 때에는 다시 명상을 해야 합니다. 그렇게 해서 마음을 우주적으로 키워 놓으면 다시 수긍할 수 있게 됩니다. "아까 했던 일은 잘한 일이다!"라고 스스로를 칭찬하게 되고, 내일도 이렇게 살자고 다짐하게 됩니다.

우리의 마음은 늘 좁아지기 마련입니다. 우리가 중생인 한 어쩔 수 없습니다. 그러니 마음이 좁아지는 것이 느껴지면 늘 '명상'을 통해 다시 넓히시기 바랍니다. 우리 마음이 얼어붙어서 딱딱해지도록 방치해서는 안 됩니다. 항상 마음을 부드럽게 유지해야 합니다. 그래서 노자老子는 다음과 같이 말했습니다.

> 딱딱하고 강한 것은 죽음을 따르는 무리요,
> 부드럽고 약한 것은 생명을 따르는 무리이다.
> 堅强者 死之徒 柔弱者 生之徒 (『노자』)

명상은 이렇게 여러분의 마음이 얼어붙는 것을 막는 용도로 활용하십시오. 마음이 얼어붙는 것을 계속해서 막게 되면, 우리는 늘 우주적이고 대아적인 마음을 가지고 죽을 때까지 엄청난 공덕을 쌓으며 살아갈 수 있게 됩니다.

이처럼 좋은 일을 하거나 '우주의 원리'를 이해하는 '지혜'를 계발하기 위해 명상을 하는 것인데, 명상 자체가 목적이 되어 버리면 우리는 오히려 우주와 멀어지게 됩니다. 좋은 일도, 연구도 하지 않게 되고, 오로지 모든 것을 내려놓으니 편하고 황홀하다는 느낌에만 계속 빠져들게 되는 것이죠. 그렇게 되면 움직이기가 더 싫어지고, 머리를 써서 연구하는 것도 귀찮아집니다. 실천도, 자비도, 지혜도 모두 사라지게 됩니다. 명상을 이처럼 잘못 활용하면 안 됩니다.

어느 한 생, 한 생만 들여다보면 사람이 이렇게 살 수도 있고 저렇게 살 수도 있겠지만, 근본적으로 좋은 카르마와 공덕을 쌓아 온 사람은 주변의 누가 와서라도 깨어나도록 도와줄 수밖에 없습니다. 그게 공덕의 차이입니다. 이미 공부를 하고 공덕을 쌓았기 때문에, 누군가 인연이 있는 이가 와서 그다음 단계의 수행을 이어 갈 수 있도록 도와줄 수 있는 것이죠.

물론 어떤 생은 와서 특별한 수행을 하지 않고, 그냥 평범한 일상의 삶을 살다가 갈 수도 있습니다. 그런데 그렇다 하더라도 일상의 삶을 통해 보살도를 하다가 가야 하는 것이죠. 보살도에는 고정된 형태가 있는 것이 아니니까요. 6바라밀만 갖추어지면 어떠한 삶을 살건 모두 수행이 되고 보살도가 됩니다.

그러니 명상만 잘하는 사람이 도인 같아 보이지만, 사실 우리 주변에서 열심히 살고 계신 분이 진정한 도인입니다. 그분은 그렇게 지금 엄청난 공덕을 쌓고 있는 것입니다. "나는 집에 앉아서 24시간 삼매에 들 수 있는데, 그 사람은 명상 자세로 앉아 보라니까 제대로 앉지도 못하고 … 그러니 내가 더 우월하구나!" 하고 생각했다면 크게 착각한 것입니다.

만약 그분의 인격이 더 뛰어나다면 그분의 영성이 더 계발된 것이며, 보살도에 있어서도 더욱 앞서가고 있는 것입니다. 그분이 이번 생에서는 특별한 수행을 하지 않고 열심히 덕만 쌓다 갈 수도 있는 것이니까요. 공덕만 쌓았다고 하더라도 그 안에 6바라밀의 요소가 갖추어져 있으면, 역시 보살도를 잘 닦은 것이 됩니다.

영원한 선업을 쌓자

우리는 늘 생生에 대한 장기적인 안목을 가져야 합니다. 만약 어느 한 생에 태어났는데 나라가 망했다면 명상만 하고 있겠습니까? 아니면 독립운동을 하겠습니까? 장기적인 계산이 빠른 사람이라면 아마도 독립운동을 할 것입니다. 기회가 왔을 때 한 번 멋지게 독립운동을 하다가 가면, 그때 받는 공덕은 세세생생世世生生 명상을 할 수 있는 커다란 밑천이 될 수도 있습니다.

그런데 남들이 독립운동을 하는 틈에 혼자 산속에 들어가서 명상을 하다가 일본군의 총에 맞아 죽었다면 정말 허무하지 않을까요? 멀리 보아야만 이런 계산이 가능합니다. 그래서 독립운동을 해야 할 때에는 독립운동을 하는 것이 낫겠다는 계산을 할 수 있게 되는 것입니다.

이순신 장군이 장렬하게 돌아가신 지 수백 년이 지났는데 우리는 지금도 이순신 장군의 이름을 부르며 그분의 덕을 기립니다. 이처럼 큰 공덕으로 사람들에게 오래 기억되면 어떤 점이 좋을까요? 이순신 장군은 지금도 다른 사람들에게 '선업善業'을 짓고 있는 것이 됩니다. 지금도 살아서 힘이 약한 사람들에게 일어나라고 외치고 있는 것과 같습니다.

마치 책 한 권을 써 놓고 인세를 계속 받듯이, 공덕을 계속 받고 있는 것과 같죠. 저도 그와 같은 길을 추구하고 있습니다. 저의 책과 유튜브 영상이 제가 죽은 뒤에도 제 대신 공덕을 계속 쌓을 텐데 그 공덕이 어느 정도일까요?

이처럼 보살도는 계산법이 완전히 다릅니다. 소승 수행자는 이런 계산을 하지 않지만, 보살은 이런 계산을 잘해야 합니다. '영적 재테크'에 있어 달인이 돼야 합니다. "지금 이렇게 해 주는 것이 오히려 남는 장사다."라고 계산이 떨어져야 해요. 보살은 자기의 이익만 계산하지 않고 자기가 좋은 만큼 남도 좋아야 자신의 양심이 편하기 때문에, 나도 좋고 남도 좋은 수를 계속 둡니다.

그러니 이런 분이 다시 태어나서 잘못될 리도 없거니와, 보살도를 닦으려고 왔는데 공부를 못할 리가 있겠습니까? 어떤 모습으로 다시 오든 또 보살도 공부를 하며 많은 공덕을 쌓고 간다고 봐야겠지요.

세상에는 이름 있는 남성 성자들이 많은 반면 여성 성자들이 드문데, 그것도 달리 생각해야 합니다. 여러분이 이번 생에 여성으로 오셨다면, 다음 생에서는 남성으로 오실 수도 있을 것입니다. 그런데 여성과 남성으로 왔을 때 닦는 공부가 좀 다릅니다. 남성과 여성은 맡은 역할이 다르기 때문입니다. 그렇다면 자기 성별에 충실하게 보살도를 닦으면 되는 것입니다.

괜히 여성이 남성이 공부하는 것을 부러워할 필요도 없고, 남성이 여성 공부하는 것을 부러워할 필요도 없습니다. 서로의 장단점이 다르고 닦는 보살도가 다르기 때문에 특정한 모습의 보살도만 추구하면 안 됩니다.

6바라밀을 닦는 것이 생의 목표

어떻게든 이 세상에 왔을 때보다, 6바라밀의 실력이 늘어나도록 닦기만 하면 보살도를 잘해 가고 있는 것입니다. 이번 생에 베풀고 나눠서 '보시바라밀'의 원리와 기술을 더 익히고, 유혹을 이겨 내며 남에게 피해를 주지 않으려고 노력하여 '지계바라밀'의 원리와 기술을 더 익혀야 합니다.

또 받아들여야 할 자명한 진리와 상황을 흔쾌히 받아들이는 '인욕바라밀'과, 과거와 미래는 잊고 매 순간 최선을 다하는 '정진바라밀'도 더 익혀야 하고, 어떤 경계를 만나건 평정심을 유지하고 깨어있을 수 있는 '선정바라밀'과, 늘 자명한 진리를 판별할 수 있는 '반야바라밀'도 더 익혀야 합니다. 한 생 동안 우리가 최선을 다해 닦아야 할 것은 바로 이것입니다! 우리는 이것을 닦고 표현하기 위해 이 세상에 왔습니다!

그러니 남과 비교할 게 아니라 지금의 내 조건, 내 재료를 가지고 6바라밀을 써서 일체 중생을 어떻게 도울 것인지만 연구하면 됩니다. 그러면 누구나 훌륭한 보살입니다. 보살은 "이번 생에 몇 단을 따야 하는데 ….”와 같은 고민에 열중하지 않습니다. 바라밀 실력을 지금보다 더 높이고, 6바라밀을 써서 더 많은 사람들에게 좋은 혜택을 줄 '불멸의 선업'을 자꾸 짓는 사람이 보살이니까요.

그러다가 자신이 공덕을 크게 지어 놓았던 곳에 자기가 다시 가서 그 혜택을 누릴 수도 있겠죠. 예를 들어 이번 생에서 잘못된 교육제도를 제대로 정비해 놓고 가면, 다음 생에 와서는 자기가 그 바로잡힌 교육제도의 혜택 아래에서 공부를 할 수도 있을 것입니다. 이런 식으로 보살도는 생을 관통하여 끝없이 이어지면서 펼쳐집니다.

그러니 이번 생만 보아선 안 됩니다. 오늘은 하루에 불과하지만 내일의 나는, 즉 다음 생의 나는, 이번 생에 내가 만들어 놓은 것들을 재료로 또 새로운 작품을 만들어 낼 것이기 때문입니다. 내가 이번에 해 놓은 것들은 영원히 사라지지 않습니다. 보살은 이런 우주적인 카르마 법칙을 신뢰하는 존재입니다. 카르마 법칙에 모든 것을 맡기고 선업만 부지런히 쌓으면, 다음

생의 내가 그 복덕을 꺼내 쓸 수 있는 것입니다.

고통을 제대로 극복하는 원리

조선의 선비들은 명상을 통해 '수신修身 · 제가齊家 · 치국治國 · 평천하平天下'라는 원리를 연구해서, 실제로 자신의 행行을 통해 양심을 온 사회에 구현하려고 노력했습니다. 그러니 진정한 대승보살이라 할 수 있습니다.

우리도 선비들처럼 우리에게 찾아오는 '고苦'를 '양심'을 통해 이겨 내려고 노력해야 합니다. 누구에게나 '고'라는 것이 결국 수신의 문제, 제가의 문제, 치국의 문제 등 여러 형태로 찾아옵니다. 정치에 문제가 생겨도, 가정에 문제가 생겨도 나에게 고통은 반드시 찾아옵니다. 그 고통은 절대 어디로 사라지지 않고 그대로 오기 때문에 회피해서는 안 됩니다.

이렇게 고통을 받을 때 힘들더라도 잠깐만 원망하고, 다시 좋은 마음으로 받아들여서 그 문제를 적극적으로 처리해 내야 합니다. 불교에서는 "선한 씨앗에는 쾌락의 열매가 열리며, 악한 씨앗에는 고통의 열매가 열린다!"(善因樂果 惡因苦果)라고 하였으니, 자신이 짓고 과보果報로 받는 고통은 원래 양심을 어겨서 일어나는 것이기 때문에, 양심을 믿고 양심에 따라 처리하면 자신이 불러들인 고통이 사라지게 되어 있습니다. 이것은 아주 간단한 원리입니다.

내가 양심을 100만큼 어겼는데 우주가 1,000만큼을 요구하겠습니까? 우주 법계法界는 공정하기 때문에 100만큼을 어겼으면 100만큼을 바로잡으라고 요구하겠지요. 그러니 그것만 감당해 내면 고통이 사라지는 것입니다. 그리고 고통을 감당할 때 양심으로 감당해야 사라지지, 내가 100만큼 잘못해서 하늘이 100만큼 받아 내려고 고통이 찾아왔는데 욕하고 싸우고 항거한다면, 그 100에 이자가 붙어 1,000이 되고 10,000이 될 수도 있습니다. 그러니 갚는 법도 정당해야 합니다. 이런 식으로 하루하루 살림을 꾸려 나간다면 우리 모두가 생활 보살, 생활 군자가 되지 않을까 생각합니다.

자신이 늘 부족하다고 생각해야 공부를 하게 됩니다. 자신이 다 알고 있다고 믿고 있는 사람은 아무리 전문가가 와서 뭐라고 말해도, "난 다 아니까 얘기하지 마!" 하면서 귀담아 듣지 않을 것입니다. 자신이 부족하고 모르는 것이 많다고 생각해야 "혹시 더 들을 조언이 없나?" 하고 받아들이면서 공부가 늘어나는데, 공부가 잘못되면 작은 성취에도 금방 자기가 신이라고 선언하고 그냥 끝내 버립니다.

사실 공부를 하기 싫다는 욕망이 그렇게 표현되는 것입니다. 또 공부하는 것에 대한 두려움, 미지의 것에 대한 두려움이나 불안이 사람을 그렇게 몰고 갑니다. 결국 그런 행동은 진리에서 나오는 것이 아니고, 에고의 불안과 공포 그리고 귀찮음과 게으름으로부터 나오는 것이죠. 즉, '탐욕·분노·어리석음'(탐진치 貪瞋癡)에서 나오는 것입니다. 이것을 극복해 내는 사람은 명상을 통해 자신이 불성 그 자체임을 알면서도, 오늘 내게 부족한 것 중 작은 것 하나라도 고치려고 노력할 것입니다. 이런 사람이 바로 진정한 도인이고 보살입니다.

유튜브(YouTube) | 한 생을 넘어선 큰 안목으로 보살도를 하십시오

존재의 목적 ———

우리가 불성을 품고
선과 악의 이원성 세계에 태어나서
온갖 고초를 겪는 것은,

단순히 이원성의 초월을
배우기 위해서가 아니고,

이런 극단의 경험을
불성의 힘으로 다스리는 법을
배우기 위해서입니다.

여기에 존재의 목적이 있습니다.

6바라밀은 결국 '양심'입니다.
6바라밀선은 '양심선'이에요.
내 양심에 충실하게 생각하고, 말하고,
움직이는 그 자체가 참선입니다.

참나를 밝히는 길

모든 선禪은
대승선의 방편일 뿐이다

보살도의 큰길로 나오라

　우리는 승속을 떠나서 '보살도'만 하면 됩니다. 승僧은 승대로 속俗은 속대로, 각자의 자리에서 '6바라밀'만 잘하면 되는 것이지요. 거죽만 다를 뿐 승속이 본래 하나이니까요. 그것을 몸소 보여 주신 분이 해동보살 '원효元曉'입니다.

　고려의 문인 이규보李奎報 선생은 이렇게 말씀하셨습니다. "머리를 밀면 원효요, 머리를 기르면 소성거사小性居士라!" 둘이 본래 하나라는 것이지요. "한 몸이 둘로 나뉘어 다르게 작용하지만 그 전체가 한바탕의 연극이로다!" 이 정도의 스케일로 볼 수 있어야 하는데, 지금 우리는 신라나 고려시대에 누렸던 불교의 그런 장엄한 맛을 누리지 못하는 것 같습니다.

　오늘날의 불교는 "견성을 했느냐? 안 했느냐?" 하면서, 견성하나에 매몰되다 보니 완전히 길을 잃어버린 상태입니다. 하지만 길을 잃어버렸다고 걱정할 일은 아닙니다. 애초에 자신의 견성 하나만 추구하는 그런 길은 그다지 큰길도 아니었으니까요. 아주 좁은 길일 뿐인 그런 길은 좀 잃어도 전혀 문제가 되지 않습니다.

대로大路를 달리다가 잠깐 샛길로 빠졌는데, 무조건 이 길로 끝까지 가 봐야겠다고 고집한다면 어리석은 판단 아닌가요? 빨리 돌아와서 다시 대로로 달리면 되는데 말입니다. "샛길에 들어섰지만 끝까지 가 보겠다. 끝까지 가 보지 않고서는 대로로 나갈 수 없다!" 하고 계속 고집을 부리시겠습니까? 꿈속에서 뭔가 일이 잘못됐는데 깨고 나서, "다시 그 꿈을 꾸어 그 자리로 가서 잘못된 부분을 바로잡은 뒤에 다시 살겠다!" 이렇게 생각하실 건가요?

전혀 그렇게 생각할 필요가 없습니다. '간화선'에 매몰되어 있는 한국 불교의 현재 상황이 문제가 있어 보인다면, 곧장 통 큰 '보살도菩薩道'의 대로로 나오면 됩니다. 간화선은 아주 소로小路 중의 소로예요. 6바라밀 중에서 '선정바라밀', 선정바라밀 중에서도 아주 작은 방편 중 하나일 뿐입니다.

'화두'에 매몰되어 거기에서 답이 나오지 않는다고 세상이 끝난 것처럼 생각하는데, 그러지 말고 빨리 나오세요.『송고승전 宋高僧傳』에서, 당나라 규봉圭峰 종밀宗密 스님의 제자인 배휴裵休라는 분은 다음과 같이 말씀하셨습니다.

대저 '한마음'(一心)은 '만 가지 법'(萬法)을 통괄하니, 나누면 '계율·선정·지혜'(三學)이며, 열면 '6바라밀'(六度)이 되고, 흐트러뜨리면 '만 가지 행위'(萬行)가 된다. 만행은 한마음이 아닌 적이 없으며, 한마음은 만행을 어긴 적이 없다. '선정'(禪)은 6바라밀 중 하나일 뿐이다. 어찌 능히 모든 법(진리)을 통괄할 수 있겠는가?
夫一心者萬法之總也 分而爲戒定慧 開而爲六度 散而爲萬行 萬行未嘗非一心 一心未嘗違萬行 禪者六度之一耳 何能總諸法哉 (『송고승전』)

6바라밀을 닦지 않아서 괴로운 것이다

빨리 '6바라밀'이라는 큰길로 나오세요. '간화선'이라는 좁은 길에 빠져 헤매는 것은 참으로 어리석은 일입니다. 간화선이 잘 되지 않는 것이 문제가 아니라, 매 순간 6바라밀을 따르지 못하고 있는 것이 큰 문제입니다. '선정'도 못하고, '반야'도 못하고, '보시·지계·인욕·정진'도 못하는 것이 더 심각한 문제입니다. 여러분이 헤매실 때에는 이유가 분명히 있습니다. 중생이 헤매는 것은 오직 6바라밀을 못하기에 헤매는 것입니다.

대승불교는 소승불교와 다릅니다. 소승불교는 "중생은 괴롭다. 그것은 '욕망' 때문이다! 욕망만 내려놓으면 곧장 '열반'에 들어가 모든 문제가 해결된다!"라고 주장합니다. 그러나 대승은 거기에서 더 깊이 들어갑니다. "중생이 괴로운 것은 '6바라밀'을 닦지 않기 때문이다. 중생으로서 욕망이 없을 수 없으니, 욕망을 버릴 필요가 없다. 욕망을 6바라밀로 잘 경영하기만 하면 누구나 '보살'이 될 수 있다! 이것이 중생의 목표이다."

우리가 괴로운 것은 오직 '6바라밀'이 제대로 돌아가지 않기 때문이지 다른 이유는 없습니다. 6바라밀만 잘 돌아가면 절대계에서 처방이 척척 나오니, 현상계의 어떤 난관도 모두 극복할 수 있습니다. 우리가 처리를 하지 않아도 우리 내면의 불성이 알아서 해결하기 때문에, 우리는 6바라밀만 잘하면 됩니다. 그러니 인간에게 있어 최고의 신통은 6바라밀을 잘하는 것입니다.

대승선에 해답이 있다

 이렇게 쉬운 법이 있다는 것을 온몸으로 보여 주고 가신 우리 민족의 성자, 대성大聖이 계시기에 소개해 드립니다. '원효보살元曉菩薩'이라는 분이 바로 그분입니다. 이분은 고려 때에도 '원효대성元曉大聖'이라고 불렸고, '원효성사元曉聖師' '해동교주海東敎主' '해동종주海東宗主'라고 불리기도 했습니다. 해동의 모든 가르침에 있어 제일 어른이라고 여겨진 것입니다.

 이런 큰 성인이 계시는데, 단지 화두선을 닦은 분이 아니라고 해서 무시하거나 소홀히 대하는 모습을 보면 참 안타깝습니다. 원효는 '대승선大乘禪'을 닦으셨습니다. 대승선은 '대승大乘의 4법인法印'을 체득하고 인가하는 것을 목표로 합니다.

 대승선은 '참나의 각성'을 통해서, ① 진속불이眞俗不二 ② 무주열반無住涅槃 ③ 자타일여自他一如 ④ 요익중생饒益衆生의 도리를 깨닫고자 합니다. 따라서 대승선은 현상계와 절대계를 둘로 보지 않고 열반에 집착하지 않아 현상계에 늘 머물면서, 남을 나처럼 사랑하며 널리 중생을 이롭게 하는 것을 목표로 합니다.

이에 반해, 소승선은 '소승小乘의 4법인'을 체득하고 인가하고자 합니다. 소승선은 '열반의 각성'을 통해서, ① 제행무상諸行無常 ② 일체개고一切皆苦 ③ 제법무아諸法無我 ③ 열반적정涅槃寂靜의 도리를 깨닫는 것을 추구합니다. 즉, 현상계가 무상하고 괴롭고 내 것이 아니며 오직 열반만이 탐진치를 떠나 고요하니, 이를 깨닫고 현상계를 떠나 열반에 안주하자는 것이 최종 목표가 됩니다.

대승선은 이런 소승선의 한계를 극복하고서 등장한 것입니다. 그러니 대승선을 정확히 알아야 남방불교의 선도 제대로 이해할 수 있습니다. 간화선에만 집착할 것이 아니라 6바라밀을 닦는 대승선도 알아야 하는데, '소승선'이나 선불교의 '간화선'에만 치우쳐서 '대승선'을 제대로 읽어 내지 못하는 현실은 참으로 안타깝습니다.

그런데 선불교가 나오면서 '소승선'도 비판했지만 '대승선'과도 벽을 두었지요. 선불교에서는 선불교가 대승선에 비해 더 수

승한 참선이라고 주장했습니다. 그러나 대승도 결국은 단박에 참나를 깨닫는 것이 핵심이에요. 『대승기신론』과 같은 경전에서는 단박에 본래 '무념無念'을 깨치라고 말합니다. 그리고 이런 사상이 『육조단경六祖壇經』에도 잘 계승되어 있습니다.

그런데 선불교에서는 단박에 참나를 깨치면, 그 자리에 6바라밀도 본래 원만하게 갖추어져 있다는 것을 지나치게 강조합니다. 그러면 '돈오頓悟'만 중요시하고 '점수漸修' 공부는 등한시하게 되지요. 본래 참나에 모든 공덕이 다 들어 있다는 말도 일리는 있지만, '씨알'에 모두 들어 있다는 면만 강조하고 씨알을 심고 키워서 '열매'를 맺어야 한다는 부분을 무시하는 것은 문제가 있습니다.

선불교에서는 심지어 남방불교에서 닦는 '4선정四禪定'도 중요하게 여기지 않습니다. 과거 선불교의 어록들을 보면 '4선정'을 아주 무시한다는 것을 알 수 있습니다. '참나'를 단박에 깨치면 되는데, 왜 4선정으로 시간을 낭비하느냐는 것이죠. '최상승선最上乘禪' '본래삼매'를 강조하는 측면에서는 이해가 되지만, 너무 한쪽만 강조하면 균형이 깨집니다. 그래서 그 나머지 부분까지 강조하는 '대승선'이 필요한 것입니다.

본래 광명한 절대계의 '참나'를 곧장 깨닫는 것도 중요하지만, 현상계에서 4선정을 두루 닦아 6바라밀을 원만하게 만드는 공부도 중요하거든요. 여러분도 어느 한쪽 편을 들 것이 아니라, 이러한 원리를 자명하게 아셔야 합니다. 원리를 알아야 왜 서로 싸우는지가 보이고, 해결책도 나오거든요.

유튜브(YouTube) | 모든 선禪은 대승선의 방편일 뿐입니다

진정한 열반이란 무엇인가?

참나와 열반

제가 자주 그리는 도넛 모양의 이 그림에서, 중심 원은 '절대계'를 나타내고 바깥의 원은 '현상계'를 나타냅니다. 절대계는 이원성을 초월한 '참나'와 '열반'의 세계이고, 현상계는 이원성으로 굴러가는 '에고'와 '5온'의 세계이자 '카르마'의 세계입니다.

대승선에서 말하는 '참나'가 곧 소승선에서 말하는 '열반涅槃'인데, 이 둘을 하나로 보지 못하는 것은 불교를 제대로 이해하지 못하고 있는 것입니다. 체험이 없이 이론만 가지고서 이야기하면 완전히 다른 것처럼 보일 수밖에 없습니다. 그러나 체험해 본 사람들끼리 얘기하면 하나일 뿐입니다. 그런데 실제로는 체험해 본 사람이 글로 공부한 사람을 못 이기죠. 그만큼 설득하기가 힘들다는 말입니다. 명칭이 다르고 이론이 다르니, 체험이 약한 학자들은 참나와 열반을 완전히 다른 존재로 취급할 수밖

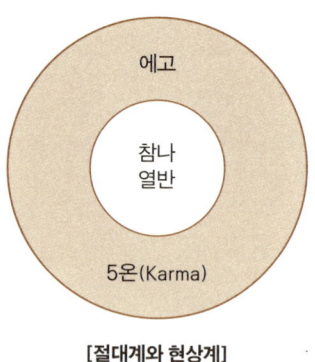

[절대계와 현상계]

에 없어요.

또 반대로 체험을 했더라도 '고정관념' 속에서 체험을 했다면, 그 체험으로 고정관념을 극복하기가 힘듭니다. '참나'라는 것을 부정한 채로 '열반'을 체험한 사람은, 그 자리에 참나라는 용어를 붙이면 큰일이 나는 줄 알아요. 이것은 '참 자아'를 에고로 취급하다 보니 일어나는 일입니다. 즉, 상대방이 무슨 말을 하고 있는지 '있는 그대로' 파악하지 못한 결과인 것이죠.

또 누군가가 '참나'를 얘기하면서 '열반'을 반대한다면 그것도 잘 모르고 하는 소리죠. 참나라는 게 열반이 아니고서 참나일 수가 없습니다. 탐진치를 떠난 '열반의 나'가 아니라면, 그것은 '5온의 자아'일 뿐이니까요. 이건 아주 엄정하며 너무도 자명한 진실입니다. 따라서 이런 이야기를 나눌 때에는, 정확한 체험과 선입견을 떠난 공정한 안목을 바탕에 두고 논해야 합니다. 그렇지 않으면 모두 탐진치에 오염된 견해일 뿐입니다.

저는 어느 한쪽의 편을 들려는 것이 아니며, 체험을 통해 맞는 것을 찾아가는 것을 좋아할 뿐입니다. 제가 직접 체험해 보니 맞아 돌아가는 내용을 소개해 드리는 것이죠. 저는 '열반'이라는 식의 체험도 해 봤고 '참나'라는 식의 체험도 해 봤지만, 결국 둘이 하나라는 결론을 내릴 수밖에 없었습니다.

아라한에 이르는 길

저는 이런 영적 실험을 좋아합니다. 1주일 정도 '소승' 수행자로 살아본 적도 있는데, 그러면 모든 게 무상하게 느껴집니다. 저는 지금도 "일체는 무상하다!"라고 한마디 하는 순간, 그대로 열반 상태에 들어가 버립니다. 그 진리에 좀 더 초점을 두게 되면, 현상계 자체가 아무런 의미가 없어지게 돼요. 제가 진지하게 인가하면, 그냥 저절로 열반락에 빠지게 되는 것이죠.

"모든 것은 무상하고 괴롭고 내 것이 아니구나!"라고 진심으로 인가하게 되면, 그 자리에서 여러분은 생각·감정·오감을 내려놓게 되고 그대로 열반에 들어갈 수밖에 없습니다. 지금 여러분도 그렇게 선언할 수 있으면 됩니다. 진심으로, 체험적 확신을 가지고서 말입니다.

부처님의 초기 설법 당시의 제자들은 깊은 선정에 들지도 않았어요. 부처님이 제자들을 앉혀 놓고 설법만 계속했는데, 몰입해서 설법을 듣다가 '수다원과須陀洹果'를 얻었습니다. 희열이 흐르고 몰입이 절로 흐르는 경지인 '몰입의 4단계'에는 도달한 것이지요. 이 경지는 '정념正念'(바른 마음챙김)에 해당하는데, 모든 선정과 지혜의 토대가 되는 자리입니다.

이렇게 마음을 챙기고 몰입해서 부처님의 말씀을 들으며 사색하다가 "이것이 자명한 진리이구나!"라고 결택하고 인가하는 순간, 생각·감정·오감의 세계, 즉 5온의 세계가 내려놓아집니다. "5온은 진실로 무상하고 괴롭고 내 것이 아니구나!"라고 결택하는 순간, 그 지혜로 해탈하게 됩니다. 빠른 사람은 곧장 아라한에 이를 수도 있습니다. 그래서 언하言下에 아라한이 나올 수 있었던 것입니다.

무상한 5온을 내려놓고 고요한 열반에 안주해 버리면, 그 자리에서 아라한의 경지에 도달할 수도 있습니다. 그래서 부처님의 초기 설법 때 반나절 설법을 듣던 힌두교 수행자도 단박에 아라한이 될 수 있었던 것입니다. 깊은 선정에 들어간 것도 아니고 그냥 마음을 챙기고 진리를 헤아리다가, 진리를 인가하는 순간 아라한이 된 것입니다.

　'바른 마음챙김'이 이루어지면 '찰나삼매' 즉 '1선 근분정近分定'에 들어갈 수 있어요. 이 정도의 선정이면 4선정을 다 닦지 않아도, 위빠사나로 '통찰지'만 갖추어지면 아라한이 될 수 있습니다. 결국 초기불교 이래로 해탈의 비결은 '선정'과 '지혜'일 뿐입니다. 이를 일러 '정혜쌍수定慧雙修'라고 하지요. 이것은 대승선, 소승선, 조사선祖師禪을 막론하고 공통된 가르침입니다. 정혜쌍수를 얻어야 아라한도 되고, 보살도 되고, 조사도 될 수 있거든요.

　'8정도'에서는 '위빠사나'(慧)를 '정견正見'과 '정사유正思惟'로 나누어 보았고, '사마타'(定)를 '정념正念'과 '정정正定'으로 구분하였습니다. 통찰지로 사물의 진실을 꿰뚫어 보는 '정견'과, 정견에 근거하여 바르게 추론하는 '정사유'는 위빠사나의 핵심 요소들입니다. 또한 대상에 대한 몰입을 유지하면서 자유로이 사색할 수 있는 '정념'과, 생각을 초월하여 1선정 이상의 깊은 선정에 들어가는 '정정'은 사마타의 핵심 요소가 됩니다.

2종류의 아라한

부처님이 계시던 당시부터, 2종류의 아라한이 있었습니다. 정념 정도의 선정을 통해 예리한 통찰지를 갖추어 곧장 아라한에 도달하는 '혜해탈慧解脫'(지혜의 해탈)을 이룬 이들과, 깊은 선정에 들어가는 '심해탈心解脫'(마음의 해탈)까지 갖추고서 아라한에 도달하는 '구해탈俱解脫'(2가지 해탈을 모두 갖춘 해탈)을 이룬 이들이 모두 해탈자로 인정되었습니다.

여기에서 말하는 '혜해탈' 아라한들이 선불교의 '확철대오廓徹大悟'와 비슷합니다. 4선정도 중시하지 않고, 정혜쌍수의 핵심을 얻어서 일을 마친 이들이니까요. 둘 다 '언하言下의 대오大悟'가 가능했던 것도 이런 이유 때문입니다. 모두가 4선정을 다 거쳐야만 해탈할 수 있다면, 부처님의 말씀을 듣다가 해탈하는 일이 불가능했겠죠. 그런데 실제로는 선정을 떠나서 해탈한 사람들이 많았습니다.

 '마음챙김'이 잘 갖추어지면 '찰나삼매'에 들어가는데, 찰나삼매는 5온이 굴러가는 중에 얻어지는 삼매입니다. 이 상태에서 한쪽으로는 5온의 현상계를 체험하고, 다른 한쪽으로는 열반의 절대계를 체험할 수 있습니다. 그 상태에서 '위빠사나'를 써서 현상계의 '무상無常·고苦·무아無我'의 속성과 절대계의 고요함을 결택하고 인가해 버리면, 그대로 아라한이 될 수도 있는 것입니다. 정혜쌍수가 일어나 열반을 체득하는 것이지요.

 '찰나삼매'에서는, 에고는 에고대로 돌아가고 있는데 이것이 모두 초연하게 알아차려집니다. 그렇게 알아차리는 힘이 마음에서 51% 이상 강력한 힘을 발휘한다면 어떻게 될까요? 그 사람은 열반을 정확히 깨닫게 됩니다. 그래서 이것이 무상한 현상계이고, 이것이 영원한 열반의 자리라는 것을 그냥 알게 됩니다. '5온'과 '열반'을 모두 체험할 수 있는 자리이기 때문에, 이 둘을 비교해 가면서 관찰하고 사유할 수 있는 것이지요. 그래서 깊은 선정에서보다 오히려 열반을 관찰하기가 훨씬 좋습니다. 양쪽을 비교하면서 볼 수 있으니까요.

태국의 고승들 중에도 이런 원리를 잘 설명한 분들이 계시는데, '붓다다사Buddhadasa'나 '아잔 차Ajahn Chah'와 같은 분들은 열반에 대해 정확하게 설명합니다. 특히 아잔 차는 자신의 열반 체험기를 소상히 밝혔는데, '순수한 알아차림' 자리가 바로 그것임을 분명히 했습니다. 그런데 제가 "순수한 알아차림은 5온의 식識이 아니고 열반입니다!"라고 말하면 믿지 않거나 반대하는 분들이 많으니 답답할 뿐입니다.

무위법과 유위법

후대의 사람들이 보탠 것이 아닌, 초기불교의 원형을 찾아보면 너무나 쉽다는 것을 알 수 있습니다. 『출입식념경出入息念經』만 보아도 그 안에 핵심이 다 들어 있어요. 그런데 지금 미얀마 불교건 태국 불교건 모두 같은 경전을 가지고도 각자 자기들이 옳다고 주장하고 있습니다. 이는 방법론이 서로 다르기 때문인데, 제가 왜 그런가 하고 봤더니 『청정도론淸淨道論』이 문제였습니다.

『청정도론』은 붓다고사Buddhaghosa란 분이 지은 글인데, 부처님이 하지 않은 말들을 너무 많이 넣어서 가르침을 복잡하게 만들어 버렸어요. 쉬운 법을 왜곡시켜서 엄청나게 복잡한 것으로 만든 것이죠. 저는 그런 것을 다 버리고 원형으로 돌아가라고 주장합니다. 제 강의 중 『출입식념경』에 대한 강의를 참고하시기 바랍니다. 그 강의는 붓다가 직접 닦았던 참선법의 원형을 추적해서 밝혀 놓은 것입니다.

사실 원형은 간단합니다. "열반은 무위법無爲法이고, 5온은 유위법有爲法이다!" '열반'은 인과의 연기를 초월한 무위법이라 변화할 수 없는 자리입니다. 반면 '5온'은 인과세계의 안에 있는 것이라 쉼 없이 변화합니다. 그런데 '열반' 그 자체를 제외한, 산란한 마음과 마음챙김(satti) 그리고 모든 선정이 유위법이라는 것입니다. 이것들은 에고의 조건에 따라 열반의 드러남이 변화하는 것들이니 모두 유위법에 해당합니다.

초기불교나 부파불교에 따르더라도, '열반'은 무위법이기 때문에 가감이 절대로 불가능합니다. '참나'도 마찬가지로 가감이 불가능해요. 반대로 변화가 가능한 것에는 무엇이 있을까요? 우리가 노력하면 달라지는 것은 어떤 세계에서 가능하지요? '유위법'의 세계에서만 가능합니다. 즉, 1선정, 2선정이 달라진

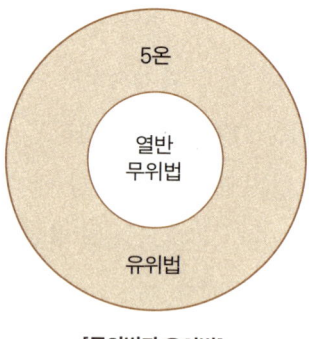

[무위법과 유위법]

다는 건 무슨 의미일까요? 멸진정까지 포함한 그 선정들 전체가 사실은 에고의 조건에 따른 구분이지, 참나는 애초에 멸진정 상태입니다. 선정의 깊이는 에고의 조건에 따라 달라진다는 사실이 이해되시나요?

결국 선불교의 '최상승선'의 원리는 이겁니다. 에고의 조건에 따라 1선정에서부터 4선정까지를 나누는 것을 중시하지 말고, 곧장 '참나'를 체득하자는 것이지요. 그리고 그렇게 곧장 참나와 열반을 체득하려면, 선정에 대한 구별도 없어야 합니다. 모두 이원성의 세계, 유위법의 세계의 이야기이니까요.

곧장 깨닫는 비결

참나 열반의 자리에 들어가 보면, 그 자리에는 어떠한 이원성도 없어요. 그 자리는 이원성을 초월한 자리입니다. 선정의 구분도 현상계 차원의 이야기일 뿐입니다. 하지만 이원성을 초월한 참나 자리는 에고를 버리기만 하는 게 아니라, 얼마든지 에고와 함께 굴러갈 수 있습니다. 따라서 우리는 찰나삼매건 1선정, 2선정이건 그 선정에 맞게 즐기면 됩니다. 에고의 조건에 따라 다양한 모습으로 드러나는 참나를 즐기면 된다는 것이지요.

그런데 남방불교에서마저 찰나삼매에서 바로 아라한이 될 수 있다는 길을 열어 주는데, 바로 '혜해탈자慧解脫者'들입니다. '심해탈心解脫'까지 얻은 '구해탈자俱解脫者'도 있는데, 아무리 4선정을 통해 심해탈을 얻어도 지혜가 없이는 해탈자가 되지 못한다는 사실이 재미있습니다. 그러니까 혜해탈만 했거나 혜해탈, 심해탈 모두 얻은 구해탈이거나이지, 혜해탈 없이 심해탈만 했다면 해탈이란 말을 쓰지 않습니다.

다시 말하자면, '4선정'에 아무리 자유자재로 들어도 그 자체로는 해탈이라는 말을 쓰지 않습니다. 거기에서 무엇을 더 얻어야 할까요? '지혜'를 통해 현상계의 속성이 '무상 · 고 · 무아'라는 것과 '열반'은 적정하다는 것, 즉 4법인을 철저히 체득해야 합니다. 이것이 초기불교의 가르침입니다.

깊은 선정에 관심을 갖는 분들이 많은데, '열반 · 참나' 자리만 제대로 알면 꼭 깊은 선정에 들지 않더라도 누구나 곧장 해탈할 수 있습니다. 부처님이 가르치실 때에도 4선정을 거치지 않고 해탈자가 나왔듯이 말입니다. 이것은 '열반'이 무위법이라 애초에 선정의 단계와 상관없이 늘 여여如如하기 때문입니다. 열반은 탐진치가 없는 광명한 자리이기 때문에, 그 자리를 곧장 깨닫고 체득하면 그대로 아라한이 될 수도 있는 것이지요.

홍익학당에서는 이러한 깨달음도 인정해 드립니다만, 그래도 4선정, 멸진정까지 두루 체험해 보시라고 권합니다. 선정에 있어 자유롭지 못하면 보살도를 할 때에 마음을 자유자재로 다스리기가 어렵기 때문입니다. 이것은 부처님도 다 체험하신 것이기도 하지요. '참나'를 에고의 조건에 따라 다양하게 음미하는 것이 바로 선정의 단계이니, 곧장 참나를 깨친 분들은 선정에 드는 것이 아주 쉽습니다.

'참나'와 '열반'을 이미 깨달았다면, 그 자리를 느끼는 강도만 은근히 높여 가다 보면 선정에 자유롭게 됩니다. 열반을 바라보는 강도만 높여 가면 시공은 절로 사라져 버리기 때문에, 그대로 멸진정까지 들어갈 수 있습니다. 모든 단계를 거치지 않고서도 바로 들어갈 수도 있고, 일상에서 찰나삼매로 살아갈 수도 있고, 이러한 체험을 자유자재로 조절하는 힘이 생기게 됩니다. 그래야 보살로서 '선정바라밀'을 잘 닦았다고 말할 수 있습니다.

대승과 소승의 진정한 회통

요즘 한국 불교계를 보면, 한편으로는 밀고 들어오는 남방불교를 어떻게 처리해야 할지 몰라서 힘들고, 다른 한편으로는 간화선을 포기하지 못해서 힘들어 하는 것 같습니다. 답은 간단합니다. 그냥 이 둘을 하나로 녹여 내면 됩니다. 원효는 소승과 대승의 모든 경전을 하나로 회통시킴으로써 그 둘을 녹여 냈습니다. 그런데 지금 다시 쪼개져 있는 것이지요.

'참나'의 자리는 무위법으로 변치 않는 자리이기 때문에, 여러분이 그렇게 힘들게 찾을 필요가 없습니다. 늘 광명하고 여여한 자리를 깨닫는 것이 중요하지, '선정' 자체가 중요한 게 아닙니다. 선정은 여러분의 에고를 내려놓고 '참나·열반'을 더 음미하기 위해서 필요한 것일 뿐입니다. 열반을 체험하고 이를 '지혜'로 정리하기 위해서는 선정에서 나와야 합니다. 선정에 들고 나고를 자유롭게 할 수 있어야 오히려 대단한 것입니다.

아잔 차 스님 같은 남방불교의 성자들이 쓴 수행기를 읽어보면, 대승불교의 수행과 대동소이합니다. 다만 자명하게 인가하는 진리가 서로 다를 뿐입니다. 둘 다 적절한 선정을 바탕으로 자명한 '법인法印'을 깨닫는 공부를 닦는 것이죠. 요즘 분들이 자꾸 이 '열반'이란 것을 마치 인간이 도달하기 어려운 판타지의 세계인 양 만들고, '참나'라는 것을 에고와 동일시해서 대승과 초기불교가 완전히 다른 것처럼 이야기 하는데, 사실 체험 자체는 같습니다.

인간이 할 수 있는 체험이라는 것은 모두 근본적으로 같습니다. 완전히 다른 체험이 있다면 한번 가져와 보라고 말하고 싶어요. 에고가 4단계를 거치면 누구나 4선정의 다양한 모습을 체험하게 됩니다. 1선정에서는 몰입하는 '대상'이 있고, 2선정에서는 대상이 사라지고 거친 희열과 은은한 즐거움이 있습니다. 3선정에 가면 거친 희열이 사라지고 은은한 즐거움이 남아요. 그러다가 4선정에 가면 온전히 참나·열반만 존재합니다.

그런데 이 모든 것들이 '에고의 조건'에 따른 구분일 뿐이라는 것입니다. 태양은 늘 똑같은데, 태양을 가리는 구름의 투명도만 달라지는 것이죠. 구름의 투명도에 따라 태양빛은 다르게 느껴지겠지만, 태양 자체가 변하는 것은 아닌 것과 같은 이치입니다. 선정의 단계에 따라 드러나는 참나의 밝기는 다르나, 참나 자체는 본래 무위법이라 변화할 수 없다는 말입니다.

'참나'나 '열반'은 애초에 그런 것과는 아무런 상관이 없습니다. 무위법이니까요. 그 자리는 우리가 조작할 수 있는 자리가 아닙니다. 이렇게만 이야기하면 열반이 마치 남의 물건인 것처럼 느껴지실 수도 있겠지만, 사실 열반은 여러분 안에 있습니다. 여러분이 지닌 '순수한 알아차림'이 바로 열반입니다. 그것이 바로 '공적영지空寂靈知'이고 '참나'예요. 모두 같은 것입니다.

남방불교의 위대한 성자들도 모두 '열반'을 체험합니다. 그런데 열반에 들어갔을 때 누구도 의식을 잃지 않습니다. 아라한들도 자신이 열반을 체험하거나 얻었다는 것을 알지요. 어떻게 열반을 체득했다는 것을 모를 수 있나요? 그런데 그것을 누가 알지요? 누가 있어서 열반을 알아차린 것일까요?

'열반'은 무위법이라, 탐진치가 붙을 수도 없고 5온이 붙을 수도 없습니다. 그런데 우리는 열반에 들어간 것을 다 알아차립니다. 만약 5온의 '식識'(알음알이)으로 알아차린 것이라면 그것은 '열반'이 아닐 텐데요. 그렇지 않은가요? 그러니까 열반에 들어가더라도 그러한 사실을 모두 알아차리고 있다는 의미입니다. 우리가 열반에 들어갔다 나와도, 멸진정에 들어갔다 나와도 모든 것을 다 의식한다는 것이죠.

멸진정에 들어가서 의식을 잃어버렸다면 그건 여러분이 그냥 주무신 것과 같습니다. 의식을 가지고 열반을 체험한다는 말이 무슨 의미인지 이해가 되시나요? 결국 열반도 '의식'이라는 뜻입니다. 열반이 아닌 요소가 열반에 낄 수 없는데 우리는 열반을 알아차리니까요.

무상한 의식은 열반의 자리에 들어가지 못합니다. 5온은 청정한 열반의 자리에 들어갈 수 없습니다. 5온이 남아 있다면 그

만큼 열반에서 떨어져 있는 것이죠. 만약 5온의 알아차림이 있어야만 열반을 의식할 수 있다면, 아무도 열반을 체험할 사람이 없게 됩니다. 의식이 끊겼어야 하니까요.

순수한 알아차림이 열반이다

'순수한 알아차림'이 그대로 '열반'이라는 사실을 알아야 합니다. 이런 이야기를 아무도 안 해 주니까, '순수한 알아차림'을 그냥 5온 중의 '식識'인 줄 아는 경우가 많아요. 그런데 5온의 식은 순수한 알아차림이 아니고, 몸과 마음의 작용을 알아차리는 식별이에요. 즉, '대상이 있는 알아차림'입니다. 하지만 열반 상태에서는 우리가 알아차릴 대상이 없는데도 알아차리고 있습니다. 그러니 이때의 '알아차림'은 무상한 것이 아닌 것이죠.

마음을 거울에 빗대어 설명해 보겠습니다. '거울의 비춤'을 '의식의 알아차림'이라고 본다면, 거울이 어떤 대상을 비추고 있을 때에는 '대상이 있는 알아차림'이 됩니다. 이러한 알아차림은 대상에 의해 오염되어 있어요. 그런데 일체의 대상을 모두 치워 버리면 거울은 어떻게 될까요? 거울이 비추는 것을 포기

하나요? 아닙니다. 대상이 없지만 거울은 여전히 비추고 있을 것입니다. 이것이 바로 '대상이 없는 순수한 알아차림'이에요.

사실 대상이 있건 없건 순수하게 비추는 거울의 성질 자체는 불변입니다. 마찬가지로 우리 마음이 순수하게 알아차리는 성질 자체도 불변입니다. 우리 마음은 늘 알아차리고 있어요. 이때 대상에 오염되지 않은, 순수한 알아차리는 능력이 바로 무위법인 '열반'인 것입니다.

이런 체험에 안착한 존재를 우리는 '아라한'이라고 부릅니다. 아라한은 이 체험을 늘 삶의 중심에 두고 살아가는 존재입니다. 우주가 사라져도 초연하게 알아차리는 자가 있다는 것이 그 체험의 핵심이죠. 이게 전부입니다. 이것 외에 다른 것은 없어요.

그렇다면 아라한이 얻은 지혜는 무엇일까요? 아라한은 '생각·감정·오감'의 5온은 '무상·고·무아'라는 진실을 알고 있습니다. 그러나 이런 무상·고·무아는 이원성의 현상계에만 존재하지, 절대계는 그것과 상관없이 늘 고요하다는 것도 압니다. 이게 4법인이죠. 이러한 진리를 선정을 통해 뼛속까지 자명하게 깨닫고, 그러한 진리대로 살아가면 아라한이 되는 것입니다.

그런데 여기에는 대승적 진리의 핵심인 '법공法空'이 없습니다. '일체유심조一切唯心造'의 도리가 부족한 것이죠. 일체의 만법은 모두 청정한 참나의 작용이라는 것을 깨쳐야 비로소 대승보살이 될 수 있습니다. 이런 내용을 써 놓은 것이 대승보살의 선언문인 『반야심경』입니다. 『반야심경』에서는 "5온은 본래 텅 비어 청정하다! 그리고 텅 빈 것은 불생불멸이다!"라고 하였습니다.

그런데 아라한들은 여기까지 연구하지 않고, 소승의 4법인을 체득하고 나면 열반에 안주해서 죽을 날만을 기다리며 삽니다. 그런데 '법공'을 연구해서 대승의 4법인까지 깨닫고 나면 상황이 완전히 달라집니다. "일체의 현상계가 모두 내 마음의 작용, 즉 알아차림의 작용이었다!"라는 진리가 뼛속까지 새겨지면 더 이상 아라한처럼 살 수 없게 됩니다. 이제 보살의 길을 걷게 되는 것입니다.

유튜브(YouTube) | 출입식념경 1강

초간단 견성법

몰라와 괜찮아로 견성하기

다른 건 몰라도 "몰라!" "괜찮아!" 이것만이라도 진하게 잘하시면 좋겠습니다. 어떤 사람들은 견성하겠다고 전 세계를 돌기도 합니다. 그러나 그 견성의 방법은 결코 어렵지 않습니다. 찾고자 하는 것이 '자기 자신'이고, 자기가 이미 갖고 있는 것이니까요. "몰라!" "괜찮아!"만 계속하면 '참나'를 만날 수밖에 없습니다.

그리고 일단 참나와 만났다면 더 진하게 만나 보도록 하세요. 항상 말씀드리지만 경허鏡虛 스님과 같은 천재도 화두선을 하다가 참나를 보고 나서는, 천장암에 들어 앉으셔서 씻지도 않고 그대로 1년간 참나만 바라보고 계시다가 움직였습니다.

우리가 참나를 잠깐 맛보았다고 해서 "아, 참나가 있구나." 하고 그냥 막 살면 아무것도 달라지지 않습니다. 조금이라도 참나를 느끼셨다면, 참나를 만나는 일에 진력해 보십시오. 여기에 1년을 투자해도 아깝지 않다는 것을 알게 되실 것입니다.

절에서 하는 말 중에 멋진 말이 하나 있습니다. "한 생 안 태어난 셈 치고 수련만 해라!" 한 생까지는 아니더라도 오늘 하루 없는 셈 치고 좀 해 보면 좋지 않을까요? 하루만이라도 참나와 진하게 만나 보고 그런 체험들이 쌓여 자기를 받쳐 주는 힘이 되면, 자신 안에서 참나가 어떻게 움직이는지를 점점 더 명확하게 알 수 있게 됩니다. 한번 그렇게 해 보시기 바랍니다. 그렇게만 해도 충분합니다.

그런데 사실 그 '참나'가 곧 '양심'입니다. 그래서 참나를 빨리 찾으시기를 권하는 것입니다. 참나각성은 결국 양심을 실천하기 위한 것이니까요. 우리 안에서 양심이 늘 샘솟게 하려면, 먼저 자신의 참나를 잘 알아야 합니다. 참나각성을 빨리하는 것 자체가 중요한 문제는 아니지만, 견성이 누구나 쉽게 누릴 수 있는 보편적인 문화가 되기를 바라며 이런 말씀을 드리는 것입니다.

오직 모를 뿐

그냥 편하게 "몰라!"라고 하십시오. 다양한 느낌의 "몰라!"가 가능합니다. 진지하게 "몰라!"라고 해도 되고, "정말 아무것도 모르겠다!" 하고 가볍게 상상해도 됩니다. 그런데 너무 부담을 느끼면, 에고가 불편해 해서 명상이 잘 되지 않습니다. 그러니 각자 자기 에고의 상태에 맞게 해야 합니다.

에고가 명상을 힘들어 하면 "에라, 모르겠다!" 하고 잠시 가만히 있어 보는 것도 좋습니다. "모르겠다!"라는 것은 바깥세계, 즉 내가 붙잡고 있던 어떤 고집이나 관념에 대해 살짝 힘을 빼는 작업입니다. 에고가 그렇게 힘만 살짝 빼도, 우리 내면에는 절로 평화가 찾아옵니다.

여러분의 에고를 잘 달래 주세요. 내 에고가 지금 뭔가를 단단히 쥐고 있어서 내놓지 않을 것 같으면, 에고를 잘 구슬려서 내려놓게 해야 합니다. "잠깐만 내려놓고 있어 보자!"라든가, "5분만 쉬었다가 고민하자." 하는 마음으로 "몰라!" 해도 됩니다. "아이고 모르겠다!" 하는 마음으로 "몰라!" 해도 되고, "될 대로 되라!" "배 째!" 이런 마음으로 해도 됩니다.

뭔가 손에 쥐고 있던 힘이 살짝만 풀어지면, 우리의 마음은 자동으로 '순수한 상태'로 돌아가게 되어 있습니다. 진지하게 "몰라!"라고 선언하든지, "내 이름도 모른다!" 하고 잠시 상상하든지, 결과는 같습니다. 늘 같은 자리, 순수한 자리로 들어가게 됩니다.

그런데 재미있는 사실은, 보통 수행자들이 참나를 찾는다면서 자신의 내면에서는 찾지 않는다는 것입니다. 명상을 하다가 뭔가 빛이 보이거나 소리가 들리면 가슴이 들뜨게 되어 있습니다. 그러나 그런 체험이 아무리 황홀하더라도 그것은 '오감의 대상'일 뿐입니다. 내 마음에 떠오른 '대상'이지 '참나'는 아닌 것입니다. 오히려 그러한 황홀한 현상이 일어나고 사라지는 것을 알아차리는 '나'야말로 순수한 나인 참나죠.

참나는 순수한 나

그런데 사실 여러분이 '참나'를 모를 리가 없습니다. '참나'의 말뜻을 제대로 안다면 말입니다. 참나는 세상에 물들지 않은 '순수한 나'일 뿐입니다. '나'는 '나라는 존재감' 안에서 찾아야지, 나라는 존재감에서 조금이라도 벗어나면 찾을 수가 없습니다.

'나'는 '나'에게서 찾아야죠. 여러분에게는 자신이 존재한다는 느낌이 늘 있습니다. "나!"라고 말하면 당연히 느껴지는 그 느낌 말입니다. "나!"라고 속으로 한번 말해 보세요. 그 말이 일어나는 자리가 존재하지요? 그 "나!"라는 소리를 일으킨 자리가 진짜 '나'이지 않겠습니까? 그 자리가 '참나'입니다.

'나'라는 울림이 일어나는 자리. 그리고 그런 울림을 알아차리는 자리. 거기에서 참나를 찾아야지, 밖에서 찾으면 안 됩니다. 멋진 경관, 멋진 절, 멋진 사원 …. 이런 것은 모두 참나가 아닙니다. '참나'를 만나려면 '나'에게서 찾으세요. '나' 가운데 가장 순수한 영역이 '참나'입니다.

그런데 '나'라는 느낌에는 불순한 느낌들도 많습니다. 내가 잘났다는 느낌도 있고, 못났다는 느낌도 있죠. 나에 대한 그런 오염된 느낌이 아니라, 가장 밑바닥의 '순수한 나'라는 느낌을 찾아내야 합니다. 이를 위해 "몰라!"라는 말을 자꾸 하는 것이 좋습니다. "몰라!"라고 외칠수록 그런 불순물이 뚝뚝 떨어져 나가기 때문입니다.

　내가 참 못난 것 같아도 "몰라!" 하고 선언하고, 내가 남보다 학벌이 좋은 것 같아도 "몰라!" 하고 선언하세요. 이렇게 "몰라, 몰라, 몰라!" "이름도 몰라!"라고 선언하고 나면, "몰라!"라는 말조차 할 수 없는 때가 옵니다.

　어떤 때이겠습니까? 그냥 '존재'만 할 때죠. '나'는 존재하는데 "몰라!"라는 말조차 더 이상 할 수가 없습니다. 그 순간에도 '나라는 존재'는 또랑또랑하고, 내가 존재한다는 것은 또렷이 압니다. 그 자리만은 모른다고 할 수 없거든요.

　'나'는 있는데, 내 마음에 어떠한 생각도 떠오르지 않고 그냥 모를 뿐인 상태로 존재하게 됩니다. 오직 존재할 뿐이죠! 그 자리에 단 1초만 머물더라도, 그 순간이 바로 '참나'를 만난 순간입니다. 탐진치가 붙을 수 없는 '열반'을 체험한 것입니다.

　이렇게 '순수한 나'를 자꾸 만나면, 그 1초가 2초가 되고, 3초가 되고, 점점 길어지다가 나중에는 주객이 바뀝니다. 참나가 내 안에 늘 현존하며, 오히려 에고가 일어났다 사라지기를 반복한다는 사실을 알게 될 것입니다.

참나는 바다, 에고는 파도

에고는 참나의 바다에서 일어나고 사라지는 파도와 같습니다. 반면 참나는 이딜 가는 법이 없습니다. 생각·감정·오감은 일어나고 사라지는 무상한 것이지만, 참나는 영원합니다. 참나는 생각·감정·오감이 일어나는 바탕이 되는 자리이기 때문입니다. '나라는 존재'가 있기 때문에, 우리가 생각하고 울고 웃는 것이니까요.

이런 사실을 모른다면, 존재의 중심 자리인 '나'는 없고, 생각과 울고 웃는 감정과 오감만 분주하게 오고 가는 것으로 느낄 것입니다. 이렇게 마음의 주변에서 맴돌지 말고, 곧장 중심으로 뛰어들 수 있어야 합니다. 관점의 전환이 일어나야 합니다. 이것이 실천적으로 곧장 깨어나는 방법입니다.

이런 식으로 접근한다면 누구든지 깨어날 수밖에 없습니다. 사실 우리는 이미 깨어나 있기 때문입니다. '나라는 존재감'이 없는 사람이 없고, '나라는 느낌'을 느끼지 못하는 사람도 없기 때문이죠. 깨어난다는 것은 '나라는 느낌'을 명확히 아는 것일 뿐입니다.

10년 전이나 지금이나 늘 동일한 그 자리를, 지금 곧장 내면에서 찾아보십시오. '내가 존재한다는 느낌', 이것만이 불변하는 나의 본래 모습입니다. "'나'는 울기도 하고 웃기도 하고, 기뻐했다가 슬퍼했다가 하지만, 그 토대인 '나'는 늘 변하지 않아!"라고 자명하게 말할 수 있어야 합니다.

"'나'는 웃음도 아니고 슬픔도 아니야. 그냥 존재일 뿐이야!"라고 자명하게 말할 수 있어야 합니다. 이 정도의 이야기를 실감나게 느끼면서 말할 수 있다면 그분은 이미 도인입니다. 이건 참나를 아는 사람만이 할 수 있는 이야기이니까요.

그런데 재미있는 사실은, 이것이 전혀 어려운 이야기가 아니라는 것입니다. 왜냐하면 여러분도 반쯤은 도인이기 때문에 그렇습니다. '나'를 느끼지 못하면서 사는 사람은 아무도 없습니다. 누구나 자신 안에서 나이를 먹지 않고 불변하는 '나라는 존재감'을 느끼는데, 그 자리가 '참나'인 줄을 모르고 그냥 사는 것일 뿐입니다.

유튜브(YouTube) | 윤홍식의 견성요결 – 나에게서 찾으라

최상승선의 비결

나라는 존재감에 몰입하라

여러분은 '나라는 존재'를 느끼시나요? 여기에 '참나'라는 말도 붙이지 말고, 그냥 '나라는 존재'가 계속 있다는 것만 느껴 보세요. '참나'라는 말도 방해가 됩니다. "지금 내가 존재한다!"라는 느낌에만 집중해 보십시오.

"내가 존재한다."라는 사실은 모를 수가 없습니다. "나!"라고 지금 말하는 바로 그 자리이니까요. 좀 더 잘 느껴 보려면, "나!"라고 직접 말하면서 느껴 보세요. "나!"라고 말하는 그 자리!

절에서 스님께 부처가 무엇인지를 물어보면,
"아무개야!"
"예!"
"('나'라는 놈이) 거기 있네."라고 답합니다.

"내 말을 들은 놈은 누구냐?" "'나'라고 방금 말한 자리가 누구냐?" 혹은 "'나!'라고 말하고 그 말을 다시 듣고 있는 자리는 누구냐?"라고 말하기도 하는데, 모두 같은 얘기입니다. 본인이 소리 내어 부르고 본인이 들어 보세요.

"나!" "나!"라고 해 보세요. 누가 말하고 있고, 누가 듣고 있나요? 초점을 거기에 두어 보십시오. 그것이 '회광반조回光返照'입니다. 밖으로 드러난 나에 초점을 두지 말고, "나!"라고 말한 그 놈을 보십시오. 이것이 최고의 화두선이고 반조선입니다. 이것이 바로 '최상승선'입니다. 수시로 해 보세요.

24시간 자나 깨나, 식사하다가, 일하다가, 다른 사람과 대화하다가, "나!"라고 한 번씩 불러 보세요. 바로 내가 느껴지지요? 거기에서 곧장 깨달으면 그만이고, 안 되면 자꾸자꾸 불러 보세요. 그러다 보면 "바로 너구나!" 하는 날이 올 것입니다. 결코 어렵지 않습니다.

나라는 존재감은 나이를 먹지 않는다

'나'라는 존재감'이 '참나'라면, 우리가 생전에 잠시라도 느끼지 않은 때가 있을 수 없습니다. 재미있지 않습니까? 여러분이 그동안 살아오면서 내가 없다고 생각한 적은 없으시죠? 우리 삶의 모든 순간에 늘 '나라는 존재'가 있습니다.

괴로울 때에도 '나라는 존재'가 괴로워한 것이고, 슬퍼할 때에도 '나라는 존재'가 슬퍼한 것이고, 밥을 먹을 때에도 '나라는 존재'가 먹은 것입니다. 늘 '나'라는 존재가 있기 때문에 여러분의 삶이 이어지는 것으로 보이는 것입니다.

만약에 '나'라는 것이 없었다면, 여러분의 삶 자체가, 여러분이 보고 듣고 생각하는 모든 것이 사라져 버려야 해요. 완벽하게 사라져야 합니다. '나라는 존재'가 없는데, 어떻게 나의 작용으로서 생각·감정·오감이 존재할 수가 있겠습니까? 따라서 여러분이 듣고 보고 살아 있다는 것은 '나'라는 것이 있다는 의미인 것입니다.

마음속으로 "나!"라고 해 보세요. 이때 나라는 존재를 느껴 보는 겁니다. '참나'와 같은 말은 잊어버리세요.

"나!"

"나!"

'나라는 존재감'을 더 느껴 보세요. 다른 데에는 신경 쓰지 말고, 나라는 존재감만 더 느껴 보는 겁니다. "내가 존재한다!"라는 그 느낌에만 더 집중해 보세요. 그 자리에 번뇌가 있을 수 있습니까? 걱정이 있을 수 있습니까? 그 자리에는 시간도 공간도 못 붙습니다.

눈을 감고 내가 존재한다는 것만 느껴 보세요. 다른 느낌들은 "몰라!" 하고, 내가 존재한다는 느낌에만 집중해 보세요. 본인이 몇 살인 줄 아시겠습니까? 그 자리는 본인의 이름도 모르고, 지금 어디에 있는지도 모르며, 자신이 몇 살인지도 모릅니다.

그 자리는 나이를 먹지 않습니다. 어렸을 때에도 그 자리였고, 나이를 먹어도 그 자리입니다. 다음 생生에 가도 그 자리이고, 전생에도 그 자리였습니다. 절에서 "숙명통이 가능하다." 또는 "부처님이 숙명통을 하셨다."라고 하는데 별게 아닙니다. 그 '나'라는 놈이 계속 이어지기 때문에, 전생의 모습이 펼쳐질 수도 있는 것입니다.

　자신의 이름도 잊은 채로 '나라는 존재감'에만 집중해 보십시오. 이름도 모르는데 나이를 어떻게 알겠습니까? 지금 느끼는 '나라는 존재감'이 10대 시절의 '나라는 존재감'과 다를까요? 다를 수가 없지 않나요? 10대 때나, 20대 때나, 30대 때나, '나'라는 놈은 똑같으니까요.

　"무슨 소리야? 나는 40대인데?" 하는 생각이 떠오른다면 빨리 그 생각을 내려놓으십시오. 아직 집중이 덜된 것입니다. "나!"라고 선언하면서 오직 '나라는 존재'만 느껴야 합니다.

　"화두를 들어라!" "염불을 해라!" "'나!'라고 해라!"라고 하는 것은, 그것을 하느라 다른 생각을 하지 못하도록 막기 위한 것입니다. 화두를 자꾸 들라는 말은 "잡념을 품지 말고 '참나'에만 관심을 주어라."와 같은 의미입니다.

화두를 드는 올바른 방법

화두는 머릿속으로 복잡하게 의심을 하라는 것이 아닙니다. 가볍게 들면 돼요. 너무 힘을 쓰면 오히려 탈이 납니다. "부모가 나를 낳기 전의 나는 누구지?" 하고 가볍게 물어보고, 생각이 뚝 끊어지면 정말 잘 의심한 화두입니다. 그런데 멋지게 의심하려다가 머리를 너무 쓰면, 상기만 되고 답도 나오지 않습니다.

"이 뭣고?" "이건 뭐지?" "나는 누구지?" "나라고 말하는 놈은 누구지?" 하면 모두 화두를 잡는 것입니다. 밥을 먹을 때에도 "밥을 먹는 넌 누구지?" 하고 물어보면 곧장 화두를 잡는 것이 됩니다. 그러면 판단이 멈추고 '나라는 존재'가 탁 드러납니다. 다른 사람과 싸울 때, "싸우는 나는 누구지?" 하고 들여다보면, 싸움이고 뭐고 어디로 가고 없고 '나라는 존재'만 또렷해집니다.

수시로 이렇게 나를 만나면, 아무리 하근기라 하더라도 "이것이 '나'라는 것이고, 나는 한 번도 움직인 적이 없다."라는 사실을 깨달을 수밖에 없습니다. 이것이 '최상승선'이고 '본래삼매'입니다. '나라는 존재'가 원래 '참나'였다는 것을 자각하는 것이 본연삼매이고, 이것이 '조사선'이라는 것입니다. 에고가 노력해야 참나를 만날 수 있는 것이 아니라, 참나는 자신의 존재를 우리에게 늘 드러내고 있었다는 사실을 알게 되는 것이지요.

우리의 '존재'는 이미 '알아차림'이고 '의식'이에요. 이것도 멋지게 표현하면 하나의 철학이 되지요. "존재가 의식이다!" 멋지지 않습니까? 존재가 의식이라는 것을 체험으로 느껴 보세요. 내가 존재한다는 것은 곧 알아차리며 의식한다는 의미입니다.

그런데 여러분의 이 느낌을 방해하는 것은 무엇일까요? 알음알이로 우리를 방해하는 것은 바로 '에고'입니다. 하지만 이것은 구름과 같은 것입니다. 구름이 태양을 잠시 가릴 수는 있지만 완전히 가릴 수는 없고, 태양에 영향을 줄 수도 없습니다.

마찬가지로 '에고'가 참나의 빛을 좀 가릴 수는 있어요. 그러나 완벽히 가릴 수는 없습니다. 구름이 아무리 끼어도 우리가 사물을 구분할 수 있는 것은 왜일까요? 미세하게라도 태양빛은 늘 느껴진다는 의미죠. 밤에는 달을 통해서라도 태양빛을 느낍니다.

태양을 막을 수는 없습니다. 태양 자체가 살아 있으니까요. 여러분의 내면에 참나가 늘 그렇게 살아 있는데 여러분의 에고가, 망상이 자꾸 태양을 바로 보는 것을 막습니다. 하지만 재미있는 것은, 그 구름마저도 태양의 빛을 받고 있다는 사실입니다. 에고도 '참나'가 있다는 것은 늘 알고 있는 것이죠. 즉, 아무리 미세하게라도 우리는 늘 참나를 느끼며 살아가고 있습니다. '나라는 존재'가 없다고 생각하는 사람은 아마도 없을 것입니다.

그런데 왜 우리는 '나라는 존재'가 참나라는 생각을 쉽게 하지 못할까요? '나라는 존재'가 있다는 것이 너무 당연하니까요! 너무 당연한 그 느낌! 너무 자명한 그 느낌! 너무나 자명해서 더 할 말이 없는 그 자리가 '참나'입니다. 그 자명한 '내가 존재한다는 느낌'이 바로 '참나'라는 것을 바로 보면 곧장 끝납니다.

24시간 느껴져야 그게 진짜 참나가 아니겠습니까? 그런데 그동안 '나라는 존재'를 24시간 느껴 오셨지요? 그것이 그냥 참나인 것이지요. 그래서 본래 고요하고 본래 삼매인 참나 자리에 곧장 통하는 것이 최상승선인 것입니다. 그것은 시간이 걸리지 않기 때문입니다.

에고의 조건에 따른 선정의 구분

만약 4선정까지 간 뒤에야 참나를 만날 수 있다고 한다면, 4선정에 이르기까지 시간이 걸리게 됩니다. '4선정'이라는 것은 이렇습니다. 1선정, 2선정, 3선정, 4선정. 거기에 생각이 전혀 일어날 수 없는 '멸진정'과, 1선정 근처인 '1선 근분정近分定'이 있습니다. 수많은 삼매를 나누어 보세요. 모두 '에고의 조건'에 따른 구분입니다. 그것은 구름의 진하고 옅음일 뿐이지 태양 자체를 곧장 말하는 것이 아닙니다.

멸진정은 에고가 잠들어 있다는 것이고, 4선정은 에고가 망상을 품고 있지 않다는 것, 3선정은 에고가 즐거움을 느끼고 있다는 것, 2선정은 즐거움과 거친 희열을 느끼고 있다는 것, 1선정은 몰입하는 대상이 존재하며 에고가 미세한 생각까지 동반하고 있고, 1선 근분정은 거친 생각까지 존재한다는 것을 말합니다. 모두 구름이 얕다, 진하다의 정도 차이를 나타낼 뿐이죠.

에고의 조건을 더 넓게 보면, 선정에 아예 들지 않은 상태도 있겠죠? 선정이 아닌 상태, 깊은 잠의 상태 그리고 꿈의 상태. 이 모두가 에고의 조건입니다. 하지만 그런 조건과 조금도 상관없이 태양은 늘 떠 있습니다. 최상승선이 시간이 걸리지 않는 이유, 아시겠지요?

잠을 자건 꿈을 꾸건, 우리는 늘 '참나'와 함께하고 있습니다. 꿈을 꾸는 주체가 누구인가요? '나'라는 놈이 화면을 바꾸어 가면서 신나게 꿈을 꾸고 있습니다. 어떻게 보면 '나라는 존재'는 꿈속에서 더 생생합니다. 또 깨어나서도 생생합니다. 그래서 우리가 밥을 먹고, 걸어 다니고, 다 하지요.

'1선 근분정'은 제가 늘 주장하는, '몰입의 4단계'라는 상태입니다. 이것은 티베트 불교에서 중시하는 '9주심'의 꼭대기 자리로서, 희열이 일어나는 몰입이 자연스럽게 흐르는 상태죠. 여러분이 예술 활동이나 스포츠, 게임 등 자기가 가장 좋아하는 일에 집중할 때, 이 몰입의 4단계에 들어가면 생각은 자연스럽게 다 돌아가는데 신바람이 나고 희열이 올라옵니다.

왜 그럴까요? '나라는 존재감'이 평소보다 좀 더 강하게 느껴지기 때문입니다. 태양빛을 돋보기를 이용하여 한 점으로 모으면 자연히 불이 일어나듯이, 에고가 하나의 대상에 몰입하면 참나는 저절로 드러나게 됩니다. 절로 신바람이 나 버리는 것이죠.

그렇다면 그때의 특징이 무엇일까요? '몰입의 4단계', 즉 '1선 근분정'에만 도달해도 이미 신바람이 나 버리는데, 그때에는 "이대로 죽어도 좋다!" "정말로 내가 살아 있다!" 하는 느낌이 듭니다. '나라는 존재'가 좀 더 강렬하게 느껴지니, 내가 살아 있다는 느낌도 강해지는 것입니다.

반면 선정이 아닌 상태에서는, 살아 있기는 한데 그 느낌이 좀 약합니다. 그런데 생각을 살짝 내려놓으면서 에고가 좀 더 약해지면, 태양빛이 훨씬 강하게 내리쬐게 되는 것입니다. 그래서 "아, 따뜻해!" 하는 느낌이 들어 버리는 것이죠.

태양은 언제나 환하게 타오르고 있습니다. 우리가 늘 태양빛을 받고 있어도 그다지 따뜻하다고 느끼지 못하는데, 좀 더 따뜻하다고 느끼게 되는 자리가 '1선 근분정'입니다. 그러다가 1선정'에 제대로 들어가면 훨씬 따뜻해져서 희열이 점점 커집니다. 그러다가 '3선정'에 가면 거친 희열은 잡히고 은은하고 뿌듯한 행복감이 흐릅니다.

'4선정'에 이르면 그것마저 초월해서 완연하게 '참나'와 하나가 됩니다. 태양이 곧 나이고 내가 태양인 것 같은 상태가 되는 것이죠. 마지막으로 '멸진정'에서는 의식마저 완전히 잠들어 버려요. 그래서 어떤 잠음도 없이 참나와 하나로 존재하게 됩니다. 멸진정은 무의식 상태에서 깨어있는 것이고, 4선정은 의식 상태에서 깨어있는 것이라고 할 수 있습니다.

그런데 이것들은 모두 에고의 조건에 따른 구분일 뿐이기 때문에, 이 모든 선정을 '세간삼매世間三昧'라고 칭합니다. 반면 '본래삼매'는 출세간出世間삼매입니다. '진여삼매眞如三昧'가 바로 그것입니다. 출세간삼매는 에고의 조건을 일체 배제하고 참나 그 자체만을 얘기하기 때문에 세간의 때가 묻지 않았지만, 세간의 모든 삼매는 무상하기 때문에 일어났다가 사라지죠. 출세간삼매, 즉 본래삼매만이 영원합니다.

최상승선의 핵심

'최상승선'이란 무엇일까요? 최상승선은 에고의 조건은 조금도 신경 쓰지 않고 곧장 '참나' 그 자체로 들어가 버리는 것입니다. 즉, 에고가 삼매에 들어가건 들어가지 않건 상관이 없다는 것입니다. 그냥 내가 존재한다는 것을 인식해 버리는 순간 끝나요. 이것이 '직지인심直指人心'이라는 것입니다.

"삼매에 들 생각도 하지 말고 곧장 '자신의 존재'를 들여다보아라! 그 자리가 본성이고, 그 자리가 부처 자리이다!"라고 바로 알면 되니, 언하言下의 '대오大悟'가 가능했던 것입니다. 이건 부처님이 살아 계실 때부터 내려오던 방법입니다. 그때에도 언하의 대오가 있었으니까요. 저 또한 그런 방법으로 많은 분들을 지도해 왔기 때문에, 자신 있게 말씀드릴 수 있습니다.

'나라는 존재'가 느껴지시죠? 그 자리가 부처 자리입니다. 본래 순수한 여러분의 본 모습이에요. '참나' '부처' 하고 말하면 또 망상이 일어나니까 다른 식으로 묻겠습니다. '나라는 존재' 그 자체가 나이를 전혀 먹지 않는 여러분의 순수한 모습, 맞지요? 여기까지 동의하시나요? 그럼 끝난 겁니다.

그 '나라는 존재'가 늘 느껴지시죠? 지금도 느껴지시죠? 이것을 느끼셨다면 유지하는 비법까지 말씀드릴게요. 찾지도 말고 놓쳤다는 말도 하지 마세요. 그것이 참나 상태를 유지하는, 즉 보임保任(보호하고 잘 챙김)하는 비법입니다. 깊은 삼매에 들려고도 하지 마시고 힘을 빼세요. '나라는 존재'를 느끼는데 왜 힘이 드나요? 내가 있다는 것을 느끼는데 힘이 드시나요?

더 잘 찾으려고만 하지 마세요. 놓쳤다는 말도 하지 말고, "내가 없다!"라는 말도 하지 마세요. '나'는 항상 있습니다. 지금 마음이 편하시죠? '나라는 존재'만 느꼈는데도 걱정이 사라지지 않나요? 너무 힘을 쓰면 안 됩니다. 힘을 넣지도 빼지도 않은 그 오묘한 상태가 포인트입니다.

이것이 본래삼매, 조사선의 핵심입니다. '나'라는 놈은 본래 삼매 덩어리이거든요. 에고가 만들어 낸 삼매가 아니라는 의미에서 '본래삼매'라고 말하는 것입니다. "찾지도 마라!" "평상심平常心이 도道다!" 지금 여러분의 마음이 이미 진리라는 것을 아시겠어요? 평상심이 도라는 것을 받아들일 수 있으시겠어요? 여러분의 평소 마음이 도입니다. 늘 여러분이 있었잖아요.

그리고 이 말을 기억해 두세요. "찾으면 어긋난다!" "참나를 더 잘 만나야지 …." 하고 집착하면 어긋납니다. 관심이 참나가 아닌 엉뚱한 데에 쏠리게 됩니다. 자기가 찾아야겠다는 생각에 마음이 쏠리니까 찾지 못하게 됩니다. 찾지 마세요. 그냥 내가 있다는 것을 음미해 보세요. '나' 있죠? 이렇게 쉬운 삼매가 있습니다. '나라는 존재'가 없다는 말은 하지 못하실 겁니다. 억지로 찾아야 내가 있나요? 그냥 '나'라는 놈이 늘 있지 않은가요? 지금부터 돌아가실 때까지 여러분은 그냥 그렇게 사시면 됩니다. 다음 생도 그렇게 사시면 되고요.

늘 참나와 함께하는 삶

'확철대오廓徹大悟'라는 것이 이것입니다. 확철대오는 깊은 삼매에 들어가야만 얻을 수 있는 것이 아닙니다. 우리가 깊은 삼매에 들어가려고 하는 이유는, 삼매가 깊으면 참나가 더 잘 보이기 때문일 뿐입니다.

그런데 여러분은 이제 참나를 모르는 건 아니죠? 여러분은 이미 참나를 찾으셨습니다. 그러면 깊은 삼매에 들어가는 요령도 여기에서 나옵니다. 이미 삼매를 얻었기 때문에, 즉 '본래삼매'를 얻었기 때문에, 에고가 하는 삼매도 쉽게 얻을 수 있습니다. 그것은 그냥 취미로 하면 됩니다.

1선 근분정에서부터 멸진정에 이르는 다른 삼매들은 우리의 의식이 그 상태를 계속 유지할 수가 없습니다. 즉, 왔다가 가는 삼매이고 그래서 무상합니다. 석가모니도 늘 4선정에 계셨던 것이 아닙니다. 불경을 보면, 부처께서 한참 설법을 하시다가 가끔씩 "4선정에 드셨다!"라는 말이 나옵니다. 그건 평소에는 4선정에 안 들어가셨다는 의미입니다.

그렇다면 석가모니는 평소에 어떤 상태였을까요? 늘 스스로 존재하는 상태, 즉 '본래열반' '진여삼매'로 살아가신 것입니다. 선정에 들어가건 들어가지 않건, 진여삼매가 늘 흐르는 상태이셨던 것이죠. 태양이 늘 떠 있는 상태 말입니다.

우리는 늘 '나라는 존재'를 자각하면서 살고 있고 그 자리가 사실 본래삼매 자체인 자리이니, 그 자리가 삼매 덩어리라는 사실만 명확히 알고 나면 늘 본래삼매로 살아갈 수 있게 됩니다. 이것이 "평상심이 도다!" "밖에서 구하지 마라!"라는 가르침의 참뜻입니다.

여러분이 원래 '참나'라는 것을 이해하면 다른 뭔가를 더 찾으려고 헤맬 필요가 없겠지요. 그러니 '나라는 존재'에만 은근히 관심을 주세요. '나라는 존재'에 살짝만 더 관심을 주면 됩니다. "삼매에 들어야지 …." 하는 생각도 안 됩니다. '나라는 존재', 즉 참나 자리를 만났는데 왜 그런 불순한 생각을 하십니까?

그냥 "만족합니다!"라고 하세요. "당신으로 만족합니다." 이것이 '본래삼매'이고 '최상승선'입니다. 이제 하루 종일 이렇게 살면 됩니다. 지금 걱정이 있으세요? '나라는 존재'를 좀 더 느끼면 걱정이 없어집니다. 그러다가 에고를 좀 더 느끼면 다시 걱정이 살아나지요.

하지만 그렇다고 해도 신경 쓰지 마세요. 여러분이 아무리 정신을 완전히 놓고 에고의 세계에 산다고 해도, "내가 존재한다!"라는 사실을 잊어버릴 일은 없을 테니까요. 지금부터 죽을 때까지 여러분이 앞으로 참나를 놓치는 일은 절대로 없을 것입니다. 사실은 단 한 번도 놓친 적이 없기 때문에.

깊은 삼매에 드는 비결

태양만 더 자세히 보는 것이 깊은 삼매입니다. 지금까지는 '본래삼매'에 드는 법을 말씀드렸는데, 이제는 깊은 삼매에 드는 비법을 가르쳐 드리겠습니다. 늘 본래삼매로 살아가는 것은 기본이고, 때로는 깊은 선정에도 들어가 봐야죠.

삼매에 대해 어렵게 설명하는 분들은 본인이 어렵게 도달해서 그런 것인지 모르겠지만, 방법만 알면 4선정과 같은 것은 아무것도 아닙니다. 이제 여러분은 '참나'가 무엇인지 아시지요? 참나를 아는 분이라면 깊은 삼매에 드는 것은 너무나 쉽습니다.

늘 태양이 비추는 것을 알았는데, 태양만 오롯이 보는 것이 왜 어렵겠습니까? 지금 '나라는 존재'가 느껴지시죠? '나라는 존재'만 느끼세요. '나라는 존재'만 더 느껴 보세요. 몸은 재우세요. 몸은 편하게 자라고 하세요. "몸도, 마음도 자라!" 몸과 마음을 재우고 '나라는 존재'에 대한 집중만 남겨두세요.

너무 힘쓰지 마세요. 사물에 초점을 맞추고 주시하는 정도의 '은근한 집중'이면 충분합니다. 과한 집중은 탈을 일으키기 때문에 은근히 관심을 주면 됩니다. '나라는 존재'에 은근히 관심을 두되 다른 존재에 대한 관심은 멈추세요. 힘을 완전히 빼고 '나라는 존재'만 더 느끼세요. 나라는 존재만 보고, 몸은 재우세요.

걱정이 없으시죠? 참나는 내가 존재한다는 것으로 이미 만족하는 자리이기 때문에 걱정이 없습니다. 푹 즐기세요. 행복을 누려 보세요.

최상승선은 가장 쉬운 참선

진정한 '본래삼매'는 닦는 즉시로 행복한 것이고, 이것이야말로 최상승선입니다. 곧장 행복해질 수 있어야 최상승선입니다. 최상승선은 곧장 행복해지는 것이지, 시간이 걸려서 행복해지는 것이 아닙니다. 참나는 본래 지복의 자리이니까요.

최상승선에 대한 가장 큰 오해는, 그것이 소수의 상근기나 닦는 공부법이라는 생각입니다. 누가 해도 쉽게 도달할 수 있는 공부법이 최상승법이지, 어떻게 소수의 천재들만 닦을 수 있는 공부법이 최상승법이 될 수 있겠습니까?

사실 상근기들은 조금만 자극해 줘도 다 터져요. 상근기에게 수행법이 왜 중요하겠습니까? 따라서 최상승선은 누구나 쉽게 닦을 수 있고, 닦는 즉시로 참나를 만날 수 있기 때문에 최상승법인 것입니다. '본래삼매'가 바로 최상승선입니다.

이 요령만 잘 알고 살면 여러분들은 앞으로 불행해질 일이 없습니다. 불행이 에고의 세계에는 침범할 수 있어도 참나의 세계는 건드릴 수 없기 때문에, '나라는 존재'에 좀 더 관심을 두면 불행은 엷어지게 되어 있습니다. 나라는 존재만 보면 곧장 지복으로 들어갈 수 있습니다.

그런데 만약 에고의 관점에서 "오늘 한번 진하게 들어가 보자!" 하고 욕심을 내면, 마음이 조급해져서 들어가기 힘듭니다. 참나만 보고 있으면 바로 삼매로 들어가는데, "잘해야지!" 하면 못 들어갑니다. 차라리 "잘해야지!"라는 말 안 하기 연습을 하세요.

여러분은 이미 '참나'인데 무엇을 더 잘하려고 하시나요? 그냥 참나에 은근한 관심만 더 주면 에고는 물러나게 되어 있습니다. 참나에게 관심을 주는 만큼 우리의 마음은 행복감으로 채워지는 것입니다.

이렇게 간단한 원리를 인간이라면 누구나 다 알고 살아야 하지 않겠습니까? 이것이 상식이 되지 않으면 인류 사회의 문제는 무엇 하나도 제대로 풀 수 없습니다. 자기 내면에 본래부터 존재하는 이 지복의 자리를 찾지 못한다면, 고뇌하고, 우울증에 걸리고, 스트레스를 받으며 사는 것이 당연합니다. 그건 인간의 잘못이 아닙니다. 이 방법 하나를 아느냐, 모르느냐의 차이일 뿐이죠.

이 방법을 누구나 쉽게 배울 수 있도록 가르쳐 주어야 하는데, 어디에서도 이런 얘기를 해주지 않고, 참나를 찾겠다는 사람에게도 자꾸 어렵게 꼬인 방법을 제시해 주니까 영 못 찾고 끝나는 것입니다.

사실 우리는 늘 '참나'였습니다. 여러분이 참나가 아니라는 생각, 나는 참나를 모른다는 생각만 "몰라!" 하시면 이미 참나라는 것을 알 수 있습니다. 찾지 마세요! 찾으면 어긋납니다. 우리의 평상심이 그대로 진리입니다. 그냥 존재하세요. 그 자리에는 아무 걱정도 없습니다.

유튜브(YouTube) | 윤홍식의 견성요결 – '나'라는 존재

우리는 본래 열반이다

대승불교의 참맛

대승불교는 승속을 나누어 보는 경지에서 접근할 사상이 아닙니다. 대승은 "내가 승이다!" 하고 뭔가 옷을 달리 입고 머리를 깎고 출가해야만 펼 수 있는 게 아니라, 승속을 초월해야 합니다. 그래서 원효 스님도 공부가 깊어지니 결국 거사居士가 되셨습니다. '홍익중생弘益衆生'을 하기 위해 다시 거사로 내려온 것이지요. 경허 스님도 다시 수염을 기르고, 머리를 기르고, 속세로 들어가셨지요. 이것이 '대승의 참맛'입니다.

대승불교는 승속의 차별이나 그 외의 다른 차별 없이, 우리가 지금 이 모습 그대로 보살이 될 수 있다는 사상입니다. 그 대승의 극치에 이르면, 명상도 앉아서만 하는 것이 아니라는 것을 알게 됩니다. 앉아서 선정에 드는 것은 하나의 방편일 뿐, 명상의 본질은 내가 본래 '참나'라는 것을 그대로 알고, '참나의 속성'인 6바라밀을 실천하면서 살아가는 것입니다.

이런 사상은 유교를 비롯한 다른 여러 사상들과도 통하고, 성인들의 가르침과도 일맥상통합니다. 이 대승불교의 내용 자체가 너무도 좋아서 저는 이것을 알리지 않을 수가 없을 정도입니다. 그런데 지금의 한국불교는 간판은 대승이지만, 대승의 참맛을 구현하지 못하고 있습니다.

그러다 보니 "대승보살도는 재가불자들이 해야지, 왜 우리 승려들에게서 바라느냐?"라는 원망의 말까지 나오는 지경입니다. 승려들의 삶과 대승의 삶이 잘 맞지 않는다는 것이지요. 제가 볼 때는 이런 생각도 편견입니다만, 한편으로 보면 그렇게 생각할 수밖에 없는 것이, '대승'이 무엇인지에 대한 상이 정확히 잡혀 있지 않기 때문입니다.

대승이라고 해서 승려분들이 환속하실 필요는 없습니다. 승이건 속이건, 자신이 속해 있는 자리에서 그대로 깨달은 중생으로 살아가면 됩니다. 결국 자기의 '참나'가 아니고서는 답을 얻을 수 없습니다. 대승불교는 자신의 '참나'를 믿지 않으면 답이 나오지 않습니다.

우리의 에고는 시공 속에서 '무상·고·무아'의 삶을 살아가

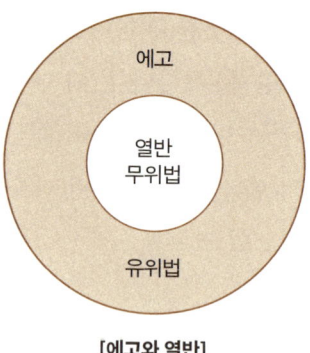

[에고와 열반]

는 게 맞입니다. 그런데 이 에고더러 영원히 윤회하라고 하면 그것은 죽으라는 말과 같습니다. 이번 생도 이렇게 괴로운데, 다음에 또 태어나라고 하면 겁이 나서 또 태어날 마음이 들겠습니까?

　에고의 쾌락은 무상합니다. 그런데 무상하지 않은 쾌락도 있습니다. 이것을 알아야 고통을 치유하며 살 수 있습니다. 이게 아니고서는 그 어떤 것도 우리의 고통을 치유해 주지 못합니다. 그 무상하지 않은 쾌락이란 바로 '열반락', 즉 열반에서 오는 지복입니다. 석가모니도 선정에서 오는 쾌락만큼은 인정했습니다. 선정에서 오는 쾌락이 아니고서는 모두 무상하다는 것이지요.

그런데 실제로는 선정도 무상합니다. 불교에서 선정은 인과를 초월한 '무위법'이 아닌, 인과법의 적용을 받는 '유위법'입니다. '8정도八正道'도 유위법입니다. 8정도는 우리가 하면 존재하고, 하지 않으면 사라지는 것입니다. 한 번 얻었다고 해서 영원히 있는 것도 아니고, 안 하면 멈추는 것이죠. 유위법은 인간의 세계 안에 있습니다. '정견正見'·'정사유正思惟'는 우리가 계속 사유하고 연구해야 얻을 수 있습니다. '정념正念'·'정정正定'도 우리가 마음을 가라앉히려고 노력해야 얻을 수 있습니다. '정어正語'·'정업正業' 역시 선을 행하려고 노력해야 얻을 수 있습니다.

여러분이 지금까지 말과 행동을 올바르게 하며 살아왔더라도, 앞으로는 또 어떻게 될지 모릅니다. 인과법 안에 있는 것들은 지금부터 하지 않으면 그만이니까요. 선정에 들지 않으면 그만이고, 말을 함부로 해 버리면 그만이고, 판단을 엉망으로 해 버리면 그만인 것이죠.

'유위법'은 변하는 에고의 세계입니다. '8정도'는 에고의 세계, 인과법, 연기법 안의 이야기인데, '열반'만이 인과를 초월해 있습니다. 그런데 선정에서 오는 쾌락이 유위법이긴 하지만, 무위열반의 지복을 현상계로 끌어오는 것이 선정이므로 선정은 단순한 유위법이 아닙니다. 선정의 단계가 깊어질수록 열반에서 더 많은 빛이 들어오는 것입니다.

'선정'은 태양을 가리고 있는 구름을 치우는 것이므로 유위법입니다. 그런데 구름을 치웠을 때 들어오는 그 빛은 무위법에서 오는 것입니다. 무위의 세계에서 그대로 오는 것이죠. 이게 유위법과 무위법의 오묘한 조화입니다. 우리가 열심히 구름을 치우면, 태양이 우리를 빛과 열기로 채워 줍니다. 선정에 들면 너무나도 황홀하고 좋은데, 이때 가만히 느껴보면 이 '쾌락'은 아무런 조건 없이 그냥 행복한 쾌락입니다.

그런데 조건이 아주 없지는 않아서, 내가 선정에 들어야만 그 쾌락이 내 안에 들어옵니다. 결국 이 선정 자체는 유위법의 세계에 있다는 의미입니다. 우리가 체험하는 열반의 맛은 무위에서 오는 것인데, 우리의 에고가 인과법 안에서 그 맛을 느끼고 있는 것이죠. 그래서 선정에 들 때마다 그 느낌과 맛이 달라지는 것입니다.

대승은 이런 것까지 연구한 결과에 바탕을 두고 생겨난 철학입니다. 그러니 무위의 참나 자리에 곧장 들어가는 '최상승선'

이라는 것도 나온 것이죠. 우리의 에고는 유위법의 세계이기 때문에 4선정에 들어가도 다시 나와야 합니다. 멸진정에 들어가도 결국 나와야 합니다. 사실 선정 자체가 무상한 것이지요.

그러니까 선정은 '참나'의 빛이 더 많이 스며들도록 에고의 조건을 바꿔 주는 작업일 뿐이지, 태양빛 자체를 만드는 것이 아닙니다. 그래서 '최상승선'이라는 것이 나왔습니다. 이것은 힌두교에도 있고, 불교에도 있고 어느 문파에나 있습니다. 마음을 연구한 사람은 누구나 알아낼 수 있으니까요.

명상을 계속하다 보면 명상도 무상하다는 사실을 알게 됩니다. 4선정, 멸진정을 체험해 보고 자유자재로 선정에 들어간다고 해도, 들어가고 있다는 것 자체가 무상하다는 증거입니다. 들어가면 결국 나와야 하니 무상하고, 이렇게 무상한 것은 영원할 수 없습니다. 부처님도 멸진정에만 머무를 수는 없었습니다. 그렇다면 이렇게 무상한 것에서만 답을 구하는 것은 뭔가 문제가 있지 않은가요?

결국 여러분이 영원히 안주해야 하는 그 자리는 '선정'이 아닙니다. 선정 자체에는 우리가 안주할 수 없습니다. 중생을 도와주기라도 하려면 생각·감정을 일으켜야 합니다. 지금은 '선정바라밀' 하나만 가지고 논하고 있는데, 이 법 하나를 제대로 다루지 못하면 보살도를 제대로 할 수 없습니다.

당장 서로 멱살을 잡고 싸워야 하는 상황에서, "잠깐만 기다려, 멸진정에 들어갔다가 오후에 보자!"라고 한다면 말이 안 되겠죠? 부부가 싸우고 있는데, 남편 홀로 각을 잡고 멸진정에 들어가 버린다면 집안에는 난리가 날 것입니다. 이건 상대방과의 소통을 거부하는 행동으로 비칠 텐데 정작 본인은 멸진정의 지복감 때문에 웃고 있다면, 그런 행동이 상대방에게는 큰 상처가 될 테니까요.

이런 사람은 보살도를 하겠다는 것이 아니라 오히려 주변에 상처를 주니, 차라리 숲에 가서 혼자 누리는 게 좋습니다. 가족과 합의만 되었다면 숲에 가서 혼자 지복감을 느끼겠다는 것도 좋은 일이 될 수 있습니다. 하지만 보살도는 이런 차원으로 이루어지지 않습니다. 선정 하나를 연구해도 바로 지금 이 현상계에서 활용할 수 있는 선정이어야 합니다.

4선정에 들건, 선정에 들어 있지 않건, '열반'은 무위법이기 때문에 '열반'은 늘 열반입니다. '열반'은 무위법이므로 만들어진 것이 아닙니다. 만들어진 것은 무너질 수도 있지만, 열반은 무너질 수 있는 게 아니죠. 현명한 사람이라면 열반은 무조건 무위법이라는 사실을 스스로 알아낼 수 있습니다. 이 열반이라는 것은 조금도 변치 않고 내 마음 안에 존재하는 상태입니다. 즉, 열반의 마음의 상태가 내 안에서 일어났다 사라지는 게 아니라는 것입니다.

선정은 일어났다가 사라집니다. 반면 열반은 일어났다 사라지는 게 아닙니다. 따라서 끝내주는 선정이 곧 열반이라고 생각한다면 끝내 열반을 얻지 못합니다. 그런데 '소승' 수행을 하는 많은 분들은 대부분 끝내주는 선정을 열반이라고 생각하는 경우가 많습니다. 하지만 아주 끝내주는 선정에 들어갔다고 해도 결국은 나와야 하지요.

석가모니 부처님은 평생 노구를 이끌고 고행하면서 보살도를 위해 돌아다니신 분이지, 편하게 앉아 선정만 즐기시던 분이 아니지 않은가요? 그렇다고 해서 석가모니께서 아라한이 아니겠습니까? 끝내주는 선정이 열반이라고 생각하면 대게 이런 착각을 합니다. "1선정에만 들어도 이렇게 황홀한데, 2선정은 더 끝내줄 거야." 하고 진짜 끝내주는 열반을 체험하기만 기다린다면 결국 열반을 얻을 수 없습니다.

이런 오해 때문에라도 아라한이 잘 나오지 않는 것입니다. 아라한은 선정에만 잘 드는 것이 아니라 현명하고 지혜로운 존재입니다. 선정에 들고 나오는 중에 뭔가 '지혜'를 얻은 사람이 아라한이 됩니다. 현상계는 '무상·고·무아'가 속성이고, 열반은 본래부터 고요하며, 무위법이기 때문에 그냥 영원히 고요합니다. 우리 마음 안에서 그렇게 영원히 고요한 자리를 찾지 못하면 열반에 안주할 수가 없습니다. 문제는 우리가 어떤 선정에도 안주할 수는 없다는 사실입니다. 이상한 이야기이지 않습니까? 그런데 지극히 합리적인 이야기입니다.

많은 분들이 끝내주는 '선정'을 '열반'이라고 생각하니까 다시 거기에 접속할 생각만 하지, 접속하면 다시 나와야 한다는 것을 받아들이지 못합니다. 그러면 답이 나오지 않습니다. 열반은 그런 것이 아닙니다. 웃고 떠든다고 해서 사라진다면 그건 이미 열반이 아닙니다. 그런 열반을 얻었다고 생각하면 그건 열반에 대한 잘못된 환상일 뿐이니, 빨리 내려놓아야 합니다.

그렇다면 석가모니 부처님이나 아라한들은 어떻게 설법을 하고 돌아다녔겠습니까? 우리가 말을 하지 않을 때는 존재하고, 말을 할 때 사라진다면 그것은 열반이 아니죠. 열반이 애초에 인과법에 걸리지 않는 세계이기 때문에, 여러분이 별짓을 다 해도 아무 상관없이 고요한 열반의 경지에 있다는 것을 스스로 인가해야, 비로소 아라한이 될 수 있습니다.

"내 5온은 무상·고·무아지만, 열반은 본래부터 적정하고 고요하고 청정하다!" 여러분은 늘 고요한 이 자리를 알아내셔야 합니다. 이것을 알아내고 나면 아라한이 될 수 있습니다. 여기는 여러분이 만든 게 아니라 원래 고요한 자리이기 때문에, 여러분이 인가하기만 하면 끝납니다. 적당한 '선정'과 '지혜'면 일을 마칠 수 있는 것입니다.

그래서 부처님 당시에 4선정에 들어가지 않고도 아라한이 엄청나게 배출된 것입니다. 그들은 4선정을 잘해서 알아낸 것이 아니라 적당한 선정, 즉 '1선 근분정近分定'(1선정 근처에 도달한 선정으로 5온이 작동하되 깨어있는 선정)이라고 하는 정도의 선정과 현명한 통찰력으로 알아낸 것입니다. 적절한 마음챙김과 통찰력이면 누구나 아라한이 될 수 있습니다.

요즘 태국 고승들의 『출입식념경』 풀이나 명상 책들을 보면, 4선정으로 유도하지도 않고 깊은 선정은 필요 없다고 말하고 있습니다. 오히려 선정에 빠지면 통찰력의 계발이 더 안 된다고 보고, 깊은 선정을 반대하는 사람도 있습니다. 선정을 자꾸 즐기게 되면 '선정락'에만 빠져 그 안에서 열반을 찾으려고 하기 때문이죠.

웃고 떠들고 별 소리를 다 해도 내면에 늘 열반의 적정이 흘러야 하고, 이 사실을 스스로 인가할 수 있어야 합니다. 이걸 못하면 '보살도'도 못합니다. 세상에 나가면 바로 깨지니까요. 산에서 단조로운 생활을 하다 보면, 사람이 그 안에서 안정을 찾게 되고 편해지기 때문에 선정에 잘 들어가게 됩니다. 삶이 평온하고 아주 황홀하지요. 사실 군대에만 가도 그 안에서 마음이 편해집니다. 일정한 삶의 질서를 갖춰 놓고, 그것만 하고 있다 보면 자연스럽게 마음이 안정됩니다.

그런데 왜 사회에서는 사는 게 힘이 들까요? 매 순간 다양하고 긴박한 사건들이 터지고 어떻게 될지 앞일을 알 수 없기 때문에 힘듭니다. 또 끝없이 유혹이 찾아옵니다. 남성들은 군대나 산에서 이성을 안 보고 살면 마치 자신이 성자가 된 것 같은 기분이 들지만, 사회에 자신을 탁 던져 놓으면 묵었던 카르마가 다시 올라오면서 "내 업(karma)이 하나도 어디로 안 갔구나!" 하는 것을 알게 됩니다.

그러면 이런 일들을 어떻게 처리해야 할까요? 앉아서 멸진정에 들어 겨우겨우 이런 마음을 죽여 가며 살아야 할까요? 그게 아니라, 여러분의 마음에서 본래 탐진치가 절대 붙을 수 없는 열반 덩어리를 찾아 아라한이 되셔야 합니다. 여러분의 마음의 핵은 열반 덩어리입니다.

우리가 유위법으로 만들어 낸 선정으로는 아라한이 될 수 없습니다. 만들어 낸 것은 1초라도 끊기게 되어 있기 때문이죠. 유위의 선정은 끊길 수밖에 없고, 거기에는 열반이 없습니다. 선정은 열반을 체험해 볼 수 있는 진공 상태를 만드는 방법일 뿐입니다. 그렇다면 진공이 아닐 때는 어떻게 할까요?

선정에 들어 열반을 체험하는 것은 조건을 진공 상태로 만들어 놓는 것입니다. 유위법의 조건을 진공 모드로 해 놓고 열반을 체험하면 더 잘 들리고 잘 보입니다. 그런데 그게 끝이 아닙니다. 진공 모드가 아니라 왁자지껄한 소음 모드로 해 놓고도,

그 상태에서 열반을 찾아낼 수 있어야 합니다.

진공일 때에는 열반을 찾았는데 시끄러워지면 못 찾는다면 '수다원'입니다. 열반을 일별한 사람을 '수다원'이라고 부릅니다. '사다함'은 열반에 좀 더 많이 접속합니다. 열반에 아주 들어앉아서 떠나지 않으면 '아라한'입니다. 그런데 아라한은 왜 열반을 떠나지 않을까요? 잘 들리지 않는 음音이 있다고 치면, 아라한이 아닌 사람은 다른 소리를 다 꺼야만 그 소리를 들을 수 있는데, 아라한은 시끄러운 상태에서도 그 소리를 놓치지 않기 때문에 열반을 떠나지 않는다고 하는 것입니다.

물론 그렇게 되려면 처음에는 선정을 많이 해야 합니다. 바깥의 잡음을 줄여야, 우리 안에 열반의 의식 상태가 있다는 것을 발견해 내기가 쉽기 때문입니다. 그다음 문제는, 이제 다른 잡음을 다 켜놓고도 그 소리를 찾아낼 수 있는지의 여부입니다. 시끄러운 조건에서도 찾아내지 못하면 아라한이 되지 못합니다.

시끄러워진다고 해서 열반을 놓치면 '수다원'이라고 하는데, 수다원은 열반을 제대로 체험한 상태를 말합니다. 그런데 열반을 제대로 체험할 때에는 보통 4선정 이상 멸진정의 끝까지 체험하면서 진하게 만납니다. "이게 열반이구나!" 하고 의심할 수 없게 만날 때가 수다원입니다.

보통 화두 선사들이 화두를 하다가 "아!" 하고 문을 박차고 하는 때가 수다원의 경지인 경우가 많습니다. 견성의 일별인 것이죠. 그런데 그 이후에 다시 그 자리로 들어가는 경우도 있고, 그 이후로 다시는 그 자리에 들어가지 못하는 경우도 있습니다. 견성을 일별하기는 했는데 다시 그 자리에 잘 안 들어가지면 수다원이고, 그 상태를 한 번 만났는데 절대로 잃어버리지 않으면 그 자리에서 아라한이 됩니다.

따라서 단지 화두가 터졌다는 사실만 가지고는 그 사람이 어느 수준인지를 정확히 알 수가 없습니다. 보통은 참나를 일별하고는 튕기는 경우가 많습니다. 일별은 했기 때문에 그 물건이 내 안에 있다는 것을 확신하기는 하지만, 다시 들어가려고 하면 힘들 수가 있습니다. 그러면 일별한 것으로 끝나 버리기 때문에 다시 해야 합니다. 얻었다고 다 똑같지 않습니다. 몇 번씩 견성을 일별하는 경우도 있고, 자꾸 놓치는 경우도 있고, 한 번에 딱 들어앉아 버리는 경우도 있고, 사람마다 차이가 있습니다. 보통

이것을 가지고 '돈오돈수頓悟頓修'와 '돈오점수頓悟漸修'를 이야기합니다.

돈오점수와 돈오돈수

견성(돈오) 이후 업장의 정화를 가지고 돈오돈수 · 돈오점수를 논하기도 하지만, 견성까지 가는 과정에도 돈오돈수 · 돈오점수가 있습니다. 이때는 진실로 '돈오돈수'가 가능합니다. 보고 바로 들어앉으면 돈오돈수입니다. 그런데 튕겨서 다시 접속하려고 노력해야 한다면 '돈오점수'라고 합니다.

이건 우리가 흔히 이야기하는 돈오돈수 · 돈오점수와는 다르지만, 사실 이런 관점이 더 중요합니다. 왜냐하면 일반적인 경우에 '돈오돈수'는 있을 수 없기 때문입니다. 즉, 견성했다고 해서 바로 12지 보살까지 되어 업장이 모두 털려 나오는 것은 불가능하기 때문에, "돈오돈수냐? 돈오점수냐?"를 나눌 때 유효한 부분은 오히려 바로 이 부분입니다.

참나를 처음 깨달았을 때, 바로 들어앉느냐? 못 앉느냐? 참나가 쭉 흐르느냐? 아니면 닦아서 다시 단계를 조금씩 높여 가야 자기의 것이 되느냐? 이 부분에서 돈오돈수·돈오점수가 매우 중요합니다. 왜냐하면 이것이 초기불교와 이어지기 때문입니다. 초기불교의 관심사는 곧장 아라한이 되느냐, 아니면 수다원을 거쳐서 되느냐였습니다. 즉, 수다원이 되자마자 곧장 아라한으로 직행하느냐? 아니면 수다원이 된 뒤에 더 닦아서 아라한이 되느냐? 하는 것이었습니다.

수다원은 초기불교 당시에도 '돈오'로 보았는데, '견도見道' 자리라고 불렀습니다. 그런데 견도를 했는데 곧장 거기에서 끝나 버리느냐가 관심사였죠. 아라한이 되면 일이 끝난 것인데, 이게 되면 '돈오돈수'입니다. 돈오는 했는데 7생을 더 닦을 수도 있습니다. 원래 수다원은 7생 안에는 아라한이 된다고 보장받은 사람이니까요. 그러면 '돈오점수'가 되는 것입니다. 돈오돈수·돈오점수는 원래 이런 관점에서 나온 이야기입니다.

'열반'의 자리는 여러분 안에 늘 성성하기 때문에 '본래삼매'이자 '출세간삼매'이지만, 멸진정을 포함한 나머지 선정들은 모두 '세간삼매'입니다. 어떤 체험을 했더라도 결국 그 자리에서 다시 나와야 하기 때문에 그 체험 자체는 무상합니다. 따라서 여러분은 '영원한 삼매'를 찾으셔야 합니다. 지금 여러분이 이 글을 읽고 계시는 그 자리, 이 의식의 핵이 되는 자리만이 영원한 삼매의 자리입니다.

그 자리에는 '탐진치'가 아예 붙지 못합니다. '생각·감정·오감'이 붙지 못합니다. 이게 자신의 안에 있다는 것을 여러분은 늘 자각하며 살아왔습니다. 이 '본래삼매'를 우리의 에고는 늘 자각하며 살아가고 있는 것입니다. 구름이 태양을 덮으면 그 아래는 서늘하고 깜깜하지만, 태양빛을 받는 구름은 따뜻하고 밝지 않을까요?

지금 여러분이 태양이 떠있는 것조차 모르는 마음 상태라 하더라도, 가로막는 마음 자체도 사실은 태양빛을 뜨겁게 받고 있습니다. 즉, 여러분이 '참나'에 대해 알든 모르든, '참나'를 가리는 엄청난 업장이 여러분을 덮고 있든 아니든지 간에, 그 업장마저도 사실은 '참나'의 빛 속에 존재합니다.

우리는 '참나'의 빛을 느끼지 않고 살 수가 없습니다. 그러면 사람들은 어떤 식으로 그 빛을 느낄까요? '내가 존재한다는 느낌'으로 참나를 계속 느끼고 있습니다. 태어나서 죽을 때까지 아무리 무상하게 살아가더라도, 우리는 자신이 존재한다는 것에 대해서는 절대로 의심하지 않습니다. 불이 켜졌기 때문에 우리가 살아가는 것입니다. 불이 들어왔기 때문에 그 빛으로 보고, 듣고, 만지고, 많은 엉뚱한 짓을 하고 사는 것입니다.

그런데 자신이 하고 다니는 일에만 신경을 쓰면서 살다 보니 우리는 무상한 생각·감정·오감을 쓰고 살면서도, 자신의 존재가 항상 유지되고 있다는 사실에 대해서는 관심을 갖지 않습니다. '내가 존재하고 있다는 것'에 대해서는 의심하지 않습니다. 왜 그럴까요? 여러분이 이미 알고 있기 때문에 그렇습니다. 그래서 초기불교에서는 '5온의 자아' '생각·감정·오감의 자아'는 캐고 들어가 보면 '무상·고·무아'이기 때문에, 그것을 내려놓고 영원한 자리로 가야 '열반'을 얻는다고 말합니다.

초기불교에서는 '참나'라는 말을 쓰지 않고 '열반'이라고 했는데, 둘 다 같은 의미입니다. 여러분의 마음의 의식 상태 중에는 열반이라는 상태가 있고, 여러분은 그 열반을 늘 느끼며 살아가고 있습니다. 그러니까 여러분이 심각하게 '생각·감정·오감'의 격전장에서 살아가고 있더라도 여러분의 내면에는 태풍의 눈처럼 그것에 흔들리지 않는 마음, 즉 열반의 빛을 따뜻하게 받는 부분이 있는 것입니다.

다시 말하면, 자신의 동일성에 대해 의심하지 않고 지금 일어나고 있는 일을 냉정하게 알아차리고 있는 마음이 늘 존재한다는 것입니다. 제가 예전에 운전을 하다가 사고가 난 적이 있었는데, 그 순간의 상황이 슬로우 모션으로 보이고 차가 와서 부딪치는데도 아무런 생각이 없었습니다. 이처럼 우리가 정말로 놀라면 오히려 마음이 무심하고 초연해집니다.

이것은 우리의 의식이 참나에 가까이 가기 때문에 겪게 되는 현상입니다. 그래서 분명히 에고로 상황을 겪고 있는데 참나의 근처에서 겪게 되기 때문에, 마음이 참나의 근처로 갈수록 시공은 더디게 흐르고 마음이 초연해집니다. 선정에 깊이 들어갈수록 마음이 더 초연해지는 것도, 에고가 참나를 더욱 가까이에서 느끼기 때문입니다.

그런데 참나와 가까운지 아닌지를 떠나서, 모두가 참나의 작용인데 참나를 곧장 느껴 버리면 되지 않느냐는 것이죠. "찾지 마라! 평상심이 도다!" 모든 최상승선의 가르침들은 일관되게 이런 말을 해 주고 있습니다. 여러분이 명상을 했을 때에는 존재하고, 명상을 하지 않으면 없는 그것은 영원한 것이 아닙니다.

여러분이 이미 갖고 있는 것만이 영원히 여러분과 함께할 수 있습니다. 원래 내 것인데 내 것인 줄을 모르고 살고 있다가, "당신 것입니다."라는 말을 듣고 "아! 나에게 원래 이런 게 있었네!" 하고 깨달은 것이 아니고서는, 절대로 여러분의 수중에서 영원하지 않습니다. 그런 것은 가끔씩 놓칠 수밖에 없습니다.

하지만 참나는 절대 놓칠 수가 없어요. 여러분이 기절을 해도 참나는 어디로 가지 않습니다. 여러분이 의식에 빠지건 무의식에 빠지건, 참나는 항상 여러분 안에서 존재의 중심으로 자리를 잡고 있습니다. 이것을 초기불교에서는 '열반'으로, 대승불교에서는 '참나'로 표현한 것입니다.

사실 참나에는 '나'라는 말도 필요 없습니다. 원래 '나'라는 말이 붙을 수가 없지요. 그런데 왜 '나'라고 할까요? 참나는 분명히 내 마음 안의 '의식'이기 때문입니다. 의식이기는 하지만 우주적인 의식이고 에고성에 붙잡히지 않기 때문에, 나만의 것이라고 할 수도 없습니다. 그러니 여러분이 지금 가장 손쉽게 최상승선을 얻고 자기 내면의 '참나'를 확인하는 방법은 곧장 에고의 '이원성'을 멈추는 것입니다.

그래서 『전심법요傳心法要』에서 황벽 스님은, "지금 이 순간 곧장 생각을 내려놓을 수 있다면, 본래의 순수한 모습이 저절로 드러나, 태양이 하늘 높이 솟구쳐 우주를 밝게 비추는 것과 같아서, 조금도 막힘이 없을 것이다!"라고 하신 것입니다. 이와 같은 이유로 『신심명信心銘』에서 3조祖 승찬僧璨 스님도, "지극한 도道는 조금도 어렵지 않으니 그냥 분별하지만 마라!"라고 하셨습니다.

곧장 일체의 판단만 내려놓으면 됩니다. 그냥 "몰라!"라고 하십시오. 여러분이 여러분의 모든 것을 "몰라!" 해 버리는 순간, 자신의 개체성에서 벗어나게 되기 때문입니다. 지금 여러분이 계신 공간과 여러분을 가르지 말고, 눈을 감지도 말고, "어디까지가 내 몸인지 모르겠다!" 하고 그대로 존재만 해 보십시오. "내 이름도 모르겠다!"라고 선언해 보십시오. 이름을 세우면 서로가 나뉩니다. 본래 이름이 없는 그 자리를 찾으려면, 일체의 이름에 대해 판단을 중지하기만 하면 됩니다. 그러면 의식은 온전해지고 '참나'가 드러납니다.

밖에서 얻은 것은 영원한 것이 아닙니다. 본래 우리가 갖고 있었던 '순수의식'은 영원히 우리 존재의 본질이 되는 자리이기 때문에, 이 자리를 자각하고 이해하는 것이 중요합니다. 그래서 '통찰력'과 '선정'이 필요한 것입니다. 이를 위해서는 얕은 선정, 즉 '정념正念'(마음을 챙겨 알아차림)만 있으면 됩니다. '알아차림' 과 '통찰력'이면 충분합니다.

예리한 분은 '알아차림'만으로 "오고 가는 '무상·고·무아' 의 마음이 아닌, 순수한 알아차림의 마음이 있다."라는 사실을 알아냅니다. 그리고 "이 자리는 내가 떠날 수 있는 자리가 아닌 무위법의 자리이고, 여여하고 불변하는 자리이구나." 하고 답을 찾아냅니다. 참나는 무위법이기에 '탐진치'가 애초에 들어갈 수 없는 마음입니다. 이 답을 찾아내지 못한다면 여러분은 아라한 을 억지로 만들기 위해 또 고생을 해야 할 것입니다. 아라한은 만들어서 될 수 있는 존재가 아닌데, 아라한을 만들려고 하는 것이죠.

탐진치가 애초에 들어갈 수 없는 마음을 얻고 나면, 여러분은 열반자리가 죽을 때까지 늘 성성하다는 것을 알게 됩니다. 그렇기 때문에 다른 대상에 관심을 주더라도 그 자리를 느끼면서 관심을 주게 됩니다. 따라서 선정에 들건 들지 않건, 늘 열반을 느낄 수밖에 없습니다.

그런데 열반(참나)은 본래 그렇게 광명하다고 해도, 여러분이 그것을 느끼는 것은 이미 '유위법'의 세계입니다. 여러분이 노력할 때 느껴지고, 노력하지 않으면 느껴지지 않는 것이 '참나'라고 한다면, 여러분은 분명히 1초라도 열반을 놓칠 때가 오게 되어 있습니다. 그러면 아라한 자격으로서는 실격입니다. 열반을 1초라도 놓치면 아라한이 아닌 것입니다. 참나를 잠깐이라도 놓쳤다는 것은 그 잠깐 동안 윤회의 세계로 다시 진입했다는 의미이니까요.

하지만 이 자리는 여러분이 놓칠 수 없습니다. 잠시라도 알아차리지 않을 수가 없는 자리인 것입니다. 여러분은 '본래삼매'이고 '본래열반'이라 참나의 자리를 늘 느낄 수밖에 없다는데, 이 얼마나 쉬운가요? 여러분은 이 진실을 알고 받아들이기만 하면 됩니다. 적절한 명상과 통찰을 통해 이 진실을 제대로 깨닫고 나면 더 이상의 노력도 필요 없습니다. 노력이 필요 없어야 아라한입니다. 노력해서는 아라한이 될 수 없습니다.

아라한과 아라한 아래 단계 사이의 차이가 무엇인지 아십니까? 노력이 필요 없어서 아라한입니다. 아라한은 노력을 할 필요가 없습니다. 아무런 노력도 하지 않는다는 말이 아니라, '참나' '열반'을 자각하기 위한 노력을 하지 않는다는 것입니다. 다른 것은 노력해야 합니다. 8정도를 더 잘하기 위해, 부처가 되기 위해서는 노력을 해야 하지만, '열반'을 자각하는 데 있어서 더 이상의 노력은 필요가 없어져야 합니다.

자유로운 경지

여러분의 의식의 근원에 있는 '나라는 존재'는 '우주적인 나'입니다. '에고의 나'가 아닙니다. 자기 몸뚱이 하나를 '나'라고 생각하는 그 '나'는 그 자리에 절대로 들어갈 수 없습니다. 지금 여러분이 몸뚱이라는 것을 포기해 보십시오. 그때 존재하는 의식의 영역이 '열반'의 자리이고, '나'라는 자리입니다. 사실 '나'라는 말도 필요 없습니다만, 이 자리가 여러분의 의식의 핵입니다. 이 자리에는 탐진치가 붙지 못하기 때문에 이 자리를 열반이라고도 말합니다.

이 자리는 여러분이 명상을 하든 안 하든 늘 똑같습니다. 또 여러분에게 알려지지 않은 채로 있는 것이 아니라 계속해서 알려지고 있습니다. 지금 이 순간 여러분이 명상을 하지 않더라도 '나라는 존재감'은 늘 현존하며, 그 존재감을 들여다보면 '탐진치'가 없습니다. 걱정을 하지 않고 있습니다. 우리 에고가 걱정하고 있는 중에도, 여러분의 존재의 깊은 영역은 걱정하지 않고 있습니다. 표면은 들끓고 피도가 치고 있더라도, 의식의 깊은 영역은 항상 평화로울 뿐입니다.

그래서 사람이 사는 것입니다. 열반이 계속 빛을 비추어 주는 덕분에 우리가 살고 있는 것이죠. 그러니 우리가 잠깐이라도 생각을 다른 곳으로 돌리면, 다시 안정감이 내면에서 올라옵니다. 술 한 잔이라도 하면서 쉬고 있으면 다시 열반의 지복이 올라오고, 욕망이 충족되었을 때에도 안에서 지복이 올라옵니다. 일단 욕망이 채워졌기 때문에 당장은 마음을 끓이지 않게 됩니다. 우리는 그런 지복을 은근하게라도 느끼며 살고 있고, 그런 느낌이 확 커지면 살만하다고 느끼게 됩니다.

이 살만해지는 기분은 어디에서 오는 것일까요? 명상을 하지 않는 사람도 늘 그 기분 덕으로 살고 있습니다. 그런데 어떤 원리로 이런 사건이 일어나는지 정확하게 꿰뚫어 보면 아라한이 됩니다. 열반을 자각하기 위해 노력해서는 아라한이 되지 못합니다. 열반을 느끼려고 노력하고 있는 사람은 아라한의 아래 단계, 즉 아나함, 사다함, 수다원이지, 아라한은 열반을 자각하고자 노력하지 않습니다.

힌두교의 해탈자도 참나를 자각하기 위해 노력하지 않습니다. 마하리쉬도 "노력을 떠난 자만이 '진아'에 합일한 사람이다!"라고 자주 말했습니다. 여러분이 노력하고 계시면 아직 아닌 것이고, 아라한이 돼 버리면 그냥 된 것입니다. 노력을 안 해도 열반이 늘 성성하니 어떻게 합니까? 아라한은 선정에 들면 열반이 더 성성하고, 선정에 들지 않고 탁발을 나가도, 다른 사람들에게 설법을 하는 중에도 열반이 성성합니다. 유위법의 세계에서 느끼는 열반의 강도는 달라질 수 있지만, 무위법인 열반을 항상 느끼고 사는 것입니다.

열반이 타오르는 불이라면 아라한이 선정에 드는 것은 불에 좀 더 가까이 다가간 것이니 더 뜨겁게 느껴질 것입니다. 일상생활을 할 때에는 불에서 좀 더 멀리 떨어져 있는 것이지만, 그래도 아라한은 불을 중심으로 살아가기 때문에 열기를 잃어버리는 법이 없습니다. 반면 일반인은 어떨까요? 아라한에 도달하지 못한 수행자는 선정에서 나오면 갑자기 불이 사라집니다. 불이 어디로 가 버린 것이 아닌데도, 불이 없어진 것만 같아 놀랍니다. 이렇게 혼자 깜짝깜짝 놀라면 아직 아라한이 아닌 것이죠. "아이고, 불이 꺼졌나 보다." 하다가 또 찾으면 불이 있고 하는 것은, 지혜와 통찰이 부족하고 알아차림도 부족해서 일어나는 현상입니다.

그런데 체험을 계속하다 보면 자유로워지는 때가 옵니다. 모든 명상법에는 자유가 오는 경지가 있습니다. 그 자유를 불교에서는 '아라한'이라고 하는 것이고, 힌두교에서는 '해탈자'라고 하는 것입니다. 기독교에서는 '하느님의 자녀'라고 하지요. 각기 명칭은 다르지만, 그런 자유를 얻은 사람들은 영성에 있어 일단 기본 단계에 들어간 것입니다. 저는 그런 분들이 많이 나오시기를 바랍니다.

제가 이런 원리를 상세히 설명해 드리는 것은, 일단 여러분이 이런 자유를 얻으시기를 바라기 때문입니다. 여러분이 제 이야기를 듣고서 "스님도 아닌 사람이 하는 말을 듣고 내가 꼭 해야 하나?" 하실 수도 있겠지만, 저 같으면 이렇게 생각하겠습니다.

"쉽다니까 일단 얻어 놓고 보자." 그게 열반이건 아니건 중요하지 않습니다. 이것을 얻는 데에 돈이 드는 것도 아니고 여러분이 손해를 볼 일은 없습니다. 그런데 일단 이것을 얻어 놓으면 걱정을 하지 않게 되고, 여러분의 내면에는 늘 평화가 흐르게 됩니다.

열반인지 아닌지 의심만 하고 있을 게 아니라, 일단 얻어 놓고 보자는 것이죠. 공부하는 데에 돈이 드는 것도 아니고, 복잡한 절차가 필요하지도 않습니다. '나라는 존재'를 늘 자각하기만 하면 되고, 그 존재가 지니는 의미를 이해하면 되는 것입니다. "몰라!"로 깨어나고, 자명한 분석으로 원리를 이해하십시오. 그러면 여러분은 제가 이야기한 대로 되실 것입니다.

일단 여기까지 얻으면 사람이 살만해집니다. 여러분의 내면에, 무슨 일이 일어나건 초연한 자리인 섬이 하나 생기는 것과 같기 때문입니다. 이 자리는 여러분을 언제든 지복으로 이끌어 버리는 무서운 자리입니다. 이 자리에는 걱정이 없고 탐진치가 붙지 못합니다.

직접 실험을 해 보십시오. 누구나 어렵지 않게 실험할 수 있습니다. 복잡한 과정도 필요 없고, 돈이 드는 것도 아닙니다. 어디에 가서 따로 배워야 하는 것도 아니고, 몇 박 며칠로 시간을 투자해서 고생을 해야 하는 것이 아닙니다. 오늘 집에 가서 TV 보고, 음악을 듣다가 기분이 좋을 때 슬쩍 '나라는 존재'를 한 번씩 느껴 보세요. 이 자리가 내가 지금 명상을 해서 생겨난 자리인지, 아니면 원래 그런 자리인지를 분석해 보세요.

정신없이 바쁘게 사는 중에도 그게 또 어디에 있는지를 돌아보세요. 자꾸 이런 실험을 해서 "이 자리는 늘 여여하구나!" 하고 알아 버리면 여러분에게 자유가 옵니다. 그러면 선정에 들고 싶으면 들고, 일하고 싶으면 일하고, 그렇게 자유자재로 보살도를 할 수 있게 됩니다. 이 정도의 선정바라밀을 얻지 못하면 경계에 부딪힐 때마다 바로 깨지기 때문에 보살도를 하기가 어렵습니다.

제가 아는 분 중에는 명상할 시간 없다고 늘 불만인 분들이 많습니다. 그래서 "나와서 같이 일합시다."라고 하면 항상 "지금은 선정에 들어야 한다."라고 말합니다. 더 끝내주는 선정에 들어가기에도 바쁜데, 바깥 활동을 할 시간이 어디 있냐는 것이죠. 이런 말을 하는 사람은 사실 나와서도 일을 제대로 못 합니다. 결국 예리한 통찰력이 가장 중요합니다.

유튜브(YouTube) │ 최상승선의 비결 : 여러분은 본래 '열반'입니다!

지금 여기 ———

'지금 여기'에 몰입하는 순간,
우리는 우주의 중심에 서게 되며,

지금 이 순간 우리가 하는 일은
아무리 사소해 보일지라도
우주적 의미를 지닌 사건이 됩니다.

하지만 '지금 여기'에
몰입하지 못하면

우리는 우주의 변방으로 내몰리게 되며,
지금 이 순간 우리가 하는 일은
지극히 사소하고 허무한 일이 되고 맙니다.

언제나 우주의 중심에서
주인공으로 살아가십시오!

몰입의 9단계

불교에서는 '몰입' 즉 '일념집중'의 단계를 전통적으로 9단계로 논합니다. 이를 '구주심九住心'(9개의 집중하여 머무르는 마음)이라고 하죠. 구주심은 신라의 고승 원효元曉(617~686)도 강조했던 것이며, 14대 달라이 라마의 스승인 티장 린포체가 그린 탱화가 전해 오고 있습니다. 다음 그림은 티장 린포체의 그림을 바탕으로 몰입의 9단계를 설명한 것입니다. 이러한 구주심의 9단계는 '몰입의 4단계'의 확장판이라 할 수 있습니다. 먼저 그림에 새겨진 번호의 순서대로 몰입의 각 단계를 설명하겠습니다.

① **1단계**

소년이 손에 든 '밧줄'은 몰입 대상에 대한 견고한 마음챙김을 상징하며, '도끼'는 마음이 산란과 혼침에 빠지지 않도록 깨어서 알아차리는 것을 상징합니다. 소년은 이 2가지 도구를 갖추고서 '코끼리'(마음)를 뒤쫓는데 코끼리가 어두운 색입니다. 이는 코끼리(마음)가 혼침에 빠져 흐리멍덩함을 말합니다. 마찬

[구주심九住心]

가지로 어두운 색의 '원숭이'는 산란한 마음의 작용을 상징합니다. 이 산란한 원숭이가 앞장을 서서 우리 마음을 시끄럽게 합니다. 이 상태는 대상에 몰입하고자 노력하나, 마음이 혼침하고 산란하여 몰입 시간이 짧은 단계를 말합니다. (몰입의 1단계)

② 2단계

마음이 어두운 코끼리(혼침한 마음)와 원숭이(산란)에게 인도되어 소년에게서 벗어나 있으니, 마음챙김과 알아차림의 지배를 온전히 받지는 않고 있습니다. 또한 모든 동물들이 소년보다 앞에 있습니다. 그러나 조금씩 밝아지고 있는 것으로 보아, 대상에 대한 몰입이 조금씩 힘을 얻고 있는 단계입니다. (몰입의 1단계)

③ 3단계

이제 어두운 코끼리(혼침한 마음)는 얼굴까지 밝아졌으며, 원숭이(산란)도 얼굴까지 밝아졌습니다. 아직 몸통이 어둡기에 혼침과 산란에 빠지게 되나, 몰입이 유지되어 혼침과 산란에 빠지더라도 곧장 빠져나올 수 있는 힘을 얻은 단계입니다. 코끼리는 마음챙김의 밧줄에 묶여 있으며, 혼침과 산란에 대한 알아차림의 도끼가 작동하고 있습니다. 또한 코끼리와 원숭이, 토끼가 모두 소년을 바라보고 있기에 통제가 되고 있습니다. 그러나 여전히 동물들이 소년보다 앞에 있습니다.

'어두운 코끼리'가 대상을 놓칠 정도로 혼침에 빠지는 '거친 혼침'을 상징한다면, 새로 등장한 '토끼'는 대상을 놓치지는 않으나 혼침에 빠져 매몰되는 '미세한 혼침'을 상징합니다. 이 단계부터는 미세한 혼침도 주의하라는 것입니다. 반면 원숭이는 대상을 놓칠 정도로 잡념에 빠지는 '거친 산란'과, 대상을 놓치지는 않으나 잡념에 빠지는 '미세한 산란'을 모두 상징합니다. (몰입의 2단계)

④ 4단계

소년의 밧줄이 견고하여 코끼리를 놓치지 않고 통제하고 있고, 코끼리와 원숭이, 토끼가 모두 소년을 바라보고 있습니다. 그리고 각각의 동물들은 좀 더 밝아졌습니다. 통제가 더욱 강해지고 있어, 대상에 대한 몰입을 혼침과 산란이 크게 방해하지 못하는 단계입니다. 이 단계에서는 산란과 혼침 속에서도 몰입 대상을 놓치지 않을 수 있습니다. 그러나 아직도 동물들이 소년보다 앞에 있습니다. 확실히 통제되고 있지는 않다는 의미입니다. (몰입의 2단계)

⑤ 5단계

이제는 마음챙김과 알아차림으로 무장한 소년이 모든 동물들을 앞서게 되었습니다. 이제 대상에 대한 몰입이 안심할 수 있는 단계에 들어선 것입니다. 몰입을 방해하는 요소들이 확실하게 다스려지고 있습니다. 어두운 코끼리(혼침한 마음)와 원숭이(산란), 토끼(미세한 혼침)의 몸이 많이 밝아졌으며, 늘 앞장서던 산란한 원숭이가 맨 뒤로 갔습니다. 이는 거친 산란과 거친 혼침이 사라졌다는 것을 상징합니다. 도끼로 코끼리의 머리를 제압하는 것은 알아차림의 힘으로 거친 혼침을 다스렸다는 의미입니다. 밧줄을 푼 것은 거친 산란·혼침을 다스려 대상을 놓치지 않는 단계가 되어, 마음챙김에서 여유를 얻은 것을 나타냅니다. (몰입의 2단계)

⑥ 6단계

알아차림의 힘이 더욱 강해져서, 코끼리와 원숭이는 더욱더 밝아졌으며, 토끼(미세한 혼침)가 사라졌습니다. 거친 산란·혼침은 물론, 미세한 산란·혼침도 극복한 것입니다. 몰입 대상이 선명하게 잘 유지되어 혼침과 산란에 빠지지 않게 되었으나 아직은 안심할 수 없는 단계이기에, 도끼와 밧줄을 여전히 들고 있습니다. (몰입의 2단계)

⑦ 7단계

원숭이는 완전히 밝아져서 소년을 따르고 있으며, 코끼리도 매우 밝아졌으니 미세한 산란·혼침에서 벗어나 여유로운 단계입니다. 소년은 마음챙김과 알아차림에서도 자유를 얻어서 빈손입니다. 그런데 원숭이(산란)가 아직 존재하고, 코끼리(마음)에게 아직 어둠이 남아 있습니다. 이는 몰입을 방해하는 미세한 산란·혼침이 일어날 가능성이 아직 있다는 뜻입니다. 그러나 소년은 도끼와 밧줄 없이도 그러한 어둠을 곧장 몰아낼 수 있는 힘이 있습니다. (몰입의 2단계)

⑧ 8단계

이제 코끼리(마음)가 완전히 밝아졌으며, 원숭이(산란)가 사라졌습니다. 혼침과 산란에서 완전히 벗어난 것입니다. 소년은 코끼리를 자연스럽게 인도합니다. 이 단계는 혼침과 산란의 방해 없이, 대상에 대한 몰입이 끊어지지 않고 유지되는 단계입니다. 그러나 소년이 코끼리를 인도하는 모습은, 아직은 의도적인 노력이 필요하다는 것을 말합니다. (몰입의 3단계)

⑨ 9단계

코끼리와 소년이 편하게 쉬는 것은, 어떠한 의도적 노력이 없

이도 대상에 대한 몰입이 끊어짐 없이 유지된다는 것을 말합니다. (몰입의 4단계)

⑩ 심신의 편안

구주심의 9단계에 도달했기에, 어떠한 의도가 없이도 소년은 코끼리를 자유자재로 인도합니다. 코끼리는 광명하니 마음이 밝게 깨어있음을 나타내며, 소년은 코끼리 위에서 편안하게 쉬고 있으니 '마음의 편안'을 상징하며, 하늘을 나는 소년은 '몸의 편안'을 상징합니다. 몰입이 잘 이루어져 무한한 행복과 영감을 지닌 참나가 각성되는 몰입의 4단계(구주심의 9단계)에 도달하니, 긍정적 호르몬이 샘솟고 신바람이 나서 몸과 마음이 모두 편안한 것을 나타냅니다.

⑪ 정혜쌍수定慧雙修

몰입의 4단계(구주심의 9단계)에 도달하여 '참나의 현존'을 깨달은 상태에서, '참나의 자명함'을 활용하여 몰입사고로 '자명한 지혜'를 얻는 단계입니다. 이는 '선정'(定)과 '지혜'(慧)가 원만해진 깨달음의 경지를 나타냅니다. 언제 어디서나 '참나의 고요함'으로 마음을 리셋시킬 수 있고, 언제 어디서나 '참나의 자명함'으로 자명한 판단을 할 수 있는 '정혜쌍수定慧雙修'의 단계입니다. 소년이 코끼리 위에 편하게 앉아 있는 것은 참나의 본체인 '선정'을 나타내며, 손에 광명한 '불의 검'을 들고 있는 것은 참나의 작용인 '지혜'를 상징합니다.

이러한 구주심의 9단계는 '몰입의 4단계'의 확장판입니다. ① 구주심의 1단계 · 2단계는 대상에 정신을 집중하기 위해 노력하는 '몰입의 1단계'에 해당합니다. ② 구주심의 3단계~7단계는 대상에 대한 집중이 유지되나 간혹 끊어지는 '몰입의 2단계'에 해당합니다. ③ 구주심의 8단계는 인위적 노력으로 대상에 대한 집중이 끊어지지 않는 '몰입의 3단계'에 해당합니다. ④ 구주심의 9단계는 인위적 노력 없이도 대상에 대한 몰입이 끊어지지 않는 '몰입의 4단계'에 해당합니다.

유튜브(YouTube) | 윤홍식의 구주심 강의

즐거움 속에서
명상에 들어가는 법 ──

깨어있음의 의미

깨어있다는 것은 별게 아닙니다. 그냥 "모른다!" 하고 선언하면 됩니다. 내가 가지고 있는 생각이나 고정관념, 그 어떤 것이든 좋습니다. "모른다!"라고 하세요. "내 이름은?" "몰라!" 이렇게 모르쇠로 버텨 보세요. 생각이 일어나도 좋습니다. 생각이 일어나건 말건 "나는 모른다!" 하는 자세가 중요합니다.

"생각이 일어나든지 말든지 나는 관심이 없다!" "생각 · 감정 · 오감의 일체에 나는 관심이 없다!" "내 이름에도 관심이 없다!" "나는 그냥 존재할 뿐이다!"라고 선언하세요. 이렇게 "모른다!"라고 선언하면서 '나라는 존재감' 즉 '내가 존재한다는 느낌'에만 집중해 보는 겁니다. 그게 가장 간단하고 쉽게 깨어나는 방법입니다.

생각 · 감정 · 오감에 끌려가는 것은 잠에 취한 상태와 비슷

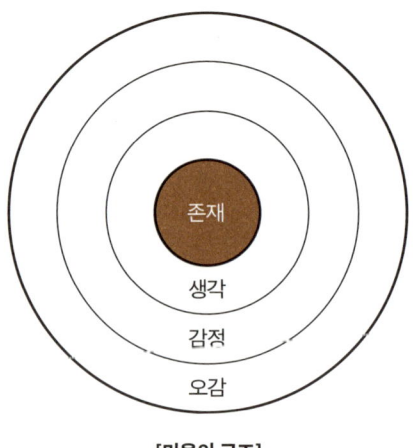

[마음의 구조]

합니다. 우리는 생각에 그냥 끌려가고, 감정에 그냥 끌려가고, 보이고 들리는 오감에 그냥 끌려갑니다. 이게 자는 것과 아주 같다고 말할 수는 없지만, 비몽사몽으로 돌아다니는 것과 비슷한 것이죠. 깨어난다는 것은, 그런 생각·감정·오감의 자극들에 대해 일체 "몰라!"라고 선언하고, 그런 것들로부터 벗어나서 존재하는 것을 말합니다. '내가 존재한다는 느낌'에만 집중하고, 안과 밖을 통으로 잊어버리십시오. 우리는 어떤 제약조건이 없이도 그냥 존재할 수 있습니다.

존재한다는 것이 '참나'입니다. 우리 마음의 가장 근원에 '존재'(나의 현존)가 있고, 거기에 생각·감정·오감이 붙습니다. 구조적으로 보면 옷걸이가 있어야 옷을 걸 수 있는 것처럼, '생각의 옷' '감정의 옷' '오감의 옷'을 걸치는 '존재'라는 뼈대가 있어야 합니다. 그것이 바로 여러분의 존재감입니다.

이러한 존재감은 10년 전이나 지금이나 변하지 않습니다. 여러분의 생각이 변했고 감정이 변했고 오감이 변했을 뿐, 그것들이 변해도 여전히 변하지 않은 것이 있기 때문에, 여러분이 10년 전의 존재도 '나'라고 생각하는 것입니다. 만약 생각·감정·오감이라는 것만 존재한다면, 모두가 무상하게 계속 변하기 때문에 어제의 나와 오늘의 내가 동일하다고 말할 수 없을 것입니다.

변화하는 중에 변하지 않는 '불변의 존재'를 자각하고, 그 자리에 중심을 두고 살아가는 것이 깨어있는 삶입니다. 생각·감정·오감을 걷어 내면 불변의 존재가 더 잘 보이겠죠. 그래서 생각이나 감정, 오감에 대해 "몰라!"를 선언하고, 그 불변의 존재인 '내가 존재한다는 느낌'에 집중하는 것입니다.

그런데 생각·감정·오감이 있다고 해서 '참나'를 못 느낄까요? 여기까지 한번 생각해 보세요. 생각·감정·오감이 활발하고 시끄럽게 작용하고 있어도 우리가 존재한다는 그 느낌은 어디로 가지 않습니다. 우리는 매 순간 존재하고 있으니까요! 사실 우리는 '참나'를 지속적으로 자각하면서 살고 있습니다.

그래서 제가 깨어있지 않은 상태를 '비몽사몽'이라고 표현한 것입니다. 우리가 아무리 생각과 감정과 오감에 매몰되었다고 하더라도, 우리는 자신의 '존재감'을 지속적으로 자각하고 있기 때문입니다. 화를 내더라도 화나지 않은 마음이 있습니다. 남과 싸우면서도 싸우지 않고 있는 마음이 있습니다. 울고 있으면서도 울지 않는 마음이 있죠. 그 자리에 우리의 '순수한 나의 현존'이 있습니다.

순수한 나의 현존

이 모든 것은 '순수한 나의 현존'이 있어서 그렇습니다. 이 자리는 기쁨도 슬픔도 아니기 때문입니다. 우리가 기쁨과 슬픔의 옷을 입을 때마다 그 옷과 자신을 동일시하다 보니, 우리 밑바탕의 순수한 존재를 놓치고 사는 것일 뿐이죠. 우리는 늘 입고 있는 옷에만 집중하지, 맨몸에는 잘 신경을 쓰지 않습니다. 자기가 입은 옷이 자신이라고 생각하면서 살아가는 것입니다.

옷을 다 벗고 맨몸으로 존재하면 참나가 잘 느껴집니다. 그런데 옷을 입은 채로도 맨몸을 느낄 수 있지 않을까요? 옷만 모른다고 해 버리면 말이죠. 즉, 자신이 옷을 입었다는 사실을 잠시 망각하면 됩니다. 마찬가지로 우리가 생각·감정·오감을 모두 버리지 않아도 좋으니, 잠시 "모른다!"라고 하면서 그것들을 무시하고 '존재한다는 느낌'에만 집중하면 곧장 견성할 수 있습니다. 이것이 『수심결修心訣』에서 제시하는 초간단 견성법입니다.

> 자신의 '신령스러운 앎'(참나)도 또한 이와 같도다. 이미 자신의 마음인데, 어찌 다시 알고자 하는가? 만약 알기를 구한다면, 마침내 알 수 없을 것이다. 다만 '모른다는 것'만을 똑똑히 알면 되니, 이것이 바로 자신의 '본성'을 본 것이다.
> 自己靈知 亦復如是 旣是自心 何更求會 若欲求會 便會不得 但知不會 是卽見性 (『수심결』)

생각·감정·오감이 모두 없어지면 참나를 더욱 또렷하게 만날 수 있지만, 있어도 상관이 없습니다. 생각·감정·오감이 있건 없건 "나는 모른다!" 하는 마음만 확고하게 유지하면, 누구나 자신의 중심봉을 붙잡을 수 있습니다. 옷을 벗건 벗지 않건, 나의 맨몸을 자각하기만 하면 되는 것이니까요.

예전에 대행大行 스님 같은 분은 다들 화두에 질려하니까 이렇게 가르치셨습니다. 참나도 찾지 말고 그냥 "주인공, 거기 있는 것 아니까 스스로를 입증해 봐!" 하고 살아가라는 것이죠. 본래 참나는 늘 여여하니까 그냥 있다고 확신하고, 모든 것을 거기에 맡기고 살라는 것입니다. 걱정하지 말고 마음을 내려놓고 말이죠.

사실 모든 것을 맡기고 걱정을 하지 않으면 '참나'가 활발하게 여러분의 삶으로 들어옵니다. 힘들어 죽을 것 같을 때, 그 힘든 것을 참나에 맡기고 걱정을 내려놓고 쉬면, 생각·감정·오감이 편안해집니다. 그러면서 여러분의 중심봉인 '순수한 나의 존재감' 즉 '순수한 알아차림'이 강해집니다. 여러분이 주인공 자리에 모든 것을 턱 믿고 맡기고 근심 없이 살아갈 때, 참나와 함께 잘 살 수 있게 됩니다.

참나를 찾아 여기저기 돌아다니는 사람이 오히려 참나와 제일 멀어지죠. 참나를 찾아야 한다는 '생각'과, 빨리 찾고 싶다는 '조급함', 찾지 못했다는 '결핍감', 이대로 찾지 못하는 것이 아닐까 하는 '불안감'에서 빠져나오기 힘드니까요. 그러면 그 사람은 생각·감정·오감을 계속 내려놓지 못하기 때문에, 참나를 만날 때가 더 늦춰지는 것입니다.

최상승선의 비결

그런데 "참나고 뭐고, 다 모르겠다!" 하고 가만히 힘을 빼고 있으면, 오히려 '순수한 나의 존재감'이 확연하게 드러납니다. 그 어느 때보다 생생하게 드러납니다. 생각·감정·오감에서 힘을 빼면, 순수한 나의 존재감인 참나는 더 강력해지게 되어 있습니다. 이건 우주의 공식이에요.

① "몰라!" "괜찮아!"라고 선언하고 모두 내려놓고 쉬거나, ② 한 가지 대상을 정해서 몰입하면 됩니다. 모두 좋습니다. 이 2가지 방법을 적용하면 우리는 곧장 우리의 참나를 대면하게 됩니다.

생각·감정·오감은 본래 움직여야 맛인데, '호흡'이건 '화두'이건 '나무아미타불'이건 한 가지 대상에 몰입을 하면, 생각이 약해지고 '나라는 존재감'이 강력해집니다. 한 가지 대상을 정해서 몰입해 가면 갑자기 사방이 고요하고 편안해지면서, 막힌 것이 툭 터지는 기분이 들고 시원해질 때가 있습니다.

그때가 내면의 '순수한 나의 존재감' 즉 '참나'가 강력히 드러날 때입니다. 우리 내면의 '순수한 알아차림'이라고도 말할 수 있는 존재감이 바로 우리의 '본래면목'(본얼굴)입니다. 그런데 이렇게 대상을 정해서 하나에 몰입을 하지 않아도, 그냥 "모르겠다!" 하고 선언해 버리면 곧장 참나가 드러납니다.

그래서 이것을 불교에서 '최상승선'이라고 말합니다. 가장 빠르게 참나에 도달하는 참선이니까요. 그러니까 화두 자체에 몰입해 들어가는 식으로 공부하면 사실 최상승선이 아닙니다. 이런 식의 화두선은 한 가지 대상을 정해서 몰입하는 참선이니까요. 같은 화두선을 닦더라도, 화두를 드는 순간 생각을 멈추고 곧장 자신의 순수한 존재감과 하나가 될 수 있어야 합니다. 그래야 최상승선이라고 말할 수 있습니다. 분명히 두 방식에는 차이가 있습니다.

'최상승선'은 우주의 어디에 내놔도 최상승선일 수밖에 없습니다. 우리가 우주의 어딜 가도 존재하는 것은 생각·감정·오감일 뿐이죠. 그 생각·감정·오감을 그냥 "모른다!" 해 버리고 참나로 곧장 들어가니까, 우주 어디를 가도 이보다 더 빠를 수는 없는 것이죠. 그래서 최상승선이라고 하는 것입니다.

　그런데 기도나 화두나 염불을 하는 것은, 한 가지 생각을 일으켜서 그것에 몰입하는 방식입니다. 예를 들어 "나무아미타불!"이라는 생각을 짓거나, "이 뭣고?" 하는 생각을 짓거나, 기독교식으로 "아버지!" 하는 생각을 짓거나 하지요. 이런 것들이 최상승선이 아니라고 해서 이게 잘못됐다는 의미는 아닙니다. 다만 최상승선이라는 이름에는 걸맞지 않는다는 것입니다.

　'최상승선'이라는 이름에 가장 어울리는 것은, 그냥 "몰라!" 하는 것입니다! 선어록의 대표작인 『벽암록碧巖錄』의 어디에서도 화두를 최상승선이라고 하지 않았습니다. 화두선은 후대에 새롭게 만들어진 하나의 전통일 뿐입니다. 그냥 "몰라!" 해 버리고 자신이 존재한다는 것만 느껴 보세요. 지금 한번 느껴 보세요. 존재하시죠?

참나의 속성인 상락아정 常樂我淨

울고 웃는 중에도, 마음의 중심을 살짝 '순수한 나의 존재감'으로 옮기기만 하면, 울고 웃는 게 사라지지 않은 채로 '견성見性'을 합니다. 울고 웃고 있더라도 초연해지는 것이죠. 울고 웃는 감정보다 '내가 존재한다는 느낌'이 더 강해져서 51%를 넘기면 됩니다.

이 순수한 나의 존재감만 드러나게 되면 참나의 속성인 '상常·락樂·아我·정淨'이 에고를 지배하게 됩니다. ① 이 순수한 나의 존재감은 변하지 않습니다(常)! 이 자리는 한 순간도 끊어지지 않습니다. '순수한 나의 존재감' 즉 '순수한 알아차림'은 끊어지는 법이 없습니다. 한 순간도 알아차리기를 멈추지 않아요. 이 존재감은 10년 전에도 이랬고, 10년 후에도 이럴 것입니다. 늘 똑같은 존재감입니다. 그래서 이 자리를 '여여如如'하다고 표현하는 것입니다. 늘 똑같으니까요.

현상계의 모든 존재는 '무상無常'이 본성인데 이 자리는 여여하니, 이 자리는 현상계의 존재가 아닌 것입니다. 바로 절대계의 존재예요. 이 자리는 변화도 없고, 바라는 것도 없고, 그대로 만족하고 있습니다. 그러니 이 존재감과 하나가 되면, 에고도 생사 걱정을 하지 않게 됩니다.

② 이 순수한 나의 존재감은 걱정이 없습니다(樂)! 그래서 순수한 나의 존재감과 하나가 되면 일체의 걱정이 사라집니다. 어떠한 불안이나 근심도 느낄 수 없고, 대신 뿌듯한 만족감이 올라오죠. 이 순수한 나의 존재감의 자리가 본래 그렇습니다. 에고는 늘 뭔가 부족하다는 생각에 시달리지만, 이 자리는 현존만으로 이미 만족하는 자리입니다. 그러니 우리가 존재감과 하나가 되면, 그냥 이유 없이 편안해지고 이유 없이 행복해집니다.

③ 이 순수한 나의 존재감은 우리의 진정한 자아입니다(我)! 이 자리에서는 오직 자신이 자신을 의식할 뿐입니다. 주체와 객체가 한 덩어리로 존재하며 나누어지지 않습니다. 이 자리에서 느낄 수 있는 것은 오직 자신뿐입니다. 그래서 이 자리에서는 온 우주가 그대로 '나'라고 느껴집니다. 생각·감정·오감을 통해 주체와 객체가 분열된 에고의 세계와는 차원이 다르지요. 그래서 이 자리와 하나가 되면, 자신이 우주의 중심에 서 있는 느낌이 듭니다. 우주의 변방에서 머물다가 진정한 자신으로 돌아온 것이지요.

④ 이 순수한 나의 존재감은 어떤 번뇌에도 오염되지 않습니다. 우리가 허공을 더럽힐 수 없듯이, 이 자리는 현상계의 차원이 아니기에 결코 더럽힐 수 없습니다. 생각·감정·오감을 더럽힐 수는 있어도, 이 순수한 나의 존재감을 어떻게 더럽힐 수 있겠습니까? 이 자리는 그물에 걸리지 않는 바람처럼 절대로 현상계에 걸리지 않습니다. 그러니 에고가 이 자리와 하나가 되면, 본래의 청정함을 회복하여 정화됩니다.

이 순수한 나의 존재감, 순수한 알아차림의 자리와 하나가 되십시오. 이 자리는 늘 똑같아 영원하고(常), 걱정이 없고(樂), 영원불멸의 진정한 자아이며(我), 청정하여 번뇌에 물들지 않으니(淨), 무상하고 괴롭고 소외되고 오염된 우리의 에고를 곧장 치유해 줄 것입니다.

참나에게 모든 것을 맡겨라

기독교에서는 이 자리가 성령의 자리로 하느님이 주시는 평안이죠. 이것은 예수님이 "세상이 주는 평안과는 다르다."라고 하셨던 초월적인 평안입니다. 세상이 주는 평안은 생각으로 짓는 평안이죠. 생각은 욕망을 낳고 그 욕망이 충족됐을 때 평안이 오는데, 이것은 조건이 있는 평안입니다. 그에 비해 참나가 주는 평안은 무조건적인 평안입니다. 그냥 내려놓고 '참나'에, '하느님'께 맡기면 바로 편해집니다.

'나라는 존재감'(I AM)에 모두 맡겨 보세요. 사실 이 자리는 여러분 내면의 하느님 자리입니다.[09] 여러분이 밖에 있는 하느님께 맡긴다고 하면 속이 또 시끄러워집니다. 자기가 고민하고, 생각하고, 또 상상해야 하니까요. 그게 아니라, '나라는 존재감'이 하느님이라는 것을 아셨다면 바로 지금 그 존재에게 맡겨 보세요.

힘든 일이 있을 때, 울고 웃고 하는 중에 "모른다!" 하고 내가 존재한다는 느낌에만 집중하는 것이 존재에 맡기는 것입니다. 말로 하셔도 됩니다. "존재가 다 알아서 해!" "하느님, 다 알아서

---

[09] 『구약성경』을 보면 하느님께서 모세에게 자신을 소개하시면서 다음과 같이 말씀하시는 구절이 나온다. "나는 스스로 현존하는 나이다!"(I Am That I Am, 『출애굽기』 3:14) 이 현상계를 초월하여 계시는 하느님이란 다름이 아니라 시간과 공간의 변화를 초월하여 '항상 존재할 뿐(如如)인 나'인 것이다. "유대인들이 예수님께 말하길 '그대는 아직 50살도 되지 않았는데 아브라함을 보았단 말인가?'라고 하였다. 그러자 예수님께서 대답하시길 '진실로, 진실로, 내가 그대들에게 이르노니, 아브라함 이전에 나는 현존했다(I am)!'라고 하셨다."(『요한복음』 8:57~58)

해 주세요!" 어떤 말도 상관이 없어요. 자기가 자신에게 하는 말이니까 믿고 탁 맡겨 보세요. 그리고 정말 생각·감정·오감에 맡겼으면 완전히 내려놔야 하는 것이죠. 내려놓고 존재한다는 그 느낌에만 집중하고 있으면 잘 맡긴 것입니다.

이렇듯 "믿고 맡겨라!" 하는 말도 답이고, "내려놔라!" 하는 말도 답이고, "이 뭣고?" 하고 이것이 무엇인지 참나 자리를 돌아보라는 것도 모두 맞습니다. 이게 모두 하나로 돌아갑니다. '존재한다는 느낌'이 바로 그 자리입니다. 다른 게 아닙니다. 그 자리에 생각·감정·오감의 느낌을 모두 "모른다!" 하고 내려놓고 '나라는 존재감'에만 집중하면 됩니다.

"모른다!" 하고 내려놓으라고 하니까 그것들을 아예 없애야 한다고 생각하는 경우도 있는데, 생각·감정·오감은 절대 없어지는 물건이 아닙니다. 잠깐 작용을 멈출 수는 있어도 결국 다시 올라옵니다. 그러니 그것들과 싸우지 말고 "너희들이 있든지 없든지 나는 관심이 없으니까, 너희들끼리 알아서 놀아라." 하면서 존재감에만 집중하면, 생각이 있건 없건 상관없이 '존재한다는 느낌'이 강력하게 드러납니다.

일상에서 깨어나기

여러분이 그랜드 캐니언 혹은 금강산, 백두산과 같은 곳에 관광을 가서 아주 숨막히는 절경을 봤다고 상상해 보세요. 어떨까요? 말이 탁 사라지겠죠! 할 말을 잃었다는 것은 여러분이 깨어났다는 것입니다. 에고가 할 말을 잃어야 합니다. 에고의 구시렁거림이 사라지고 더 이상 할 말을 잃으면 찰나라도 생각이 끊어집니다.

에고의 작용을 억지로 끊으려고 해서가 아니라 "아!" 하고 에고가 더 할 말이 없어지면, 바로 그때 참나가 탁 드러나고 여러분의 존재가 완전히 꽃을 피웁니다. 좋은 영화나 음악을 감상할 때, 명산대천名山大川의 절경을 봤을 때, 더 할 말이 없어지면서 내가 진짜로 살아 있다는 느낌이 확 들죠. 그게 참나의 작용입니다. 그런 작용의 주체가 참나입니다.

'순수한 나의 존재감'은 존재한다는 것만으로 만족합니다. 여러분이 "내가 진짜 살아 있다는 느낌이 든다." 하고 느낄 때의 상태를 분석해 보면, 살아 있다는 것만으로 만족이 오는 상태라는 것을 알 수 있습니다. 더 바라는 게 없다는 것이죠. 더 바랄 게 없다는 느낌을 우리가 이렇게 표현합니다. "죽어도 좋다!" "정말로 살아 있는 것 같다!"

이런 말들은 모두 우리가 참나를 만났을 때 하는 말입니다. 그 자리는 진짜 '나'인 상락아정의 자리이자 걱정이 없는 자리이고 영원히 변하지 않는 자리이기 때문에, 그 자리를 느끼면 여러분도 같이 고양됩니다. 또한 결핍감이 사라져 세상에 대해 초연해집니다.

이러한 느낌을 갖지 못하고 '생각·감정·오감'만으로 살아간다면 얼마나 힘든 일이겠습니까? 늘 결핍감에 시달리고, 부족한 것을 채우면 갈증이 사라지긴 하지만 찰나에 불과하지요. 곧장 또 다른 목마름이 일어납니다. 그런데 이렇게 살지 않을 수도 없죠. 저 또한 그렇습니다. 모두 다 그렇게 살아야 합니다.

그래도 '참나'로부터 도움을 받으면서 살면 살만해집니다. 참나에서 오는 평안으로 고통이 중화되면서 살만해지는 것입니다. 간절히 욕망이 타오를 때 "몰라!"를 해서 조금이라도 진정시키세요. 욕망을 채웠을 때에도 마찬가지입니다. 사람은 욕망을 채워서 너무 좋았다고 해도 또 "몰라!" 하고 조금 쉬어 줘야 하는데, "와 좋다! 이런 거 또 어디 있나?" 하고 찾아다니면서 자기를 금방 다시 가난하게 만들죠.

사실 우리는 욕망을 충족시킨 뒤에도 그것을 관리할 줄 모릅니다. 귀한 물건을 얻어놓고도 금방 또 "이것보다 더 좋은 건 없나?" 하고 뒤지고 다니는 게 우리의 실정이죠. 완전히 그렇지 않게 살 수는 없지만, 그때그때 욕망이 채워지기 전이나 채워진 뒤에나 내려놓음을 습관화하면 그래도 더 평온하고 균형 잡힌 삶을 살 수 있습니다.

그래서 더 중요한 것을 찾게 되고, 엉뚱한 것에 목숨을 걸지 않게 됩니다. 저는 이런 정도의 삶의 변화만 일어나도 '기적'이라고 봅니다. 이런 것을 스스로 관리할 수 있는 기술이란 다른 게 아니라, 참나에 모든 것을 맡기고 좀 쉬어 보는 것입니다. "모른다!" 하면서 모든 것을 내려놓고, 자신이 존재한다는 것을 즐겨 보시기 바랍니다.

참나각성의 실전팁

'참나'를 느끼는 것을 너무 각을 잡고 하려고 하지 마세요. 그냥 TV나 영화를 보면서, 좋은 음악을 들으면서 하세요. 에고는 그것을 즐기라고 하고, 슬쩍 빠져나오세요. 에고는 좋은 것을 보고 맛있는 것을 먹으면서 즐기게 해 주세요. '에고'를 좌절시켜야만 '참나'가 드러나는 게 아닙니다. 원리를 알면 어렵지 않아요. 에고를 만족시키면서 참나를 드러나게 할 수도 있습니다.

그러니 에고는 하고 싶은 것을 하라고 하세요. 그리고 에고가 만족한 상태에서 "나는 모르겠다!"라고 선언해 보세요. 혹은 내가 존재한다는 느낌에 좀 더 관심을 기울여 보세요. 그러면 그때 기적이 일어납니다. 에고가 하는 것이 갑자기 시시해지고 초연해지면서 내면이 뿌듯해집니다. 그렇다고 해서 에고가 좋아하는 그것들을 다 내려놔야 하는 것은 아닙니다. 여전히 영화를 보고, 음악을 듣고, 다 해도 됩니다.

에고를 만족시키면서 명상은 명상대로 하는 것입니다. 그러면 더 재미가 있습니다. 꼭 각을 잡고 해야 하는 게 아니라는 것입니다. 에고와 참나는 본래 차원이 다른 물건이고, 에고가 무슨 짓을 하건 참나는 언제든지 드러날 수 있으며, 계속 느껴지는 물건이죠. 꼭 에고가 죽어야 사는 물건이 아닙니다. 이 둘이 서로 다른 차원이라는 것을 알면, 에고가 에고의 일을 다 하면서도 우리는 참나를 선명히 느낄 수 있습니다.

지금 제가 이 강의를 할 때도 제 참나를 계속 느끼면서 이야기하고 있습니다. 그 느끼는 강도가 약해지고 강해지고의 차이만 있을 뿐이죠. 제가 말하는 중에 '나라는 존재감'에 관심을 덜 주면 참나의 느낌이 좀 더 약해지고, 얘기가 잠깐이라도 멈출 때 존재감을 더 느끼면 참나의 느낌이 더 강해집니다. 평생을 계속 그런 식으로 조절해 가면서 살아가는 것이죠. 참나를 강하게 만나야 할 때에는 더 강하게 불러내고, 참나를 강하게 만날 필요가 없으면 자신이 하는 일에 더 몰입하면 됩니다. 참나는 여러분이 관심을 주지 않는다고 해서 없어지는 물건이 아니거든요.

이렇게 참나와 에고에 대한 전반적인 이해를 하고 실생활에서 자유자재로 참나를 활용하게 되면, 홍익학당의 기준으로 1급입니다. 그다음 단계인 1단은 '참나의 현존'만 아는 것이 아니라, 참나에서 나오는 '양심의 소리'까지 잘 듣고 이해하는 경지입니다. 어렵지 않으니 1급과 1단을 목표로 삼고 한번 분발해 보셨으면 합니다. 완전히 새로운 것을 구입하는 것도 아니고, 이미 여러분이 갖고 계신 참나를 잘 활용해 보시라는 것입니다. 보물은 이미 여러분의 내면에 있으니까요.

유튜브(YouTube) | 즐거움 속에서 그대로 명상에 드는 법

6바라밀선禪으로 견성하기

6바라밀선禪은 양심선禪

'견성'보다 '6바라밀'이 중요합니다. 6바라밀을 하면서 견성이 되는 것이지, 견성을 했다고 해서 갑자기 6바라밀이 되는 것이 아닙니다. 견성을 했는데 6바라밀은 모르는 분을 만나면 견성을 안 한 사람보다 더 무섭습니다. 그래서 견성이라는 것도 6바라밀과 이어지는 그런 수준 높은 견성을 하는 분이 나와야 합니다.

저도 6바라밀을 갖춘 견성자가 나오는 것을 돕기 위해 지금까지 연구를 해 오고 있습니다. 많은 분들이 6바라밀을 갖춘 보살로 거듭나시는 것을 돕기 위해, 뭔가 더 지원할 방안은 없나 고민 중입니다. 더 많은 분들이 6바라밀에 대해서 감을 잡고, 진정한 보살이 되기를 소원하게 만들 그런 방법을 말입니다.

6바라밀은 결국 '양심'입니다. 6바라밀선은 '양심선'이에요.

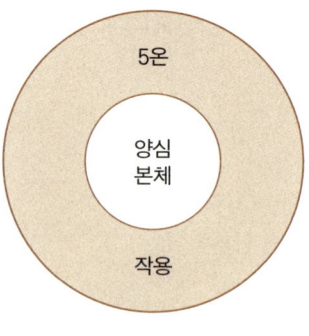

[양심과 5온]

홍익학당에서는 불자 분들을 위해 '6바라밀선'이라고 표현합니다다만, 종교를 초월해서 얘기하자면 그냥 '양심선'이지요. 내 양심에 충실하게 생각하고, 말하고, 움직이는 그 자체가 참선이라는 것입니다. 그런데 보통은 이렇게 생각하지 않고, 참선이라면 뭔가 신비한 체험을 해야 한다고 생각합니다.

내 안에서 시시각각 들리는 '양심의 소리'의 진원지를 찾아가면, 거기에 '양심의 핵'이 있을 텐데 말이죠. 우리 안에 "이것이 자명한 진리이다!" "남의 입장을 배려하라!" "이것은 진실이니 수용하라!"라고 외치는, 6바라밀의 근원이 되는 자리가 있을 것 아닙니까?

그 외침 자체는 이미 '5온의 세계' 즉 '생각·감정·오감'의 세계에서 울리는 소리이나, 그 소리가 나온 뿌리가 있을 것입니다. 내 안에서 그 외침이 일어난 자리, 그 자리에 들어가 보면 그게 결국 '나'예요. 나의 가장 순수한 모습인 것이죠. 그게 '양심'이에요. 불교에서는 '보리심'이라고도 하지요. 그 자리에서 모든 양심의 소리, 양심의 명령이 나오고, 그 자리가 나의 '참나' '본래면목'입니다. 이것을 알아야 공부가 제대로 된 길을 밟게 됩니다.

유가儒家에서 '양심'을 '본심本心'(본래의 마음), '명덕明德'(온갖 선을 갖추고 만사를 처리하는 광명한 덕성), '허령지각虛靈知覺'(텅 비어 있되 신령하게 알아차리는 자리)이라고 부르는 것도, 이 자리가 바로 우리 마음작용의 '중심'(中)이 되는 자리이기 때문입니다.

> 기뻐하고 분노하고 슬퍼하고 즐거워하는 감정이 아직 발동하지 않은 것을 '중심'(中)이라고 이르며, … 이 '중심'(中)이란 것은 '천하의 큰 뿌리'가 된다.
> 喜怒哀樂之未發 謂之中 … 中也者 天下之大本也 (『중용中庸』)

이 공부는 닦는 즉시로 카르마가 경영되기 때문에, 곧장 여러분의 삶이 달라집니다. 주변이 달라지고 사회도 바뀝니다. 이런 연구를 하지 않으면서 신비한 견성만 추구한다면, 모든 수행은 현실과 유리된 것이 되고 맙니다. 중생을 구제하기는커녕 자신도 구제할 수 없는 수행이 되고 마는 것입니다.

자리이타가 안 되는 참선

"열심히 기도하고 참선을 하더라도 6바라밀이 없는 잘못된 수행을 하면, 여러분은 집에서 더 왕따, 외톨이가 되고 친구가 사라질 것입니다." 제가 강의 중에 했던 말인데, 안타깝게도 이게 진실입니다. 그래서 "나는 열심히 하는데 이상하게 사람들이 날 몰라 주네 …." 하다가 남들을 비방하는 업까지 짓게 됩니다.

이런 경우 대부분 "내가 워낙 고귀한 공부를 했는데, 남들이 천박해서 이해를 못한다." 하고 단정해 버립니다. 모든 것을 남 탓만 하고 있다는 것 자체가 이미 심각하게 잘못돼 가고 있는 상태라는 걸 모르는 것이죠. 본인 생각에서는 도저히 답이 나오지 않으니까요. 절에서 하라는 것을 열심히 했고 부처님의 법대로 참선도 열심히 했는데, 가족과 이웃으로부터 더 멀어졌단 말이에요. 그러면 괜히 기독교식 논리처럼 "열심히 공부하는 사람들은 박해를 받는구나!" 하고 자신을 포장해 버리고 맙니다.

그런데 그렇게 해서 어떻게 보살도가 이루어지겠습니까? 현실에서 '자리이타自利利他'(자신을 이롭게 하고 남을 이롭게 함)가 안 되고 있다는 것을 알면서도, '견성'만 하면 모든 문제가 해결될 것이라 믿고 답이 없는 상태로 계속 달려가는데 말입니다.

그런데 '양심선'(보리심선)은 그런 문제가 없습니다. 언제 어디에 있건, 양심(보리심)의 소리를 잘 듣고 모든 문제를 6바라밀대로 처리하는 것이 그대로 참선이 되니까요. 양심선에서는 명상도 그 자체가 목적이 아니라, 양심의 실천을 위한 방편일 뿐입니다. 어떤 문제가 닥치건, 양심의 안목으로 문제를 해결하고 카르마를 조정해 버립니다. 카르마가 얽혀서 내가 괴롭게 된 것이니, 6바라밀로 얽힌 카르마만 잘 풀어내면 해결되지 않을 리가 없는 것이죠.

얽힌 카르마를 잘 풀어내는 안목이 '반야바라밀'입니다. 내 에고에 꼭 양이 차지는 않더라도, 당사자들 모두가 이롭게 되도

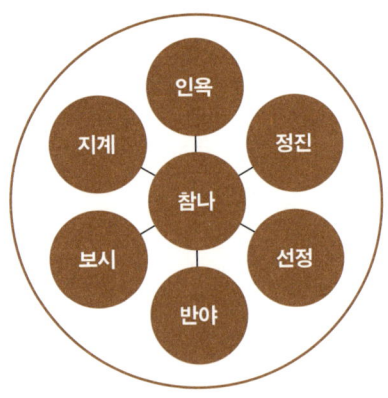

[6바라밀의 공덕을 갖추고 있는 양심]

록 일을 처리할 수 있어야 합니다. 그런 자명한 답안을 찾아내는 것이 바로 '반야바라밀'인데, 양심의 소리를 듣지 않고서는 반야바라밀이 이루어질 수가 없습니다.

양심(보리심)의 소리에 최선을 다해 집중하고(선정바라밀), 양심의 소리를 이해하고(반야바라밀), 이를 진심으로 수용하고(인욕바라밀), 이를 구현하려고 노력할 때(나머지 바라밀) 문제를 제대로 풀 수 있습니다. 그래야 나와 남의 이익을 모두 고려한 답이 나오고, 그러면 남에게 피해를 주지 않으면서 나에게도 피해를 끼치지 않는 최선의 해결책을 찾을 수 있습니다. 이것이 바로 '보살도'입니다. 양심선을 닦는 순간, 여러분은 이미 '보살의 길' 위에 서게 됩니다.

하나이면서 6으로 나뉘는 양심

재미있는 것이, 여러분이 한 생각이라도 양심적으로 하는 순간, 그 생각 안에서 6바라밀이 모두 갖추어지게 됩니다. '양심'(보리심)은 통으로 '6개의 덕목'이 함께 움직이는 것입니다. 각각의 6가지 공덕이 본래 별개로 있는 것이 아니고, 하나의 양심이 가진 6가지 덕목일 뿐이니까요. 참나가 본래 그렇게 생겨먹었기 때문에, 6개의 덕목이 함께 끝없이 돌아가고 있어요. 그래서 하나만 나오고 나머지는 안 나오는 그런 경우는 없습니다. 양심은 늘 함께 움직입니다.

그래서 '양심선'(보리심선) 한마디면 사실 충분합니다. 양심이라는 것을 덕목별로 쪼개니까 '6가지 덕목'으로 나뉜 '6바라밀'이 되는 것이지, 실제 양심은 하나로, 통으로 움직입니다. 그것을 우리가 공부하려고 분석해 보면, 양심이 한 번 움직일 때 그 안에 보시도 있고, 지계도 있고, 인욕도 있고, 모두가 갖추어져 있다는 것을 관찰을 통해 알게 됩니다. 그래서 이 양심은 하나이면서 또 정밀한 것입니다.

신기하게도 이것은 예전 동양에서 양심을 '인의예지신'으로 나누어 분석하던 것과 하나로 통합니다. 동양에서는 양심의 쪼개진 덕목들을 정확히 아는 것을 '정밀함'(精)이라고 하고, 결국 '양심' 하나로 모이기 때문에 '한결같음'이라고 말합니다. 『서경書經』의 가르침을 보아도, "오직 양심에 정밀하고, 양심에 한결같아라!"라고 말하고 있습니다. 즉, 우리가 늘 양심 하나를 붙잡으려고 하는데, 그 양심은 단순히 하나가 아니라는 것입니다. 양심의 안에는 '춘하추동春夏秋冬'과 같은 정밀한 우주의 질서가 포함되어 있습니다.

불교의 6바라밀과 유교의 4단을 살펴보면, "보시를 베풀어라!"(보시바라밀) 하는 것은 유교의 '사랑'(인仁)입니다. "나와 남 모두에게 죄를 짓지 말라!" "계율을 지켜라!"(지계바라밀) 하는 것은 유교의 '정의'(의義)입니다. 그리고 "상황을 수용하라!"(인욕바라밀) 하는 것은 유교의 '예절'(예禮)입니다. 처한 상황을 빨리 받아들여 수용하고 그 상황에 조화를 이루라는 것이죠. "최선을 다하라!"(정진바라밀) 하는 것은 유교의 '성실'(신信)입니다. 우리는 최선을 다하는 성실한 모습을 보여야 신용을 얻을

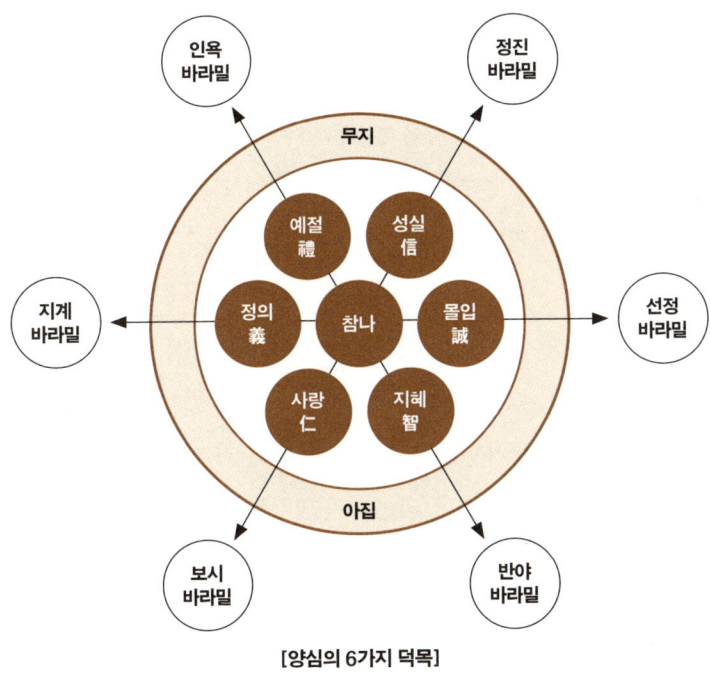

[양심의 6가지 덕목]

수 있습니다. 그다음 "늘 깨어있어라!"(선정바라밀) 하는 것은 유교의 '몰입'(敬)입니다.[10] 마지막으로 "지혜로워라!"(반야바라밀)라고 하는 것은 유교의 '지혜'(지智)입니다.

---

10 '몰입'은, 실천의 덕목으로는 '경敬'(마음을 하나로 모음)이니 '선정바라밀'로 부르는 것이 타당하며, 본성의 덕목으로는 '성誠'(한 점 망령됨이 없이 진실함)이라고 부르는 것이 타당하다.

이렇게 보면 유교의 가르침도 별것이 없어요. 늘 정신을 모으고 인의예지仁義禮智에 충실히 하는 것, 이것이 양심에 정밀한 것이고, 그렇게 양심 하나를 밀고 나가는 것을 한결같이 하라는 것이지요. 따라서 "늘 양심을 잘 붙잡아라!"라는 가르침 안에 모든 것이 다 들어 있습니다.

우리의 양심이 움직일 때에는 무조건 이 6가지 덕목을 다 갖추고 움직여요. 그런데 문제는 내 에고가 이 중에서 일부만 받아들이고 일부를 거부한다는 것이죠. 누군가가 잘못을 했는데, "저 사람 너무 불쌍하다!"라는 마음만 붙잡아 챙기거나, "법에 따라 엄하게 처벌하라!"라는 마음만 붙잡아 챙기게 됩니다. 그러면 양심의 명령을 온전히 따를 수 없습니다.

그런데 보살은 그 와중에도 양심에서 어떻게 처리하라고 하는지를 '정확히' 들을 수 있습니다. 그래서 때에 따라서는 "아, 이건 아무리 내가 가슴이 아프더라도 냉정하게 처리하지 않으면 카르마가 잘못되어서, 이 사람이 나중에 더 큰 범죄를 저지르게 될 것 같다."라고 느끼면서, 매정한 말이지만 한마디 할 수 있어야 합니다. 이것은 내가 임의로 정할 수 있는 것이 아닙니다.

본래 자명한 양심의 소리를, 내 에고가 치우치게 받아들이고 있는 것입니다. 늘 선정의 마음을 유지하면서 "몰라!" "괜찮아!" 하고 선언하세요. 욕심의 소리를 진정시켜야 양심의 소리가 잘 들립니다. 나만의 집착과 편견이 내 마음을 끌고 가 버리면, 자신의 편견이 좌절되면 큰일이 나는 줄 알게 됩니다. 그건 에고의 망상이에요. 그냥 에고만의 생각인 것이죠.

유튜브(YouTube) | 6바라밀로 견성하기

참나에게 믿고 맡기는 삶 ———

에고의 본질을 알자

우리에게는 2가지 자아가 있습니다. '참나'와 '에고'가 그것입니다. 에고도 자아이고 참나도 자아입니다. 둘 다 '나'거든요. 지금 우리가 "나!"라고 말한다면 2가지 자아가 동시에 말하고 있는 것입니다. 시간·공간을 떠난 순수한 '나라는 존재감'은 참나일 것이고, 구체적 제약을 지닌 개체적 자아의 느낌은 에고일 것입니다. 참나가 시공 속에 들어오면 에고가 됩니다.

따라서 "에고를 죽이자." 이렇게 생각하고 있다면 정말 잘못된 공부를 하고 있는 것입니다. 에고의 본질을 모르기 때문에 그런 말을 하는 것입니다. 소승불교에서는 "에고와의 접속을 끊어 버리자."라고 하는데, 접속을 끊음으로써 에고적 작용이 더 일어나지 않게 하자는 것이니, 결국은 없애자는 말과 같습니다. 하지만 대승불교에서는 에고를 왜 죽여야 하는지, 에고와 왜 싸워야 하는지에 대해 의문을 제기합니다. 에고의 본질만 알면 됩

[참나와 에고]

니다. "에고의 본질은 그대로 참나이다!" 이것을 알고 나면 대승과 소승 사이에 화해가 일어납니다.

그러면 "에고가 본래 청정하고 본래 열반인데, 잘 쓰면 그만이지 에고를 없애려고 애쓰지 마라. 6바라밀로 에고를 잘 경영하면 그만이다." 하는 결론이 나옵니다. 그래서 제가 늘 주장하는 게 '6바라밀선禪'입니다. 제발 화두니 뭐니, 그런 아주 작고 국한된 선만 닦지 마시기 바랍니다. 기도니 염불이니 모두 '선정바라밀' 하나를 닦은 것일 뿐입니다. 거기에 '반야바라밀·보시바라밀·지계바라밀·인욕바라밀·정진바라밀'을 통합하여 6바라밀선을 닦아야 합니다. 그 순간부터 곧장 '극락'이 펼쳐집니다.

마음에서 어떤 경계가 일어나든지 곧장 "몰라!" 하십시오. 그런데 이 "몰라!"를 할 때에도 각을 잡고 "모든 것을 완전히 '몰라!' 해야지!" 하면, 그 마음이 무거워서 "몰라!"가 잘 안 됩니다. 오히려 모든 잡념이 다 들고 일어납니다. 그러니 에고와 싸우지 마세요. 에고와 참나는 하나입니다. 에고와 싸우지 말고 에고가 몰입할 거리를 줘서 몰입하게 해 주세요.

여러분의 에고는 어떤 대상에 몰입을 잘하나요? 영화를 좋아하면 영화를 보면서 "몰라!"를 해도 되고, 음악을 좋아하면 음악을 틀어 놓고 "몰라!"를 해도 좋습니다. 에고가 좋아하는 것을 제시해 주면서 "몰라!"를 해 보세요. 에고는 에고가 좋아하는 것에 몰입하게 해 놓고, "몰라!"를 선언하면서 슬며시 '나라는 존재감'에 몰입하면 됩니다.

'나라는 존재감'에 몰입하라

이것은 누구나 쉽게 할 수 있습니다. 설거지를 하면서도 "설거지를 하는 나는 누구인가?"라고 스스로에게 질문해 보세요. 이게 "이 뭣고?"라는 화두를 제대로 쓰는 방법입니다. "이것을 하는 나는 누구지?" 하고 설거지를 하는 나에 몰입해 보세요. 그러면 '나라는 존재감'만이 답이라는 것을 알게 됩니다. 나라는 존재감을 느끼면서 설거지를 하면, 설거지는 설거지대로 이루어지면서 자신의 존재감이 확연히 드러납니다.

왜냐하면 이 2개는 다른 차원이기 때문입니다. '에고'가 죽어야 '참나'가 나타나는 게 아니거든요. 우리가 에고의 생각·감정·오감에만 주로 정신이 팔려 있다 보니 느끼지 못하는 것이지, 항상 참나(존재감)와 에고를 함께 느끼고 있습니다. 지금 존재한다는 것을 느끼시지요? 우리는 말하고, 울고, 웃고 있지만 늘 존재하고 있어요. 울고 있을 때에도 울지 않는 마음(존재감)이 있어요. 화가 나 있을 때에도 화나 있지 않은 마음(존재감)이 있어요.

그렇기 때문에 전혀 다른 수를 생각해 볼 수 있게 되는 것입니다. 화난 마음이 우리의 전부라면 우리는 화에서 빠져나올 수가 없을 텐데, 화가 나 있는데도 화나 있지 않은 '나의 마음(존재감)'이 있기 때문에 금방 마음을 돌릴 수 있고, 다른 생각도 할 수 있는 것입니다.

항상 그 자리, 그게 '나라는 존재감'(참나의 현존)의 자리입니다. 자신이 존재한다는 느낌, 그 존재감만 느껴 보십시오. 그냥 그것을 느끼면 되는 것이지, 에고를 없애야 하는 게 아닙니다. 제대로 참나를 느끼려면, '나라는 존재감'에 51% 이상의 관심을 주기만 하면 됩니다.

사실은 51% 이상 관심을 주지 않더라도 그 자리는 항상 변하지 않고 존재합니다. 그렇기 때문에 참나를 느끼기 위해 에고가 꼭 없어야 하는 것이 아닙니다. 에고와 참나(존재감) 중에 참나를 51% 이상 느낄 수 있다면, 에고의 생각·감정·오감이 참나의 현존을 가리지 못합니다.

그러니까 에고를 너무 억압하지 마세요. 몰입이 잘 안 될 때에는 에고는 그냥 에고가 좋아하는 것을 하게 해 주세요. 그러는 중에 내가 존재한다는 느낌에 슬며시 마음을 돌려 보세요. TV를 재미있게 보다가, "아, 재밌는데! 이렇게 재밌어 하는 나는 누구지?" 하고 살짝 자신의 '존재감'에 관심을 기울이세요. 그러면서 '나라는 존재감'이 강해지기만 하면 됩니다. 그러면 그대로 '선禪'이 됩니다.

명상 상태에서 TV를 볼 수도 있습니다. TV도 보고 명상도 닦으니까 1석2조이지요. 음악을 들으면서 해도 몰입이 잘 돼요. 음악을 들으면서 생각이 줄어들면, 그때 살짝 '나라는 존재감'을 느끼세요. 음악이 들리건 말건 나의 현존을 51% 이상 느끼기만 하면 그대로 명상이 됩니다. 이런 식으로 모든 일에 다 적용할 수 있으니 편하게 활용하세요. 이렇게 일상에서 수시로 가볍게 선을 닦다가, 가끔씩은 제대로 자세를 잡고서 참나를 만나면 됩니다.

이상하게도, "나는 이제부터 '나라는 존재'만 느끼겠다!" 하고 선언하고서 명상을 제대로 하려고 자리에 앉으면, 오히려 망상이 폭주하기 쉽습니다. "생각을 하지 않겠다!"라는 선언이 괜히 생각을 자극해서 일어나지 않던 잡념까지 불러내는 것이죠. 잠을 자려고 할 때 "이제 제발 자자!" 하고 마음을 내면 오히려 시시콜콜한 것까지 떠올라서 괴롭듯이, 생각을 하지 않으려고 할수록 잡념은 더 일어나게 되어 있어요.

그러니까 차라리 음악을 듣거나 자신이 좋아하는 것에 몰입하세요. 그러다가 관심을 살짝 안으로 돌려 "모른다!" 하면서, "내가 존재하는가?" 하고 자신의 존재감을 느껴보면 됩니다. 재미있는 일을 하다가 살짝 마음만 안으로 돌려 보는 것인데, 뭐가 어렵겠습니까? 늘 현존하는 자신의 존재감에 관심을 기울여 보는 것일 뿐입니다.

생생하게 현존하는 그 자리는 우리에게서 어떤 것도 바라지 않습니다. '참나'의 자리는 존재 자체로 이미 만족하며, 오로지 존재할 뿐입니다. 그러니까 그 근처만 가면 에고도 그 불덩이와 함께 타게 되면서 우리의 걱정이 사라집니다. 음악을 듣다가 갑자기 음악도 잊어버리고 존재하는 것에 만족하게 되는 것이죠.

내가 있다는 것에 만족하지 못한다면, 그건 아직 내 마음에서 '나라는 존재'가 51% 이상이 아니라는 의미입니다. 참나 51% 이상이 되면 자신의 존재만으로 만족하는 특징이 있습니다. 그리고 어느 때보다 살아 있고, 부족한 게 없다고 느낍니다. "죽어도 여한이 없다!" "이 상태라면 아무것도 더 바라지 않는다!" 하는 마음이 듭니다. 참나 51%의 근처에 가게 되면 무조건 이런 마음이 일어나게 되어 있습니다. 그런 마음을 억지로 만드는 것은 다 '에고의 놀음'입니다.

이것이 최상승선이다

 화두니 뭐니 하는 것 자체로는 절대 최상승선이 될 수 없습니다. 제가 늘 말씀드리지만 '반조선返照禪'(곧장 참나를 돌아보는 선)만이 최상승선입니다. 여기에서 '반조反照'는 뒤집어서 보라는 의미입니다. 에고를 보고 있던 나를 뒤집어서 곧장 참나를 보라는 것이죠. 이게 최상승선입니다.

 우주의 어느 곳을 가더라도, 에고가 곧장 자기의 존재감을 돌이켜 보는 것보다 뛰어난 선은 있을 수 없습니다. 화두에 집중하는 선은 에고로 하여금 또 다른 '대상'을 붙잡도록 하는 것인데, 그건 최상승선이 아니라 2번째 선입니다. 화두건, 염불이건, 주문이건, 모두 2번째 선이에요. 그것으로는 견성이 안 된다는 게 아니라, '최상승선'이라는 이름을 붙일 수 없다는 의미입니다.

 최상승선이 되려면 예를 들어, "이 뭣고!" 할 때 그대로 '화두를 잡는 자리'에 몰입해야 합니다. 화두를 잡는 자리가 아니라 "이 뭣고!" 자체에 집중하면 그건 2번째 선이 됩니다. "이 뭣고!" 할 때 곧장 자신의 '존재감'에 몰입할 수 있어야 최상승선이죠.

"나무아미타불!"을 할 때에도 곧장 염불을 하는 주체인 '나라는 존재감'을 느껴 버리면 그만인 것입니다. 이런 의미에서는 사실 모든 선이 최상승선이 될 수 있습니다.

그래서 "큰 도에는 문이 없다."(大道無門)라고 하는 것입니다. 원리를 알면 어려운 게 아니에요. 우리가 곧장 자신의 존재감에 집중해 버리면 그대로 견성을 할 수 있습니다. 내 자신을 돌이켜 보는 방편으로써 화두니 뭐니 얘기하다가, 그 자체에 너무 몰입하다 보면 지름길을 두고 돌아가게 되는 것입니다.

사실 참나를 만나는 데에 있어 어떤 계기들이 도움이 되기는 합니다. 예를 들어, 어떤 스님은 침상에서 자다가 목침이 떨어지면서 견성하는 경우도 있어요. 사실 목침이 떨어지면서 그 소리에 깜짝 놀라신 것인데, 놀랄 때 '나라는 존재감'에 접속해 버린 것이죠. 우리도 말조차 나오지 않는 심각한 일을 당하면 그냥 존재감 자체로 존재하게 됩니다. 한 생각도 괴롭거든요. 정말로 괴로운 일을 당했을 때 오히려 견성을 하는 분들이 나오기도 하지요. 모 아니면 도입니다.

우리가 진짜 죽을 만큼 괴로우면 한 생각도 하기 싫어서 딱

멈춰 있게 됩니다. 사실 그때가 '참나 상태'입니다. 그런데 그런 체험을 하고도, 왜 그런 체험을 한 것인지에 대한 원리를 모르기 때문에 그냥 넘기고 또다시 일상으로 돌아와 버리는 것이죠. "옛날에 참 이상한 체험을 했었는데 ….' 하고 말입니다. 하지만 나중에 견성을 하고 보면 "그때 그 느낌이네!" 하고 바로 알 수 있습니다.

이것은 너무나도 자연스러운 현상입니다. 왜냐하면, 참나라는 것은 그냥 우리 자신이기 때문입니다. 둘 다 '나'입니다. 우리가 '나'라고 할 때, '나'라는 그 말이 일어나는 기점이 '참나'이고, 나라는 생각을 가지게 되면 '에고'가 되는 것입니다.

우리는 언제 어디서나 '선정바라밀'을 익혀야 합니다. 늘 나의 존재에 접속을 하고 거기에 모든 것을 맡겨야 합니다. 에고가 혼자 고민하면 고통만 커질 뿐입니다. 고민거리가 있다면 "몰라!" 하고 '나라는 존재감'에 다 맡겨 버리세요. 만약 제대로 맡겼다면, 나라는 존재감에 집중하면서 에고는 고민을 하지 않게 됩니다. 맡겼다고 말하면서 속으로는 전전긍긍하고 있으면 그건 맡긴 게 아니지요.

이런 의미에서 "참나에게 다 맡겨라!" "주인공에게 맡겨라!" 하는 가르침도 아주 훌륭한 가르침이에요. 참나한테 믿고 맡긴다는 것은 어떤 일이 생겼을 때, 에고가 걱정하지 않고 '나라는 존재감'에 일체를 탁 맡기고 쉴 수 있는지를 보는 겁니다. 나에게 몰입하고 쉬는 것이 맡기는 것입니다. 에고가 고민을 계속하고 있으면 맡긴 게 아니지요.

기독교에서는 "하느님께 고민을 맡기고 쉬어라!"라고 하는데 이것도 같은 의미입니다. 존재감에만 집중하면서, 고민에 대해서는 모르겠다고 최대한 무시하는 상태가 맡긴 상태입니다. 그렇게 하고 나면 에고가 참나로부터 힘을 얻습니다. 에고가 조금씩 바뀌면서 생각이 긍정적으로 변합니다. 그러다가 참나가 강하게 드러나면, 에고가 질적으로 변하게 됩니다.

참나는 '긍정 덩어리'이자 '생명 덩어리'라, 참나와 함께하면 살고 죽을 걱정도 사라지고 에고가 힘이 납니다. 하지만 여기에서 끝나면 안 됩니다. 어렵게 아주 좋은 토대가 만들어졌는데 여기에서 그냥 멈출 수는 없지요. 그 힘을 이용해서 나머지 바라밀들을 펴야 하는데, 이때 반드시 '반야바라밀'을 써서 우리의 입장을 정해야 합니다.

반야바라밀로 통찰하라

'반야바라밀'을 "우주 만물의 다르마(法, 진리·logos)를 다 알아내야 한다!" 하는 식으로 이해하면, 그 말은 맞는 말이지만 우리가 실천적으로 접근하기가 매우 어렵습니다. 이 말을 어떻게 이해해야 할지도 난감해지죠. "우주의 진리를 다 알아야 하나 보다." 하고는, 갑자기 천문학, 지리학 등 모든 학문을 공부해야 하는 것인지 혼란스러워질 수 있습니다.

우리에게 닥치는 모든 일은 결국 '에고의 속성'에 의존합니다. 우리는 에고에게 허락된 일만 경험할 수 있어요. 그러면 에고는 무엇을 할 수 있지요? '생각·감정·오감'이 에고의 기능입니다. 즉, 보고, 듣고, 느끼고, 맛보고, 냄새 맡고, 울고, 웃고, 이리저리 계산하여 따져 보는 것, 바로 이것이 에고의 작용입니다.

우리 인생에 있어 우리의 '마음'이 관여되지 않은, 우리의 '마음'에 들어오지 않은 일이라는 것은 없습니다. 지금 우리 마음에 나타난 모든 것들, 그것이 우리가 사는 세계를 구성하는 요소들입니다. 그런데 우리가 그 모두를 다 알 필요는 없습니다.

우리가 자신의 마음에 등장한 모든 존재(萬法)를 다 알아야 하는 것은 아니에요. 우리에게는 그렇게 긴 수명이 주어져 있지 않으며, 그럴 필요도 없습니다.

그렇다면 우리가 꼭 알아야 하는 '진리'(法)는 무엇인지를 알아보겠습니다. 우리는 사는 동안 '생각 · 감정 · 오감'을 써야 하고, 그러면서 수많은 일을 겪게 됩니다. 생각 · 감정 · 오감을 어떻게 써야 올바르고 선하게 사용하는 것일까요? 그 원리를 모른다면 매 순간 올바른 선택을 하는 것이 불가능하며, 올바른 삶이 애초에 불가능합니다. 이 사실은 누구라도 인정할 것입니다.

따라서 우리는 우리에게 허락된 모든 시간을 활용하여, 역량이 허락하는 한 각각의 일에서 무엇이 자명하게 옳은 것인지를 알아내야 합니다. '반야바라밀'의 핵심은 이것입니다. 우리가 모든 것을 다 알아야 하는 것은 아닙니다. 하지만 매 순간 자신의 마음을 어떻게 써야 '선善'이 될 것인지, 이것에 대해서만큼은 반드시 알아야 합니다. 그래서 『화엄경』과 『대승기신론』에서는 다음과 같이 말하고 있습니다.

'일체 경론의 지혜'(一切經論智)를 성취하여 이 지혜를 얻으면, ① 응당 해야 할 것(應作, 양심에 합당한 자명한 일)과 ② 응당 해서는 안 되는 것(不應作, 양심에 어긋난 찜찜한 일)을 잘 분석하고 헤아릴 수 있다.
卽得成就一切經論智 獲是智已 善能籌量 應作不應作 (『화엄경』)

앉아서 '지止'(선정)에 전념할 때를 제외하고는, 일체의 때에 ① '응당 해야 하는 것'(응작應作)과 ② '응당 해서 안 되는 것'(불응작不應作)을 마땅히 남김없이 관찰해야 한다. 가고 머무르며, 눕고 일어날 때 모두 응당 '지止·관觀'(선정과 지혜)을 함께 행해야 한다.
唯除坐時專念於止 若餘一切 悉當觀察應作不應作 若行若住 若臥若起 皆應止觀俱行 (『대승기신론』)

우리는 지금 곧장 '반야바라밀'을 닦을 수 있습니다. 지금 이 순간, 여러분의 마음을 어떻게 쓰시겠습니까? "지금의 판단이 자명하게 옳습니까, 아닙니까?" 이것에 대한 입장을 분명히 정할 수 있어야 합니다. 집안에서 가족을 대할 때에도 마찬가지입니다. 가족과 화목하게 잘 지내려면, 가족을 대하는 매 순간 어떻게 행동하고 말하고 처신해야 하는지에 대해서 입장을 정해야 합니다.

　이것이 지금 우리에게 필요한 '지혜'입니다. 자기가 가진 정보 안에서 최선의 판단을 할 수 있어야 합니다. 어떤 것이 제일 '선善'이고, 어떤 것이 제일 '악惡'인지 판단할 수 있어야 합니다. 우리가 살아가면서 겪는 모든 일에 대해서, 우리는 우리의 자명한 입장을 정할 수 있어야 합니다.

널리 정보를 구하라

　올바른 판단을 내리기 위해서는 남의 이야기를 잘 들을 수 있어야 합니다. 우리가 미처 생각하지 못했던 관점을 다른 사람들에게서 얻을 수도 있습니다. 그 사람 안에도 '불성'이 있으니까요. 그러니 남의 얘기를 듣는다고 생각하지 말고, 다른 에고를 통해 표현된 '불성의 소리'를 듣는다고 생각하세요. 우리는 누구에게서라도 지혜를 얻을 수 있습니다. 엉터리 말에서도 쓸 만한 정보를 취할 수 있어야 합니다. "이것만은 부처님 소리구나." 하고 잘 취하면 됩니다.

유교에서 불교의 부처님과 같이 숭앙하는 분으로서, 전설적인 군주인 '순임금'이 있습니다. 이분은 안으로는 성인이고 밖으로는 천자를 하셨으니 '내성외왕內聖外王'의 표본입니다. 안으로는 '부처'요, 밖으로는 '전륜성왕'이라는 것이죠. 공자께서 이분을 칭찬하기를 다음과 같이 했습니다.

> 공자께서 말씀하시길 "순舜임금이야말로 '위대한 지혜'를 지니셨도다! 순임금은 묻기를 좋아하시고, 천박한 말들을 살피기를 좋아하셨으며, '악'을 물러나게 하시고 '선'을 드날리게 하셨다. 과하거나 부족한 '양극단'을 파악하시어, 백성들에게는 그 '중도'를 쓰셨다. 그 때문에 순임금이 되신 것이다."라고 하셨다.
> 子曰 舜 其大知也與 舜好問而好察邇言 隱惡而揚善 執其兩端 用其中於民 其斯以爲舜乎 (『중용』)

순임금은 평범한 사람들의 천박한 말에서도, 과하거나 부족한 '악'과 중도의 실상인 '선'을 자명하게 판단할 수 있었습니다. 그리고 그는 더 나아가 악(양극단)은 사용하지 않고 선(중도)은 널리 활용하였습니다. 이것이 순임금이 공자님으로부터 '위대한 지혜'라고 불리게 된 이유입니다. 어떤 상황에서도 '자명한 것'과 '찜찜한 것'을 잘 가려내고, 천박한 말에서도 자명한 것을 잘 취하여 활용하는 것이 '지혜'입니다.

 그런데 동시대 사람들의 이야기만 들어서는 사실 정보가 부족하기 때문에 '고전古典'도 보셔야 합니다. 역사상 전설적인 양심의 달인들의 이야기를 듣고 참고하면 더 올바른 판단을 내릴 수 있기 때문입니다. 반야바라밀의 달인들의 가르침을 들으면서 내가 내린 판단과 그분들이 내린 판단을 비교해 보세요. "나는 저렇게 판단할 수 있는가?" 하고 끝없이 물어보세요.

 고전을 대하는 자신의 입장을 정리하면서 배우는 게 있습니다. 고전이 아무리 훌륭한 가르침을 전해 준다고 해도, 결국 가장 중요한 것은 '자신의 결정'입니다. 우리는 항상 자신의 '생각·감정·오감'을 어떻게 처리할 것인지를 스스로 결정해야 합니다. 인생의 주인공은 우리 자신이니까요. 자기 인생의 주인공이 되어 '해서 될 일'과 '해서는 안 될 일'을 자명하게 결정하면서 우리의 공부가 늘게 됩니다. 그것이 '반야바라밀' 공부의 핵심입니다.

 "할 것인가, 말 것인가?" "이것이 맞나, 틀리나?" 이런 문제들을 계속 풀어 나갈 수 있어야 합니다. 그러다가 항상 '자명한 선택'을 할 수 있게 되는 것, 이것이 우리가 추구해야 할 반야바라밀의 극치입니다. 과거의 위대한 성인들도 이것을 잘한 분들일 뿐입니다.

여러분은 왜 성인들의 글을 보나요? 중요한 선택의 순간에 고민이 되니까, 성인들은 어떻게 선택했는지를 참고하려는 것이죠. 결국 양심의 달인은 '선택의 달인'들일 뿐입니다. 사실 그분들이 지금 과학자들이 알아낸 만큼 우주에 대해 알아냈다는 증거도 없습니다. 또 우리가 그런 정보를 얻으려고 고전을 보는 것도 아닙니다. 성현들이 무엇을 기준으로, 어떤 것이 옳다고 선택했는지 궁금해서 고전을 보는 것이죠.

반야바라밀로 바르게 선택하라

인간에게 가장 어려운 것은 '선택하기'입니다. 후회 없는 선택을 한다는 것이 삶에서 가장 어려운 문제입니다. 도대체 무엇이 옳은지를 판단하기가 힘들기 때문이지요. "그때 그러지 말았어야 했는데, 잘못된 선택이었을까?" 이런 후회는 아마도 누구나 죽을 때까지 계속할 것입니다. 그러니 '양심에 따른 올바른 답'을 알아내어 가장 후회가 적은 선택을 하는 것이, 이 짧은 인생에서 우리가 해야 할 가장 소중한 일이라고 할 수 있습니다.

우리가 모든 존재의 비밀을 다 알아낼 필요는 없습니다. 우리는 우리의 생각·말·행동을 자명하게 쓰는 방법만 알아내면 되는 것이지요. 그러면 법계가 "인간으로서 최고의 존재구나!" 하고 '성인'으로 인정해 줄 것입니다. 사실 이러한 '반야바라밀'이 인간에게 가장 급합니다.

이를 위해서는 먼저, 마음을 챙겨서 늘 자신의 '존재감'(순수의식, 텅 빈 각성)에 몰입할 수 있어야 합니다. 항상 내가 존재한다는 것을 느끼고, 마음을 챙겨 중심으로 돌아오게 해야 합니다. 에고가 많은 짐을 들고서 수고롭다고 하소연할 때, 그 짐을 내려놓고 참나에게 맡길 수 있어야 합니다. 이것이 하느님께 진정으로 귀의하는 길입니다.

우리는 그 참나로부터 힘을 얻어서 자신의 선택을 항상 자명하게 하면 됩니다. 기독교의 가르침도 똑같습니다. 매 순간 '성령의 뜻'을 잘 듣고 따르기를 기도하라는 것은, 늘 깨어서 '반야의 힘'으로 자명한 선택을 하라는 가르침과 다르지 않습니다.

즉, '양심'대로 하자는 것이죠. '성령'이 양심에 어긋난 것을 요구할 리가 없습니다. 이것이 핵심입니다. 매 순간 '양심의 소리'를 잘 이해하는 사람이 '우주의 다르마 · 로고스'를 가장 잘 이해하는 사람입니다. 잡다한 지식이 많다고 해서 지혜로운 것이 아니고, '양심의 공식'을 잘 알아서 매사에 '올바른 선택'을 할 수 있어야 지혜로운 사람입니다.

지식만을 놓고 보자면, 각 분야의 전문가들이 그 분야에 대해서는 가장 정밀하게 압니다. 그런데 그런 전문가들이 살아가는 모습이나 삶에서 선택하는 것을 가만히 살펴보면 엉망인 경우가 많습니다. '자기 분야의 다르마'는 많이 알았는지 모르지만, '인생의 다르마'를 잘 모르기 때문에 그렇습니다. '지혜'가 부족한 것이죠. 즉, 인생에서 선을 택하고 악을 버리는 '영성지능'이 부족해서 그렇습니다.

우리가 '진리를 모른다.'라는 말을 하는데, 그것은 '선악의 선택'에 무지하다는 의미입니다. 많은 것을 알고 있는데도 선악의 판별을 못하면, 결국은 아무것도 모르는 사람과 똑같아집니다.

따라서 잡다한 지식이 없더라도 여러분이 매 순간 양심에 맞게 올바른 선택만 할 수 있다면, 여러분은 가장 지혜로운 사람이 될 수 있습니다.

이렇게 '선정바라밀'에 기반을 둔 '반야바라밀'로 올바른 선택을 하려 할 때, 자신이 욕심을 부리고 있는 게 보이면 좀 내려놓으세요. "남도 나와 같은 마음인데 왜 나만 생각하나?" 하는 그 생각이 '보시바라밀'입니다. 그리고 "내가 당하기 싫은 일은 남에게 하지 말자!" 하고 선언하는 것이 '지계바라밀'입니다.

올바른 선택이라면 그 선택은 남을 나처럼 사랑해 주고(보시), 룰을 지켜서 남에게 부당한 피해를 주지 않는 것이어야 하니까요(지계). '보시바라밀'과 '지계바라밀'이 그 '선택' 안에 다 들어 있죠. 그리고 올바르게 선택한 뒤에 그 결과를 흔쾌히 수용하는 것을 '인욕바라밀'이라고 합니다. 에고의 입장에서는 치욕스러울 수 있는 선택이더라도, 그것이 진리에 부합하는 것이기 때문에 수용하는 것이죠.

무언가 선택을 하나 하려고 할 때에도, 남을 사랑해서 남에게 피해를 주지 않으려 하다 보면 '선善'을 택하게 되어 있고, 그렇게 결택한 선을 진심으로 옳다고 수용하고 받아들이면 '인욕바라밀'이 이루어집니다. 그리고 수용한 선을 현실에서 최선을 다해 실천하면 '정진바라밀'이 됩니다. 이렇게 선을 선택하고 실천하는 것이 바라밀 공부입니다.

그런데 이런 과정을 어쩌다 한 번만 하는 게 아니라, 늘 그렇게 산다면 그것 또한 '정진바라밀'입니다. 다음 상황도 또 그렇게 처리하고 또 그렇게 처리하고, 이걸 계속하는 겁니다. 언제 어디서나 깨어서 말입니다. 결국 모든 바라밀은 '선정바라밀'의 토대에서 온전히 자라납니다.

따라서 우리가 인생에 있어 중요한 선택을 하게 될 때에는, 꼭 명상을 통해 모든 것을 '참나 자리' 즉 '하느님 자리'에 맡기고 푹 쉴 수 있어야 합니다. 그럼으로써 그 안에서 '힘'과 '영감'을 얻어야 합니다. 그런 힘이 있어야 우리가 '양심성찰'을 통해 자명한 선택을 할 수 있고, 어떤 결과도 흔쾌히 수용할 수 있으며, 실천할 수 있습니다. 한 번 잘했다고 그것에 만족하지 마시고, 다음에는 더 잘할 생각을 하고 노력하고 또 노력하세요. 매 순간을 이런 자세로 살아가는 사람은 나날이 진보하고, 나날이 새로워질 수밖에 없습니다.

나날이 새로워지지 않는다면 그것은 덕을 닦는 게 아닙니다. '양심의 소리'는 매 순간 새롭습니다. 어제 들었던 양심의 소리를 지금까지 고집하고 있다면 그 사람은 이미 후퇴했다고 봐야 합니다. 아무리 과거에 양심의 소리를 제대로 들었다 해도, '지금 이 순간' 자신 안의 양심이 뭐라고 하는지를 듣지 못하면 그건 후퇴한 것이죠. 그건 과거에 집착해서 고집을 부리고 있는 것일 뿐이니까요. 이런 의미에서 양심만 따르는 삶을 살라고 하는 말은, 다른 말로 매 순간 진보하는 삶을 살라는 말과 같습니다.

매 순간 이미 조건은 바뀌고 있습니다. 따라서 바로 그 순간의 '양심의 소리'를 구현해야 하는 것입니다. 어제와 오늘은 조건이 다르고 상황이 조금씩 바뀌어 있습니다. 그러므로 무엇보다 오늘의 양심의 소리를 정확히 듣지 못하면 안 됩니다. 어제 들었던 양심의 소리로 오늘의 문제를 대충 처리하려고 하면 반드시 문제가 발생합니다. 매 순간 자신의 양심에 최선을 다하는 것이 바로 '선禪'이고, 그것이 제가 말하는 '6바라밀선'입니다.

실천이 없이는 진리도 무용하다

참나에 내재된 '6바라밀의 근본종자'가 '도道'(참나의 본체)이고, 6바라밀이 현실에서 구현되면 '덕德'(참나의 작용)이라고 합니다. 그러니 '바라밀'은 덕이고, 6바라밀은 '6덕'이 됩니다. 이것은 참나와 에고의 합작품입니다. 현상계에서 '보시의 종자'를 드러낼 때 비로소 '보시바라밀'을 했다고 말할 수 있습니다. 단지 근본종자를 내면에만 품고 있고 밖으로는 드러내지 않는다면, 그건 바라밀을 실천한 것이 아닙니다.

참나에는 본래 '보시의 근본종자'가 갖추어져 있습니다. 참나는 나와 남을 가르지 않습니다. 또한 참나는 '지계의 근본종자'를 갖추고 있어서, 남에게 피해를 주지 않습니다. 그러나 우리가 '보시바라밀'과 '지계바라밀'을 실천하지 않으면, 6바라밀의 근본종자(道)는 현실에서 구현되지 못합니다.

6바라밀의 뿌리는 '참나의 절대계'에 있지만, 꽃은 '에고의 현상계'에서 피어나는 것입니다. 그것이 바라밀이고, 동양에서 말하는 '덕德'이 그 바라밀과 정확히 통하는 개념입니다. '도'가 밖으로 표현되면 그것을 '덕'이라고 하니까요. 우리는 매 순간 절대계의 '도'를 현상계에서 '덕'으로 표현해야 합니다. '도'가 '덕'으로 표현되지 못하면, '도'도 '덕'도 무의미해집니다. 밖으로 표현되지 않는다면 '도'가 '길'(道)로서의 역할을 못한 게 되니까요. 아무도 걷지 않는 길이 무슨 의미가 있겠습니까?

그래서 유교의 경전인 『중용』에서는 다음과 같이 말하고 있습니다.

> 지극한 '덕德'이 아니면 지극한 '도道'가 모이지 않는다!
> 苟不至德 至道不凝焉 (『중용』)

'6바라밀'로 인도하는 '내면의 길'(근본종자)이 우리 안에 아무리 선명하게 존재한다 해도, 그것이 '덕'으로 표현되지 않는다면 그 길은 없는 것이나 마찬가지입니다. 덕으로 표현될 때 도도 비로소 의미를 지니는 것입니다. 우리가 현실에서 6바라밀을 구현할 때, 우리 안의 '진리'(근본종자)도 빛나게 되고 보다 강해집니다. 우리가 바라밀을 실천하지 않으면, 진리는 본래 강할지라도 현상계 안에서는 그 힘이 약해집니다.

인간이 움직여야 세상이 바뀐다

결국 인간이 움직이지 않으면 안 되는 것입니다. 진리를 이 땅에 구현하려면, 한 명이라도 더 많은 사람이 바라밀을 실천하는 수밖에 없습니다. 우리가 모여서 "하늘은 도대체 뭘 하나!" "왜 정의가 구현되지 않나!" 하고 아무리 하소연해도 달라지는 것은 없습니다. 현상계에서 '도'의 길을 걸어 주는 사람이 51% 이상 나와야만 진리가 구현되도록 인과공식이 정해져 있기 때문입니다.

이 세상에는 '정의'가 구현되지 않는다면서 세상을 비판하고, 비관하고, 울부짖는 사람이 참 많습니다. 그런데 왜 아직도 정의가 구현되고 있지 않을까요? 정의가 악을 이기는 것을 보고 싶다면, 바라밀을 실천하는 사람들이 51% 이상 모여서 힘을 발휘하도록 만들어야 합니다. 그래야만 사회에서 양심적인 기운이 일어납니다. 이것은 인과공식에 비추어 자명한 이야기이며, 반드시 그렇게 일이 돌아가게 되어 있어요. 그게 이루어지지 않으면, 영원히 소수만 정의를 부르짖다가 끝나고 맙니다.

그래서 제가 이런 말씀을 드리는 것입니다. 듣기 싫은 말일 수도 있는데, 세상을 비판하거나 비관만 하고 있어서 될 일이 아니라는 것이죠. 역사를 살펴보면 과거에서부터 지금에 이르기까지 정부에 대한 비판은 늘 있었습니다만, 세상은 나아지지 않고 있습니다. 이건 다른 변수가 필요하다는 얘기겠지요. 제가 제시하는 답은 간단합니다. 빨리 우리부터 먼저 '양심운동'을 실천하고, '6바라밀선' '양심선'을 실천하자는 것입니다.

그리고 여력이 되면 주변 사람들과 함께 양심을 실천해야 합니다. 주변 사람들도 '양심선'을 닦도록 도와주자는 것입니다. 사람이라면 누구나 '양심'은 가지고 있습니다. 꼭 홍익학당에 와야만 없던 양심이 생기는 것이 아닙니다. 그래서 누구나 언제 어디서든 편하게 공부할 수 있도록 강의를 공개해 놓았으니, 유튜브 강의를 듣고 공부하면 됩니다. 직접 양심을 닦아 보시다가, 정말 궁금한 것이 생기면 홍익학당에 오셔서 궁금한 것을 풀고 가시면 됩니다.

이렇게 해서 '양심선'을 실천하는 사람이 우리 사회 전체의 51%가 되기 전에는 사회도 불안하고, 우리 가정도 불안하고, 나와 내 자녀의 미래도 불안할 수밖에 없습니다. 우리 사회가 불안하다고 불평만 하는 것도, 견디기 힘들다고 자살을 생각하거나 도피하는 것도 도움이 되지 않습니다. 그렇게 해서는 본인도 사회도 더 나아질 일이 없으니까요. 본인뿐만 아니라 가족도 함께 고통을 체험하게 되어 있고, 상황은 더욱 나빠지기만 할 뿐입니다. 그렇게 해서 해결될 문제가 아닌 것입니다.

이것이 참으로 안타까운 부분입니다. 이것은 한 개인이 어떻게 해 볼 도리가 없는 영역인 것이지요. 우주에는 정해진 '인과 공식'이 있으니까요. 결국은 우리 모두가 함께 풀어야 합니다. 별것 아닌 줄도 2개가 서로 엉켜 버리면 그걸 풀려고 할 때 미칠 노릇이 되지요? 이어폰 줄이 엉키면 정말 답답하고, 아무것도 아닌데 울고 싶은 마음이 됩니다. 급하게 풀려고 하면 더 안 돼요. 그럴 때에는 결을 봐 가면서 차분히 풀어야 합니다. 제가 얘기하려는 게 바로 그것입니다.

'양심'을 실천해야만 '정의로운 사회'가 이루어집니다. 그 외에 다른 답은 없습니다. 우리가 욕심을 따르고 양심을 저버린 순간부터, 스스로 진리를 저버렸기 때문에 악이 선을 이기는 꼴을 계속 봐야 합니다. 그러니 그런 꼴을 보고 싶지 않다면 내 안에서부터 선이 악을 이기게 만들어야 합니다. 자신 안에서도 선이 악을 이기게 만들지 못하면서 우리가 아무리 정부를 비방하고 남을 비방한들, 자기의 입장이 바뀌면 자신도 과거에 자기가 비방했던 그들과 똑같아지고 맙니다. '내 입장이 바뀌어도 나는 절대 그렇게 하지 않는다.' 하고 선언할 수 있어야 하는 것입니다.

결국, 자신을 그렇게 만들어 가는 것이 중요합니다. 사회 비판을 하지 말라는 것이 아니라, 사회를 비판하되 그것으로 끝내지 말자는 것이죠. 다시 그 문제를 나의 것으로 가지고 와서, 나부터 모범이 되어야 한다는 의미입니다. "세상아, 봐라! 나처럼 살란 말이다!" "양심이 답이다!" 하고 당당하게 말할 수 있어야 해요. 그렇게 매 순간 자신의 '양심'을 구현할 인재들이 많이 배출되어야 합니다. 그런 인재들이 부족하기 때문에 지금 우리 사회가 계속 타락해 가는 것입니다.

그런 인재를 저는 군자, 보살 또는 선비라고 부릅니다. 21세기에 보살과 선비들이 많이 나오려면, '양심선' '6바라밀선'을 닦아야 합니다. 이것을 닦는 것 외에는 방법이 없습니다. 산중에서 죽은 화두를 평생 붙잡고 있어 본들, 성공하면 견성이야 하겠지만 그걸로 해결될 문제가 아닙니다. 우리 안에서 6바라밀이 통으로 굴러가지 않으면 인간사의 문제는 해결될 수 없고,

카르마가 바뀌지 않습니다. 이것을 명심하시기 바랍니다.

유튜브(YouTube) | 참나에 믿고 맡기는 삶

6바라밀선禪은 불성의 향연 ———

사바세계를 정화하는 길은
6바라밀의 실천뿐입니다.

'선정바라밀'로 참나의 현존을 자각하고,
'반야바라밀'로 양심의 명령을 이해하고 실천할 때,
6바라밀은 사바세계를 정화합니다.

'선정바라밀'과 '반야바라밀'은 6바라밀의 핵심입니다.
선정바라밀로 '참나의 고요함'과 접속하고,
반야바라밀로 '참나의 자명함'과 접속하십시오.
참나는 '텅 비어 고요하되
또랑또랑 자명한 자리'일 뿐입니다.

늘 고요하되 깨어있는 '선정바라밀'을 닦으면,
평정심이 쉬지 않고 흐르기에 '정진바라밀'이 이루어집니다.

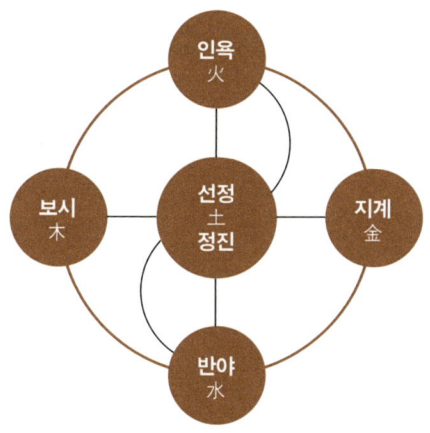

[6바라밀의 5행적 구조]

진리를 자명하게 인가하는 '반야바라밀'을 닦으면,
진리를 수용하는 '인욕바라밀'이 이루어지며,
진리에 의거하여 남을 사랑하는 '보시바라밀'이 이루어지고,
진리에 따라 정의를 구현하는 '지계바라밀'이 이루어집니다.

이러한 6바라밀은 '참나의 신성한 나툼'입니다.
참으로 6바라밀은 불성의 향연입니다.

유튜브(YouTube) │ 자명과 사랑을 끌어내는 몰라!

1급과 1단

홍익학당에서 강조하는 1급의 경지
즉 본연삼매, 본래열반의 경지는
별다른 것이 아니고,

'나라는 존재감', 즉 순수한 나 자체인
'참나'를 떠날 수 없다는 것을
자명하게(체험과 개념의 일치) 이해하고,

의도하지 않더라도 참나의 현존을 늘 은근히 느끼면서
원하면 언제든지 참나와 긴밀하게 접속할 수 있어서
참나를 잃어버릴 걱정을 하지 않고 안심하는 경지입니다.
느슨한 접속은 계속 이어지나
긴밀한 접속도 원하면 언제든 이루어지는 경지인 것이죠.

참나를 놓쳤다거나
강하게 붙잡아야 한다는 것은

모두 에고의 놀음일 뿐입니다.
우리의 에고는 참나의 바다에서 출렁이는 파도와 같습니다.

참나를 놓쳤다거나 붙잡아야 한다는
에고의 놀음에서 자유로워진 경지가 바로 1급의 경지입니다.

우리 마음의 뿌리 자리인 참나를 확신하고
나아가 그 참나의 입장에서
에고와 만물을 분별하지 않고 바라볼 때
참나 · 에고 · 만물이 하나로 꿰어지는
'통通의식' 상태가 이루어집니다.

생각과 감정과 오감이
모두 참나에서 일어나는 것으로
참나와 둘이 아님을
선명히 알아차리게 됩니다.

이 상태를 체험하면서,
만물은 나의 마음에 투영된 것이며
나의 마음 또한 참나의 작용이어서

에고와 만물 전체가 모두 참나의 작용이라는 것을
개념적으로도 자명하게 납득할 수 있을 때,
1급의 지혜와 체험을 온전히 갖추게 될 것입니다.

1급은 참나가 늘 흐르기에
안으로 산란과 혼침을 벗어나
항상 고요하고 또랑또랑하며,
밖으로는 일상에서 선정바라밀과 반야바라밀을
자유롭게 활용하여 언제 어디서나 평정심을 유지하고,
양심에 비추어 자명하고 창조적인
결론을 내릴 수 있습니다.

'나에 대한 몰입'과 '대상에 대한 몰입'을 두루 활용하여
일상의 모든 일에 있어서
자명하고 창조적인 결론을 내림으로써
참나를 따르는 삶을 살고자 노력합니다.

선정바라밀과 반야바라밀을 갖추어
6바라밀을 본격적으로 연구할 수 있는
기틀을 갖추게 되는 경지가 바로 1급입니다.

여기서 한 걸음 더 나아가
선정바라밀과 반야바라밀을 활용하여 본격적으로
일상에서 6바라밀을 연구하는 중에,

6바라밀의 참된 의미와
참나가 늘 6바라밀을 지향한다는 것을 자명하게 이해하고,

참나의 작용인 에고와 만물도
역시 6바라밀을 지향하여
6바라밀에 따르면 선한 결과가 발생하고
이를 어기면 악한 결과가 발생함을 자명하게 이해하고,

오직 6바라밀을 따르기만 하면
인류의 모든 문제를 풀 수 있음을 자명하게 인가하여,
매사에 무지와 아집을 따르지 않고
참나의 뜻에 따라 6바라밀로
해결하려는 마음이 굳건해지면,
1단의 반열에 오르게 됩니다.

1급은 2가지 '정혜쌍수'로 압축됩니다.

'참나의 정혜쌍수'는
참나는 본래 고요하고
본래 또랑또랑하다는 것을
체험적으로 자명하게 인지하는 것입니다.

'에고의 정혜쌍수'는 원하면 언제든
참나와 접속하여 평정심을 이룰 수 있고,
판단을 할 때는 참나와 접속된 상태에서
자명하게 판단할 수 있는 것입니다.

이런 힘을 확보하고
본격적으로 6바라밀을 자명하게 연구하여
1단에 도달하는 것이죠.

결국 몰입사고가 가능한지가
1급의 핵심입니다.
몰입사고를 할 수 있으면
6바라밀도 자명하게 연구할 수 있으니까요.

1단 이상의 군자와 보살들이

과반수가 넘는 사회를 상상해 보십시오.
현재 우리를 좌절시키는 온갖 사회 문제들은
차차 자취를 감추게 될 것입니다.

홍익학당에서 꿈꾸는 것은
우리나라에서 1단 이상의
영성을 갖춘 멋진 리더들이
전 세계에 영적인 한류의 열풍을 일으키는 것입니다.

그래서 우리나라의 난제는 물론
전 세계적 난제들을 해결하여
인간으로 태어나면 누구나 온전한 인간의 길을 걸을 수 있는
세상이 이루어지도록 돕는 것이
홍익학당의 목표입니다!
이것이야말로 인류의 모든 성현들의
공통된 바람이었다고 확신합니다.

'깨어있음'과 '6바라밀 분석'은
그 길을 닦는 위대한 수단입니다.
깨어있음과 6바라밀 분석으로 자신을 닦아 가는 분들이

한 분, 한 분 늘어 갈 때
홍익학당의 꿈은 현실이 될 것입니다!

1급의 경지

1급의 견성이면 보통 '확철대오廓徹大悟'를 했다고 말하는 경지입니다. 여기에서 한 걸음 더 나아가 보살의 진정한 기틀이 마련되는 경지가 1단의 견성입니다. 말하자면 1급은 아직 빨간 띠요, 1단이 검은 띠인 것입니다.

그래서 이 두 경지는 맛이 좀 다릅니다. 처음에는 에고를 초월한 참나를 체험합니다. 참나를 처음 일별한 이후부터는 자주 참나와 만나는 것이죠. 그 경지가 7, 8급 정도 됩니다. (초기불교의 수다원의 경지에 해당함)[11] 그래서 그때부터 참나에 대해 더 많이 이해하게 됩니다. '아공我空·법공法空'의 기본 도리들을 체험적으로 연구하게 되는 것이죠.

그러면서 '체험'이 깊어지고 '개념'도 더 성숙되어 갑니다. 이

---

[11] 초기불교에서는 총 8단계의 성자를 '4쌍8배四雙八輩' '4향4과四向四果'라고 부른다. 이 8단계는 크게 4단계로 수렴되는데, 그것은 ① 수다원(入流) ② 사다함(一來) ③ 아나함(不還) ④ 아라한(無學)의 단계이다. 각 단계는 다시 둘로 나뉘는데, 각 경지에 이르는 과정은 '도道'나 '향向'이라고 하며, 각 경지를 증득한 것은 '과果'라고 한다. 이 8단계는 홍익학당에서 제시하는 8급과 상응하니, ① 수다원향(8급) ② 수다원과(7급) ③ 사다함향(6급) ④ 사다함과(5급) ⑤ 아나함향(4급) ⑥ 아나함과(3급) ⑦ 아라한향(2급) ⑧ 아라한과(1급)로 볼 수 있다. 초기불교의 성자는 '아공我空'의 진리만을 주로 연구하니, '법공法空'의 진리까지 연구하는 대승보살의 급수체계와 완전히 동일한 것은 아니다.

렇게 체험과 개념이 깊어져서 5, 6급 정도가 되면 대략 1시간 정도 참나 상태를 유지할 수 있는지를 확인해 보아야 합니다. (초기불교의 사다함의 경지에 해당함) 또한 깨어있음을 통해 순경·역경을 막론하고 처한 경계에서 '탐진치'로부터 자유로운지도 검토해 보아야 합니다. 이게 가능하면 5급이 됩니다.

그다음 3, 4급 정도가 되면, 원할 때 언제든지 깨어있을 수 있습니다. (초기불교의 아나함의 경지에 해당함) 이 정도만 되어도 깨어있음에 대해 자유로워집니다. 자신이 원하면 언제든지 깨어나고, 무엇에라도 몰입할 수 있으니까요. 다만, "참나가 늘 현존한다!" 하는 사실에 대한 확신이 아직 부족합니다. 이 부분을 보완하면 1, 2급이 되는데, 1, 2급은 내가 참나를 찾든지 찾지 않든지, 결코 참나에서 벗어날 수 없다는 사실을 알고 안심하게 됩니다. 애초에 윤회에 오염된 적이 없는 참나 자리에 확고히 안주하게 되는 것이죠. (초기불교의 아라한의 경지에 해당함)

이게 1급이고 확철대오입니다. 이 정도면 수행을 하건 하지 않건, 늘 참나를 느끼면서 살게 됩니다. 참나에 관심을 주면 참나의 느낌이 더 강렬해지고, 참나가 아닌 세상사에 관심을 주더라도 참나는 언제나 내면에서 은은하게 살아 있다는 것을 느끼는 것이지요. 윤회를 초월한 참나에 안주하여 살아갈 수 있기에, 인도에서는 이 정도 경지에 이르면 윤회를 초월했다고 인정합니다.

참나 자체가 본래 늘 깨어있고 고요하다는 것을 알면 '정혜定慧'의 본체를 아는 것입니다. 참나 자체가 이미 선정과 지혜의 덩어리니까요. '자성정自性定' '자성혜自性慧'라는 말 그대로, 참나란 본래 고요하고 본래 알아차리고 있는 자리 아닙니까? 1급이 되면 이것을 정확히 알게 됩니다.

> 마음자리에 어지러움이 없음이 '자성정自性定'이며,
> 마음자리에 어리석음이 없음이 '자성혜自性慧'이다.
> 心地無亂是自性定 心地無癡自性慧 (『육조단경』)

또한, 선정을 통해 에고의 영역에 있어서도 언제든지 번뇌를 내려놓고, 손쉽게 몰입에 들어갈 수 있어야 합니다. 지혜를 통해 언제든지 자명한 생각을 할 수 있어야 합니다. 그렇기 때문에 1급이면 보살로서 활동할 수 있고, 본격적으로 양심연구를 할 수도 있습니다. 6바라밀 분석을 잘할 수 있는 토대가 갖추어진 것이지요.

그렇게 되면 매 순간 참나가 원하는 것이 무엇인지를 금방 파악할 수 있습니다. '보시 · 지계 · 인욕 · 정진 · 선정 · 지혜'라는 6바라밀의 덕목들을 통해 분석을 함으로써, 참나가 원하는 바를 알아낼 수 있는 것이지요. 그러려면 하루하루 자신의 마음이 돌아가는 것을 살펴보면서 '양심의 결'과 '욕심의 결'을 분석해 보는 연습을 해야 합니다.

1단의 경지

그러다 보면 1급(영적 석사)에서 1단(영적 박사)이 되는데, 참나는 고요하고 알아차릴 뿐만 아니라 그 안에 6바라밀이 충만하게 갖추어져 있다는 것을 자명하게 알게 됩니다. 1급에서 참나의 뜻을 따르는 것과 어기는 것을 분석하다 보면 어느 날 자명하게 수긍하게 됩니다. 내가 가만히 있어도 참나 안에는 6바라밀이 가득 차있다는 사실과, 내가 원하면 언제든 그 6바라밀을 끌어다 쓸 수 있다는 사실을 말입니다.

그 정도면 영성의 1단이라고 말할 수 있습니다. 이런 1단만 해도 사실 엄청난 경지입니다. 자기 내면의 참나가 6바라밀 덩어리라는 사실에 대해 더 이상 의심하지 않으니까요. 그러나 1단은 6바라밀을 아주 잘 활용하는 경지는 아닙니다.

6바라밀을 꺼내어 상황에 맞게 잘 쓰려면 7단, 즉 7지 보살은 돼야 합니다. 그렇게 더 나아가 입신의 경지에 이르면 9단이 됩니다. 그리고 9단 중에서 최고의 고수를 10단이라고 보면 됩니다. 이게 우주의 영성 레벨입니다. 이 우주에는 이런 다양한 수준의 도인들이 꽉 차 있는 것이죠.

우리나라에 이런 유단자 보살, 군자가 우글거린다면 우리나라는 정말 대단한 나라가 될 것입니다. 그런 분들이 돌아다니면서 죄를 짓겠습니까? 남이 말려도 어딘가에서 좋은 일을 할 것입니다. 직업이 판검사라면 판검사로서, 의사라면 의사로서 보살도를 하며 지내지 않을까요? 직업을 통해 자기 분야에서 맡은 일을 잘 해내는 한편, 다른 보살들과의 협업을 통해 더 큰 선업을 지을 수도 있을 것입니다. 그러다 보면 정치인 중에서도 보살이 많이 등장할 것이고, 인류를 구할 답도 우리나라에서 나올 수 있을 것입니다.

중국, 인도와 같은 나라는 땅이 넓고 인구가 많아 영향력이 크지만, 실제로 세계 문명을 발전시킬 답을 내놓지 못하고 있다고 봅니다. 세상이 조금 다른 모습으로 변하도록 영향력을 발휘할 수는 있어도, 지금 인류가 겪고 있는 문제의 근본적인 처방을 내기는 어려워 보인다는 것이죠.

전 세계인들이 겪는 물질문명의 부작용으로 인해, 우리는 지금 욕심문명을 경험하고 있습니다. 그리고 이 병을 고칠 답은 '양심'뿐입니다. 양심문명을 이끌어 낼 아이디어가 우리나라에서 나온다면 전 세계인들이 그 처방을 배우기 위해 우리나라를 찾을 테고, 그러면 우리나라가 전 세계를 선도할 수 있을 것입니다. 그렇게 되려면 우리 국민부터 제대로 양심 배양의 훈련을 거쳐야 합니다. 이런 의미에서 1급과 1단에 대해 다시 한 번 자세히 설명해 드리고자 합니다.

아공我空과 법공法空의 도리

'아공我空' '법공法空'은 1급이 되기 전에 이미 알아야 하는 도리입니다. 쉽게 설명하자면 아공은 에고가 공空하다는 것이고, 법공은 만법이 공하다는 의미입니다. 여기에서 만법이라는 것은 우리의 생각·감정·오감으로 대표됩니다.

우리가 참나를 찾게 되면, 우리가 '자아'(에고)라고 여겨 온 것이 '생각·감정·오감'일 뿐이라는 사실을 알게 됩니다. 그런데 그 생각·감정·오감은 모두 무상합니다. 즉, 우리가 집착했던 '나'라는 존재가 생각·감정·오감의 다발일 뿐이었던 것이죠. 우리는 일반적으로 일어나고 사라지는 '생각', 일어나고 사라지는 '감정'과 '감각'을 하나로 묶어서 '나'라고 생각하고 울고 웃으며 살아가고 있습니다.

진실로 영원불변하며 모든 것의 바탕이 되는 존재는 무상한 '에고'가 아니라 영원한 '참나'임을 이해해야, 비로소 아공의 도리를 알게 됩니다. 요컨대 우리가 '자아'라고 여기고 집착했던 것은 사실 생각·감정·오감일 뿐이었으며, 개체적 자아인 에고에는 독자적이고 불변하는 실체가 없다는 것을 정확히 이해하는 것이 '아공我空'인 것입니다.

'법공法空'은, 에고와 세계를 구성하는 '생각·감정·오감'이 알고 보면 참나의 작용이기 때문에 무상하면서도 영원하다는 것을 아는 것입니다. 생각·감정·오감은 매 순간 변하기에 무상합니다! 그러나 동시에 그것들은 참나의 현현이기에 청정하고 영원하다는 것이죠. 무상하게 변할 뿐이지, 애초에 그것들은 파도가 바다에서 일어나듯이 참나에서 일어나더라는 것입니다. 결국 생각·감정·오감이 그대로 참나의 작용이며, 버릴 게 없다는 것을 아는 것이 법공입니다.

참나를 깨치고 나면 이 2가지 진리를 모두 수용하게 되고, 그것에 대한 체험적 이해가 시작됩니다. 참나의 체험이, 이 2가지의 도리를 체험적으로 이해할 수 있는 터전을 마련해 주는 것이죠. 참나를 제대로 경험하지 못하면 이런 말들은 추측일 뿐 자명하지는 않은 개념에 불과합니다. 반대로 참나의 체험이 깊어지고 이해가 점점 깊어져 1급 정도가 되면, 아공·법공이 너무나 자명해집니다. 그래서 자기 삶을 움직이는 지당한 도리가 됩니다.

우리가 중력의 법칙을 잊어버리지 않고 삶의 모든 순간에 자연스럽게 활용하듯이, 아공·법공의 도리도 삶의 모든 순간에 자연스럽게 활용할 수 있어야 합니다. 그래야만 제대로 '지혜'를 얻은 것입니다. 이렇게 아공·법공이 자신에게 자명한 도리가 되면 1급이 되고, 6바라밀이 자명한 도리가 되면 1단이 됩니다. 6바라밀을 제대로 잘하면 7단이 되고, 그것이 입신의 경지에 이르면 9단이 되고, 9단 중에서도 가장 6바라밀을 잘하는 사람을 10지 보살이라고 칭합니다.

본래삼매의 체득

1급의 경지, 즉 "우리는 본래 참나이고 본래 열반이다!"라는 '본래삼매'의 경지는 다른 게 아니라, 순수한 존재감인 참나 자리를 떠나서는 살아갈 수 없다는 것을 체험적으로 이해해서 자명해진 상태입니다. 의도하지 않더라도 참나의 현존을 늘 은근하게 느끼면서, 원하면 언제나 참나와 긴밀하게 접촉할 수 있고, 참나에 51% 이상의 주의를 기울이면 내면에서 참나가 강하게 드러나는 경지이지요.

그런데 다시 현상계의 문제, 에고의 문제에 관심을 가지면 참나의 느낌이 약해지기 마련입니다. 참나의 느낌이 약해지면 마음이 불안해지고 참나를 강하게 느껴야 안심이 되기 때문에 참나만 바라보고 있으려 하는 분들도 있는데, 그런 식으로는 '보살도'를 할 수 없습니다. 선정에만 집착하다 보면 나머지 바라밀을 닦기가 힘들어지니까요. 참나의 고요한 느낌을 애지중지하며 고수하려다 보면, 6바라밀이 제대로 닦이지 않고 소승의 수행이 돼 버립니다. 여기에서 머무르면 바로 '아라한'입니다.

그러니 선정에만 집착하지는 마시기 바랍니다. 1급의 경지가 되지 못하면 보살도를 자유롭게 할 수 없습니다. 여러분이 세상에 나가서 궂은일을 할 때에도 참나는 절대로 나를 떠나지 않는다는 사실을 확신하지 못하면, 자꾸 참나를 찾느라 일에 집중하지 못할 테니까요. 마치 등 뒤에 아기를 업고 있으면서도, 아기가 보이지 않으면 없어진 것 같아서 깜짝깜짝 놀라는 것처럼 말입니다.

그러다가 누군가가 "나는 하루 종일 참나만 보고 있다!"와 같은 말을 들으면 마음이 혹하게 됩니다. "저렇게 살면 좋을 것 같다." 하는 생각이 들고, 그러다 보면 점점 세상과 멀어져 소승의 길로 접어들게 됩니다. 그러니 이런 문제점을 미리 잘 파악하고 있어야 합니다.

의도하지 않아도 '참나의 현존'이 늘 은은하게라도 느껴지고, 원하면 언제든지 참나와 긴밀한 협조를 맺으면서 '선정과 지혜'

를 끌어다 쓸 수 있게 만드십시오. 참나를 놓쳤다거나 항상 강하게 붙잡아야 한다는 생각은 모두 '에고의 놀음'일 뿐입니다. 참나를 어떻게 놓칠 수 있겠습니까? 확철대오를 하려면 에고의 속성이 본래 그렇다는 것을 알고, 스스로 그런 부분에 대해 힘을 빼야 합니다.

우리는 참나의 바다에서 출렁이는 파도입니다. 참나를 놓쳤거나 붙잡아야 한다는 에고의 놀음에서 자유로워져야 1급인데, 단박에 자유로워지지는 않겠지요. 끝없는 참나와의 만남 속에서 자명해져서 자연스럽게 안심하게 될 때, 우리는 비로소 자유로워집니다. 이런 도리를 더 이상 거부할 수 없고 의심할 수 없고 너무 자명해져서 자연스러운 수용이 일어날 때, 우리가 진리를 "인가했다!"라고 말합니다. 이렇게 되도록 수행을 해 보십시오.

법공의 체험과 지혜

'아공'을 통해 참나와 에고의 차이점을 확실히 알았다면, '법공'을 통해 참나와 에고가 둘이 아니라는 것도 깨쳐야 합니다.

참나의 안목으로 에고를 바라보고 만물을 바라보면, 모두가 하나로 꿰뚫어져 보이면서 자명해집니다. 일체의 것이 참나에 의해 펼쳐진다는 것을 알게 됩니다. '근원적인 알아차림'이 있기 때문에 '생각·감정·오감'이 작동하게 되고, 그 생각·감정·오감을 통해 만물이 우리 마음에 나타남을 깨닫게 되는 것이죠.

이렇게 하나로 꿰뚫어진 상태에서는 참나와 에고가 둘로 여겨지지 않습니다. 생각·감정·오감 안에서 지지고, 볶고, 분별하고, 고민하면서도 그게 하나라는 느낌 속에서 이루어집니다. 여기에서 오해하면 안 되는 것이, 하나라고 하니까 무분별의 상태로 들어가는 것인 줄 아는 경우도 있는데, 그러면 소승 수행으로 나아가게 될 뿐입니다.

분별을 하면서도 그 안에서 하나라는 느낌이 일어나는지를 관찰해야 합니다. 참나를 깨쳐야만 그런 일이 일어날 것입니다. 그래서 생각·감정·오감이 모두 참나에서 일어나는 것이며, 참나와 에고가 둘이 아님을 선명하게 알아차리게 될 것입니다. 이런 상태를 자꾸 체험하면서, 만물은 나의 마음에 투영된 것이며, 내 생각·감정·오감을 통해 나타난 것이고, 나의 마음 또한 참나의 작용이어서 '에고'와 '만물' 모두가 참나의 작용이라는 것을 개념적으로도 자명하게 납득할 수 있을 때, 비로소 1급의 지혜와 체험을 온전히 갖추게 됩니다.

몰입과 몰입사고

어떤 대상이 개념적으로 분명하게 납득이 되고 그 개념이 체험을 통해서도 지지됨으로써 체험과 개념이 결합되면, 우리의 마음은 더욱 자명해집니다. 1급은 참나가 늘 흐르기에 안으로 고요하고 또랑또랑하며, 밖으로는 일상에서 '선정바라밀'과 '반야바라밀'을 자유롭게 활용할 수 있습니다. 즉, 1급은 몰입과 몰입사고를 언제 어디에든 동원하여 쓸 수 있는 경지입니다. 또한 몰입이 자연히 몰입사고를 낳고, 몰입사고가 자연히 몰입을 일으킬 수 있어야 합니다. 이것을 '지관쌍운止觀雙運'(선정과 지혜가 함께 작동함)이라고 하는데, 티베트 불교에서도 아주 높게 여기는 경지입니다. 이런 경지에 이르면 우리는 우리의 창조성을 무한히 발휘할 수 있습니다.

제 몰입 책(『내 안의 창조성을 깨우는 몰입』, 봉황동래)에 있는 내용으로 설명하자면, 1급은 '몰입의 달인'이 되는 것으로 원하는 것이라면 무엇에든지 '몰입'할 수 있어야 합니다. 그게 에고 차원에서 '선정바라밀'을 얻었다는 증거입니다. 또한 '몰입사고'가 언제든지 가능해야 합니다. 사실 제 몰입 책에는 1급이 되는 비결이 고스란히 담겨 있습니다. 쉽게 '몰입'이라고 표현했지만, 그 몰입의 비결을 그대로 실천한다면 1급이 되고 나아가서 양심성찰까지 자명해지면 1단이 됩니다.

1급의 실력을 갖춘 사람이 그 재능을 인류를 위해 사용한다면 얼마나 많은 작품을 만들어 낼까요? 이것은 우리 문명이 아직 겪어 보지 못한 일입니다. 자기가 잘살고 성공하려고 '몰입'과 '몰입사고'를 쓰는 사람은 많아도 인류를 살리려고 몰입과 몰입사고를 쓰는 사람은 많지 않은데, 이것은 아직 우리가 사는 세상이 물질문명에만 치우쳐 있다는 사실을 보여 줍니다.

하지만 정신문명 사회로 가면 이야기가 달라집니다. 우리 사회에 보살이 많아지면, 그분들이 자기만 잘살기를 도모하지는 않을 테니까요. 그리고 그런 보살도를 펴는 존재들이 이미 있으니, 우리가 그런 분들을 모델로 삼고 살아간다면 이 지구의 문명도 달라질 것입니다. 그래서 언제 어디서나 자유롭게 '몰입'(선정바라밀)으로 깨어있음을 유지하고, '몰입사고'(반야바라밀)

를 통해 양심에 자명한 결론을 내리겠지요.

몰입을 통해서 6바라밀을 분석하면 찜찜한 것을 피하고 자명한 것을 잘 따를 수 있을 것입니다. 하지만 이 정도의 수준으로는 부분적 자명함에 빠지기 쉽습니다. 양심분석을 전체적으로 해 보는 경험이 쌓일수록 자명함이 커지게 됩니다. 따라서 자명함을 더욱 키워 나가기 위해서는, 6바라밀을 쉼 없이 닦아야 합니다. 양심을 닦아야 하는 것입니다.

사실 여러분이 깨어서 '슈퍼의식'(참나) 상태에서 자명한 결론을 낼 수 있는 힘은 1급이면 이미 얻게 됩니다. '나에 대한 몰입'과 '대상에 대한 몰입'을 두루 활용하여 일상의 모든 일에서 자명하고 창조적인 결론을 내림으로써, 참나를 따르는 삶을 살고자 노력하는 단계가 1급이니까요. 1급만 되어도 정말 멋지죠! 이런 분들이 주위에 많으면 이 세상이 변하지 않을 수가 있을까요? 여러분도 스스로 빨리 1급이 되도록 노력하셔야 합니다. 그러면 여러분이 세상을 바꾸는 주인공이 될 수 있습니다.

정혜쌍수의 길

'선정바라밀'과 '반야바라밀'을 갖추어 6바라밀을 본격적으로 연구할 수 있는 기틀을 마련한 경지가 1급(영적 석사)입니다. 1급은 아직 6바라밀의 연구가 제대로 되는 단계는 아니고, 이제 6바라밀에 대한 탐구에 들어가는 단계입니다. 선정바라밀과 반야바라밀을 활용하여 본격적으로 일상에서 6바라밀을 연구하는 중에 6바라밀의 참된 의미를 알게 되고, 참나가 늘 6바라밀을 지향한다는 것을 자명하게 이해하게 되는 것이죠. 또한 참나의 작용인 에고와 만물이 모두 6바라밀 덩어리라는 것도 알게 됩니다.

그리고 더 나아가 참나의 작용인 에고와 만물이 6바라밀을 지향하여, 세상도 6바라밀로 돌아가고 있다는 것을 깨닫게 됩니다. 이때 내 마음만이 아니라 세상도 그렇게 돌아가기 때문에, 내가 양심에 맞게 행동하면 좋은 결과가 실제로 나온다는 것을 확인해 보아야 합니다. 6바라밀을 따르면 선한 결과가 나오고, 어기면 악한 결과가 발생한다는 것을 체험적으로 자명하게 이해해야 하는 것이죠. 이 모든 것들이 자명해져야 비로소 1단(영적 박사)이 됩니다. 우리는 이런 지혜를 얻기 위해 수련을 하는 것입니다.

결국 1급의 경지는 '정혜쌍수定慧雙修'로 압축됩니다. '참나의 정혜쌍수'는 참나가 본래 고요하고 본래 또랑또랑하다는 것을 체험을 통해 늘 자명하게 인지하는 것이고, '에고의 정혜쌍수'는 원하면 언제든지 에고를 한쪽으로 몰아서 '몰입'과 '몰입사고'를 할 수 있는 것입니다. 참나와 결속하여 언제든지 평정심을 유지하고, 판단을 해야 할 때에는 참나와 결속된 상태에서 6바라밀 분석을 통해 자명하게 판단할 수 있는 것이 1급의 경지인 것입니다.

『수심결』의 저자인 보조普照 지눌知訥 스님은 '에고의 정혜쌍수'를 닦는 중에 '참나의 정혜쌍수'가 드러나서, 선정과 지혜가 원만하게 광명해진 경지를 1주 보살의 경지로 보았습니다. 지금까지 말한 1급의 경지가 바로 불가의 1주 보살의 경지입니다.

> 10가지 믿음의 단계(1주 보살 이전의 단계)에서 '방편의 지관止觀'(에고의 정혜쌍수)을 닦아, 자유로이 맡길 수 있는 공부가 이루어지면, '선정'과 '지혜'가 원만하게 광명해지니, 이를 '발심

주發心住'(1주 보살)라고 부른다.
自修十信中 方便止觀 任運功成 定慧圓明 便名發心住 (『원돈성불론圓頓成佛論』)

자신이 진정으로 1급의 실력이 되는지를 확인해 보세요. 만약 아직 1급이 아니라면, 부족한 부분을 빨리 보강해서 1급으로 만드세요. 이 힘을 확보하고 본격적으로 6바라밀을 자명하게 연구하면 1단에 도달할 수 있게 됩니다. 결국 몰입사고가 가능한지가 1급의 핵심입니다.

현상적으로 보자면, 1급은 처리하는 일에 곧장 몰입하여 양심상 자명한 결론을 자유자재로 내릴 수 있느냐가 핵심이 됩니다. 무슨 일이 터졌을 때 평정심을 잃으면 1급이 아니고, 곧장 몰입해서 자명한 생각을 끌어낼 수 있어야 하는 것입니다. 본인은 스스로를 1급이라고 생각하면서 실제로는 작은 일에도 정신을 잃어버린다면, 그건 입으로만 1급인 것이지요. 남에게도 흔들리지 않는 모습을 실제로 보여 줄 수 있어야 진짜 1급이겠지요?

'몰입사고'가 가능한지가 1급의 핵심인 이유는, 몰입사고를 해야만 자명한 6바라밀 분석이 가능하기 때문입니다. 그래서 참나에 안주하는 것도 중요하지만, 몰입사고를 잘하는 것이 더 중요합니다. 여러분은 무엇을 위해서 명상이나 몰입을 하십니까? 명상이나 몰입은 6바라밀을 더 잘하기 위해 하는 것이지, 혼자 고요한 곳에 들어가 기분 좋은 상태를 유지하려고 하는 것이 아닙니다.

군자와 보살이 충만한 사회

유교에서는 1단 이상을 '군자'라 하고, 불교에서는 '보살'이라고 부릅니다. 우리나라 국민의 과반수가 1단 이상의 군자와 보살이 된다고 한번 상상해 보십시오. 지금 우리를 좌절시키는 이 사회의 온갖 문제들이 차차 자취를 감추게 될 것입니다.

홍익학당이 꿈꾸는 것은 우리나라에서 1단 이상의 영성을 갖춘 멋진 리더들이 전 세계에 영적인 한류열풍을 일으키는 것입니다. 그래서 그 리더들이 우리나라의 문제는 물론 전 세계적인 난제들을 해결하여, 인간으로 태어난 이상 누구나 온전한 인간의 길을 걸을 수 있는 세상이 이루어지도록 돕기를 바랍니다.

그것이 홍익학당의 목표이자 홍익보살의 목표입니다. 이것이야 말로 모든 성현들의 공통된 바람이었다고 확신합니다.

'깨어있음'과 '6바라밀 분석'은 그러한 길을 닦는 위대한 수단입니다. 깨어있음과 6바라밀 분석으로 자신을 닦아 가는 사람이 한 명 한 명 늘어갈 때 홍익학당의 꿈은 현실이 될 것입니다. 여러분도 '1급과 1단'에 관한 이 책의 내용을 참고하면서 공부의 방향을 확실히 정하여, 1급과 1단의 경지를 직접 체험해 보시기를 진심으로 바랍니다.

우리 사회에서 1급과 1단의 실력자들이 더 많이 배출되지 않는 한, 우리의 삶은 절대로 바뀌지 않습니다. 우리는 자기의 욕심 때문에 남의 돈과, 시간과, 정력을 부당하게 착취하는 것이 용인되는 사회에서 살아가고 있습니다. 내 생각을 강요하는 것은 남의 생각을 착취하는 것이고, 내 감정만 받아 달라고 주장하는 것은 남의 감정을 착취하는 것입니다. 이런 식으로 우리는 알건 모르건 다양한 방식으로 남을 착취하며 살아갑니다. 이런 흐름을 하루라도 빨리 멈추어야 할 것입니다.

우리가 1급, 1단의 경지에 이르면, 그런 모든 구태가 달리 보이고, 더 좋은 방식으로 문제를 해결할 수 있다는 확신이 저 내면 깊은 곳에서 우주적인 영감을 통해 나타날 것입니다. 그런 힘을 통하지 않은 다른 해결책이라는 것은 없습니다. 우리가 우리 머리로 해결할 수 있는 문제였다면 인류가 그렇게 수천 년간을 헤매지는 않았겠지요. 근원적인 우리의 양심, 불성의 힘으로 해결해야 하는 문제이기 때문에 인류가 지금까지 답을 찾지 못한 것입니다.

예를 들어 조선시대는 인의예지를 바탕으로 한 철학 왕국이었지만, 몇 명이나 그 안에서 답을 찾았을까요? 진실로 인의예지의 양심을 추구했던 선비가 적어서 문제였던 것이지, 인의예지 자체가 잘못되어서 조선이 망한 것이 아닙니다. 이런 관점을 가지고 공부해 나가시기 바랍니다.

유튜브(YouTube) | 1급과 1단

영성의 1급과 1단의
실체를 밝히다

1주의 경지와 1지의 경지

제가 말하는 1급은 초기불교에서 말하는 아라한의 경지입니다. 그 경지를 대승불교에서는 1주 보살이라고 말합니다. 1지가 태권도나 바둑의 1단에 해당한다면 1주는 1급 정도를 의미합니다. 1급은 1단이 되기에는 뭔가 좀 부족한 것이지요. 『대승기신론』에서는 이를 구분하면서, 1주 보살에 관해 "법신(참나)을 조금 봤다."라고 표현합니다. 반면 1지는 "법신을 제대로 봤다."라고 말합니다. 그래서 1지부터는 '법신보살'이라고 부릅니다.

법신에 안주했다는 측면에서 보면 1주와 1지가 다르지 않습니다. 1주도 절대 참나를 잊어버리지 않으니까요. 참나에 확고히 안주했기 때문에 '주住'(안주)라는 이름이 붙은 것이지요. 그런데 1주 보살과 1지 보살이 본 참나의 수준은 다릅니다. 안주한 참나 자리는 똑같지만, 그것을 소화하고 체득한 수준이 다른 것입니다. 1주 보살이 체득한 참나는 '텅 비고 고요하되(선정) 알아차리는(지혜) 자리'입니다. 그런데 1지 보살이 체득한 참나에는 거기에 뭐가 더 붙어요. 참나 안에 '6바라밀의 종자'가 있다는 것을 아는 것이지요.

1주도 참나에 머무르니까 '안주安住'라고 할 만하죠. 이게 소위 '초견성'이라 하는 것으로, 처음 견성을 하는데 제대로 된 견성은 아닙니다. 그래서 『대승기신론』에서는 1지와 1주를 엄격히 구분합니다. 1지는 법신을 똑바로 본 사람이에요. 유식학에서도 1지 보살을 '통달위通達位'이라고 표현합니다. "본성에 통달했다." 하는 의미인 것이죠.

즉, 참나를 제대로 다 본 것은 1지인 것입니다. 그리고 1지와 10지의 차이는 연륜의 차이입니다. 반면 1주는 참나를 다 못 봤다고 여기기 때문에 통달했다는 말을 쓰지 않습니다. 참나에 머무르기는 하니까 1주라고 하는 것일 뿐입니다. 원래 1지에 안주해야 진짜 안주인데, 참나에 머물렀다는 측면이 같으니까 인정해 주는 것이죠.

그러면 이 둘 사이에는 무슨 차이가 있을까요? 우리가 처음

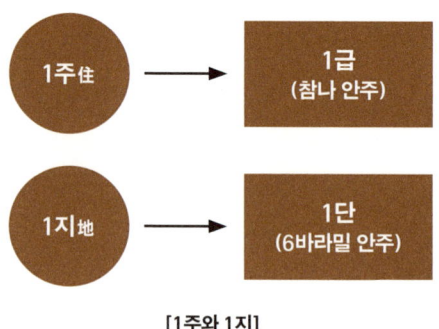

[1주와 1지]

공부를 시작할 때에는 보통 '참나'가 있는지도 모르고 하지요. 그때가 9급 정도 됩니다. 홍익학당에 처음 오시면 다음의 몇 가지 질문을 받는데, 여러분도 스스로에게 물어 확인해 보시기 바랍니다.

"참나를 확실하게 체험했으며, 자신 안에 있는 이원성을 초월한 자아, 시공을 초월한 자아에 대해 알고 있습니까?" "참나에 대한 명확한 개념을 갖고 있습니까?" "참나와 에고를 비교하면서 설명할 수 있습니까?" "목에 칼이 들어와도 나는 참나를 안다고 말할 수 있습니까?" 만약 이런 질문에 대한 여러분의 답이 정확하지 않고 모호하다면 여러분은 9급입니다.

"나는 12시간씩 삼매에 들어 있습니다." 이런 말은 아무 소용이 없습니다. "참나에 대해 정확히 아십니까?" 하는 질문에, "아! 그건 잘 …." 하면 같은 9급입니다. "나는 화두가 오매일여 합니다." 하고 말하는데 참나에 대해 물으면 "아, 그건 잘 모르겠습니다." 하고 대답하지 못하는 경우도 있습니다. 그러면 마찬가지로 9급입니다.

물론 그 9급이 같은 9급은 아니겠지만, 참나를 정확히 모른다는 측면에서는 같습니다. 8급은 자신이 직접 참나에 대해 명확한 체험을 하는 한편, 그 참나의 개념을 말로도 정확히 설명할 수 있는 수준을 말합니다. 이제 아공·법공의 도리에 대한 체험적 이해가 가능해진 단계죠. 그런데 8급은 참나의 체험이 자기 뜻대로 잘 안 되지만, 7급이 되면 자기가 원할 경우, 짧더라도 참나 상태로의 접속이 가능해집니다.

그러다가 대략 1시간 정도 이상, '텅 비되 알아차리는 참나자리'와의 접속을 유지할 수 있게 되면 5급, 6급입니다. 내가 원하는 시간만큼 접속이 가능해지면 3급, 4급이고, 1급, 2급이 되면 드디어 참나에 안주하게 됩니다.

참나에 안주한다는 것은, 나의 참나가 어디로 가는 물건이 아니라는 것을 아는 것입니다. 내가 정신을 완전히 놓고 잠을 자도 참나는 그 자리에 있고, 다른 사람들과 울고 웃고 시비가 붙어도 참나는 항상 성성할 뿐입니다. 우리의 생각·감정·오감은 참나의 바다에서 일어나는 파도와 같습니다. 우리는 결코 '참나의 현존'에서 벗어날 수 없습니다.

여러분이 잘해서가 아니라, 이 참나라는 것이 본래 그런 물건이라서 그런 것입니다. 참나는 본래부터 우리를 늘 비추고 있다는 것을 알아야 합니다. 3급, 4급만 되어도 명상의 달인이라 할 만한데, 1급, 2급이 되면 이제는 불안해하지 않는 진짜 명상의 달인이 됩니다. 참나가 어디로 사라질까 봐 늘 명상을 하고 있는 게 아니라, 명상을 하지 않더라도, 무슨 일을 하고 있더라도, 자신의 참나가 작용하고 있다는 것을 이론적으로도, 체험적으로도 의심하지 않게 되니까요.

마음에 조금의 의심이라도 품고 있다면, 아직 1급이 아닙니다. 의심이 완전히 사라져야 1급입니다. 여러분이 진실로 "나는 참나에 대해 더는 의심하지 않습니다." "아공·법공의 도리를 자명하게 이해했습니다." "아공·법공의 도리가 삶의 기본 원칙이 되었습니다."라고 말할 수 있으면, 그때 1급이 됩니다.

참나가 무엇인지를 체험과 개념을 통해 의심 없이 자명하게 알아 버리면 더 이상 걱정할 필요가 없습니다. 마치 우리가 '중력의 법칙'을 알고 사는 것처럼 말입니다. 우리는 중력의 법칙을 늘 염두에 두지는 않더라도, 삶의 모든 순간에서 중력을 전제하고 살아갑니다. 그래서 절대로 높은 곳에 함부로 서지 않지요. 마찬가지로 참나가 항상 현존한다는 것에 대해 우리가 일부러 늘 생각하지 않더라도, 삶의 모든 순간에 이러한 진리를 전제하고서 살아가게 되는 것입니다.

'참나'는 늘 있는 것이고, '명상' '참선'은 우리가 참나에 좀 더 마음을 집중해 주는 방편일 뿐입니다. 참나는 우리 에고의 배후에 늘 존재하는 것이기 때문에, 에고가 참나에 51% 이상 관심을 주면 에고까지도 광명해집니다. 차가운 에고가 참나의 영향을 받아 따뜻해집니다.

참나를 깨친 사람도 에고는 여전히 탐진치 덩어리입니다. 차가운 쇠공과 같은 에고는 여전히 우리 마음을 이기적으로 몰고 갑니다. 그건 참나를 알든 모르든 똑같아요. 그런데 1급이 되면 참나의 태양이 우리 내면에서 항상 비춘다는 것을 압니다. 그 빛 자체만으로 에고가 늘 따뜻해지지는 않지만, 태양이 어디 가는 게 아니라는 것을 투철히 알기 때문에 1급입니다. 1급은 참나가 은은하지만 늘 광명하게 존재한다는 사실을 아는 것이 특징입니다.

1급은 어떤 순경·역경의 상황이 펼쳐지건 간에, 몰입을 하려고 하면 곧장 '참나의 빛'으로 에고를 따뜻하게 만들 수 있는 실력을 갖고 있습니다. 참나가 어떤 물건인지, '체험'과 '개념'을 통해 자명하게 알아 버려서 다시는 의심할 수 없는데, 어떻게 잊어버릴 수 있겠습니까? 어떻게 우리가 '중력의 법칙'을 잊어버릴 수 있겠습니까?

상황에 따라서는 어떤 상황이 나를 한 대 때리면 잠시 휘청할 수 있어요. 그런데 참나를 놓치지 않고 은은하게 늘 붙잡고 있으면 "몰입해야지!" 하고 마음먹는 순간, 그 참나 자리가 광명해지면서 51%를 넘기고 에고가 따뜻해지게 됩니다. 참나가 51% 이상이면 에고를 바로 따뜻하게 만들 수 있어요. 참나가 에고를 따뜻하게 한다는 것은, 에고가 고요해지고 초연해진다는 의미입니다.

1급은 무슨 일이 생겼을 때 참나는 늘 현존한다는 것을 이미

'지혜'로 알고 있기에, 곧장 '선정'을 통해 몰입하고 에고까지도 따뜻하고 고요하게 만들어 놓을 수 있는 실력을 갖춘 경지입니다. 이렇게 늘 지혜로 무장하고 다니면, 무슨 일이 생기건 곧장 선정을 투입할 수 있습니다. 선정만 투입되면 마음을 풀어 줄 수 있는 것이고요. 우리가 매 순간 굳어지는 마음을 스스로 풀어 줄 수만 있다면 살만하지 않을까요?

여기까지 얻으시면 여러분은 정말 살만해집니다. 소승의 성자인 '아라한'이 얻은 경지가 여기까지예요. 그래서 그들은 아무리 에고가 '탐진치'를 부리더라도, 자신은 그것을 진압할 힘을 얻었다는 사실을 압니다. 그래서 "죽을 때까지 나에게 고통은 없다!"라고 말할 수 있는 것입니다.

핵심은 '정혜쌍수定慧雙修'(선정과 지혜를 함께 닦음)에 있습니다. 1급은 정혜쌍수에 있어 자유로워야 합니다. 이것이 관건입니다. 아라한이든, 1주 보살이든, 모두 정혜쌍수의 달인입니다. '참나·열반'을 선정의 체험과 자명한 개념을 통해 명확히 파악해야 합니다. 그래서 '참나·열반'의 실체에 대해 그리고 에고의 실체에 대해, 다시는 잊어버리지 않을 정도로 '지혜'를 통해 자명하게 알아야 합니다. 그러면 우리는 언제 어디서나 곧장 참나·열반을 직시할 수 있습니다. 참나는 본래 우리 마음속에 늘 현존하는 존재이고, 너무도 자명하게 아는 존재이니까요.

이렇게 자명한 '지혜'는 곧장 '선정'을 일으킵니다(지혜→선정). 즉, '참나·열반'과 강력하게 합일을 이루게 됩니다. 지혜는 반드시 선정을 낳습니다. 너무나 지당하고 자명한 말에는 에고가 할 말을 잃고 입을 다물게 됩니다. 그런데 재미난 것이, '선정'은 다시 '지혜'를 가져오게 되어 있습니다(선정→지혜). 참나·열반에 대한 강력한 체험은 지혜를 성숙시킬 수밖에 없습니다. 이렇게 지혜가 선정을 낳고, 선정이 지혜를 낳는 것을 '정혜쌍수'라고 합니다.

'정혜쌍수'를 통해 선정에 기반을 둔 지혜를 얻을 때, 우리는 비로소 '참나·열반'에 진정으로 안주할 수 있게 됩니다. 선정의 강력한 황홀감이 사라진 뒤에도 지혜가 늘 은은한 희열을 간직하고 있으니까요. 우리는 늘 선정에 머물 수 없습니다. 그러니 선정에서 나온 뒤에는 지혜에 의존하여 희열을 느낄 수 있어야 합니다. 자명한 진리를 아는 마음 자체가 희열의 마음입니다.

태양이 없는 밤에는 달이 빛을 밝히듯이, 선정에서 나온 뒤에는 지혜에 의존하여 '참나·열반의 안주'를 이어 가야 하는 것이죠. 태양과 달이 함께하면 밤과 낮을 가리지 않고 늘 밝을 수 있는 것처럼, 선정과 지혜를 두루 갖춘 1급은 선정에 들건 나오건 늘 참나·열반에 안주할 수 있습니다.

소승의 1급과 대승의 1급

그런데 이런 1급의 경지를 얻었다고 하더라도, 가족과 얽히며 살다 보면 또 '탐진치'가 심하게 올라오겠지요? 그런 탐진치를 언제나 잘 진압한다는 것은 쉽지 않은 일입니다. 그렇기 때문에 아라한들이 출가를 하는 것입니다. 재가로 있어서는 아라한으로 인정받기가 어렵습니다. 출가하여 숲에 살면서 밥은 구걸해서 먹고 오직 수행만 할 때, 그 정도 실력으로 탐진치가 올라오는 것을 제압할 수 있는 것이죠.

"몰라!" 하고 일체를 내려놓았을 때, '선정'(몰입)만 일어나는 것이 아니라 '지혜'(통찰)도 따라와야 합니다. 지혜가 없이 하는 수행은 내비게이션 없이 길을 가는 것과 같습니다. 그런데 앞서 말한 아라한이 얻는 지혜는 1급의 실력이긴 하나, '소승의 1급'입니다. 소승의 1급이 있고 '대승의 1급'이 있습니다. 소승의 1급과 대승의 1급은 지혜의 수준이 다릅니다. 곧장 "몰라!"를 투입하고 자동으로 여러분이 깨어나게 되면, 참나의 안목에서 고요함만 나오는 게 아니라 지혜도 나옵니다. 사실 이 둘은 세트로 나오게 되어 있어요.

『법구경法句經』에서는 "명상에 이르면 지혜가 나온다."라고 말하고 있습니다. 그때 나오는 지혜는 "에고는 무상하고, 괴롭고, 무아이다."라는 것입니다. 여러분도 여러분의 생각·감정·오감이 정말로 무상하고 괴롭고 내 것이 아닌지, 한번 선언해 보세요. 우리가 깨어서 몰입해서 관찰하면, 자기의 생각·감정·오감이 초연하게 보이면서 그런 말이 절로 나오게 됩니다. "생각이란 것은 정말 무상하게 변하고 있다. 무상하기 때문에 항상 괴로우며 내 뜻대로 되지 않는다." 하는 것을 '자명한 지혜'로 정립하게 됩니다.

그러고 나면, 이제 이 '3가지 진리'에 대한 정확한 인식과 함께 "열반은 반대로 영원하고, 고요하고, 청정하다!"라는 지혜를 정립해야 합니다. 그런데 '참나·열반의 체험'이 없이 어떻게 이런 지혜를 정립할 수 있을까요? 따라서 8급에서 3급으로 가는 동안에 끝없는 '체험'(선정)과 '분석'(지혜)을 통해 공부가 깊어져야 합니다.

그러면, 삶 속에서 '탐진치'가 작동할 때 곧장 '선정'을 투입할 수 있는 실력과, 선정에 들어가는 즉시 "에고의 작용은 무상ㆍ고ㆍ무아이며, 열반은 영원하고 고요하고 청정하다."(아공我空의 진리)라고 자명하게 판단할 수 있게 됩니다. 그리고 이런 진리가 삶의 전제가 됩니다. 여러분이 이런 진리를 삶에서 온전히 수용하면 '1급' 즉 '아라한'이 됩니다.

이때 '수용'한다는 것은, 늘 그것을 생각하고 있지 않더라도 잊어버리지 않는 것을 말합니다. 여러분, 불 속에 여러분의 손을 집어넣을 수 있나요? 본능적으로 여러분은 그걸 거부할 겁니다. 불이 위험하다는 정보는 여러분이 절대로 잊어버리지 않지요? "에고의 작용은 무상ㆍ고ㆍ무아이며, 열반은 영원하고 고요하고 청정하다!"라는 진리도 그만큼 깊이 받아들여야 합니다. 그 정도로 진리들을 받아들였을 때 수용했다고 말할 수 있습니다.

그런 경지가 되면 늘 열반에 안주할 수 있기에, "몰라!"만 해도 이러한 '지혜'가 함께 출동합니다. 여러분도 자신의 일상에서 그러한지를 한번 살펴보세요. 누군가와 싸울 때 자신이 바로 "몰라!"를 투입하는지를 체크해 보세요. 그리고 "몰라!"만 하면 "에고의 작용은 본래 무상한 것이고, 괴로운 것이며, 내 것이 아니다!" 하는 지혜가 출동하며, 그러한 지혜를 바탕으로 삶의 문제들을 해결하는지, 한번 확인해 보십시오.

이러한 끝없는 실험과 확인의 과정을 통해 정혜쌍수의 달인이 되어야, 아라한의 경지에 이를 수 있습니다. 어느 날 하루 공부가 잘됐다고 해서 아라한이 되는 것이 아닙니다. "계속하다 보니, 이제 정혜쌍수는 정말 자연스럽게 할 수 있게 되었다." 하고 말할 수 있을 때 아라한이 될 수 있습니다.

이번에는 '대승의 1급 보살'은 무엇이 다른지에 대해 말씀드리겠습니다. 아라한이 얻은 지혜를 '아공의 지혜'라고 말합니다. 아라한은 에고의 작용이 '무상·고·무아'라는 '아공我空의 진리'만 깨달았을 뿐, '법공法空의 진리'는 아직 모릅니다.

'법공의 진리'는 "일체의 만법은 모두 '참나의 작용'이다!"라는 것입니다. 우리가 경험하는 '만법'이란 사실 모두 '에고의 작용'일 뿐입니다. 에고의 작용인 '생각·감정·오감'이 우리가 체험하는 만법을 구성합니다. '생각이라는 법' '감정이라는 법' '오감이라는 법'은 일정한 법칙을 통해서 내 마음에 온갖 현상들을 일으킵니다.

지금 여러분이 살아가며 경험할 수 있는 것은 '생각·감정·오감'밖에 없습니다. 지금 여러분이 사는 세계에서 생각을 빼고, 감정을 빼고, 오감을 빼면 무엇이 남지요? 아무것도 없습니다. 여러분의 마음은 생각·감정·오감으로 채색되어 있습니다. 그게 여러분이 사는 세계인데, 대승의 지혜는 "생각·감정·오감이 무상·고·무아다." 하고 끝내는 '소승의 지혜'와는 다르다는 것이죠.

'대승의 지혜'는 그 만법이 모두 '참나의 작용'이고, 그것을 '알아차리는 나'(알아차리는 자·공성)가 모든 현상의 뿌리라는 것을 아는 것입니다. 내가 없으면 생각이 어떻게 일어나며, 감정이 어떻게 존재하고, 오감이 어떻게 인지되겠습니까? 그것들은 모두 내 참나가 '알아차리는 대상'으로서 의미가 있는 것입니다. 결국에는 "일체는 알아차리는 자의 작용일 뿐이다!"라는

'일체유심조一切唯心造의 진리'(법공의 진리)를 깨달을 때 대승의 지혜를 얻을 수 있습니다.

요컨대 '나'(알아차리는 자)라는 게 없으면 만법이 의미가 없고, 그 모두가 '나의 현존'에 기대어 존재한다는 사실을 깨쳐야 합니다. '생각·감정·오감'의 만법이 별도로 자성이 있는 게 아니라, 내 참나가 그것들의 자성이라는 것을 알아야 하는 것이죠. 만법이 모두 내 참나의 작용이라는 것입니다. 이런 지혜를 일러 '일체유심조' 혹은 '법공'이라고 말합니다.

1급 보살은 '정혜쌍수'의 경지가 1급이에요. '정혜'(선정바라밀과 반야바라밀)가 쌍으로 출동하는 것은 같은데, 그 내용이 다릅니다. 역경이 오건 순경이 오건 곧장 "몰라!"가 출동하고 '지혜'가 출동하는 것은 아라한이나 1급 보살이나 같지만, 평소에 자명하게 파악하고 있는 지혜가 다르기 때문에, 그 지혜의 내용이 다른 것이죠.

'아공의 진리'만을 파악하고 있는 아라한과는 달리 '법공의 진리'까지 파악하고 있는 1급 보살은, "이 상황은 모두 내 마음의 작용이고, 내 참나의 작용일 뿐이다!" 하고 상황을 파악하게 됩니다. 즉, "몰라!"를 통해 참나와의 접속이 견고해지면, 처한 상황을 그대로 통으로 의식하게 되면서 둘로 보지 않고 수용한다는 것입니다.

"역경이든 순경이든 모두 내 참나의 작용이니, 내 참나라는 바다에서 일어난 파도일 뿐이다." 하고 받아들이면, 대상과 싸우지 않게 됩니다. "이것들은 무상無常·고苦·무아無我이니까 벗어나야겠다."라고 생각하는 게 아니라, "무상·고·무아의 속성을 지녔지만, 결국 영원한 내 참나의 작용이다." 하고 껴안게 되는 것입니다.

그런 안목을 가져야만 이제 세상에서 뭔가 '보살도'를 할 수 있는 기본적인 힘이 갖춰집니다. 여기까지가 1급 보살이에요. "몰라!" "괜찮아!"만 하면, '선정의 고요함'과 '법공의 자명한 지혜'가 함께 출동할 수 있어야 대승의 1급 보살인 것입니다. 그러니까 곧장 "몰라!"가 출동해서 '선정'이 이루어질 때 '법공의 지혜'도 함께 얻어진다면, 에고가 꽤 단련되어 있다고 볼 수 있습니다.

『반야심경』에서는 '5온'이 공空하다고 했습니다. "생각·감정·오감이 5온인데, 5온은 결국 '참나의 작용'일 뿐이다." 하는 진리를 충분한 연구를 통해 이미 자명하게 인가한 사람은, 불 속에 손을 넣지 않는 것처럼 자동으로 '법공의 진리'에 따라 살아가게 됩니다. 이 정도 실력이 되면 1급 보살입니다.

1급 보살 정도가 되면, 역경에 처해도 그런 상황을 피하려고 하지 않고 "이런 현상 모두가 참나의 작용이니까, 내가 6바라밀로 경영을 잘해야겠다." 하면서, 6바라밀 분석을 해 가며 일을 처리합니다. 그런데 1급 보살의 실력으로는 아직 '6바라밀의 실천'까지 자동으로 출동하지는 않아요. "몰라!" "괜찮아!" 하는 즉시 '선정바라밀'과 '반야바라밀'(아공·법공의 지혜)은 곧장 출동하지만, 나머지 바라밀의 출동까지 갖추어진 것은 아닙니다. 이것은 1단 보살의 경지입니다.

1단의 참나 안주

1주(1급) 보살은 '텅 비어 고요하되(선정) 알아차리는(지혜) 참나'에 안주하나, '6바라밀이 두루 갖추어진 참나·공성'에 안주하지는 못하기 때문에, 1급 보살의 '참나 안주'는 1지 보살의 참나 안주와 차이가 납니다. 1급은 '선정·지혜의 참나'에 안주하기에, "몰라!" 하며 참나와 접속이 견고해질 때 '선정바라밀·반야바라밀'이 자동으로 출동합니다.

그런데 1지(1단) 보살은 '6바라밀의 참나'에 안주하기에, "몰라!" 하며 참나와 접속이 견고해질 때 '6바라밀'이 자동으로 출동합니다. 사실 참나에 안주하자마자 '6바라밀'이 그대로 터져 나와야 진정한 '참나 안주'(1단의 안주)라고 할 수 있습니다.

다시 말하면, ① "몰라!"를 통해 참나와의 접속이 견고해지기만 해도, 남의 입장까지 배려하면서 "다른 사람과 나눠야지." 하는 '보시의 마음'이 나타나야 하는 것입니다. ② 또한 "몰라!"만 해도 "다른 사람에게 피해를 주지 말아야지." 하는 '지계의 마음'이 나타나야 합니다. ③ 그리고 "몰라!"만 해도 받아들이기 싫은 것을 곧장 인욕할 수 있어야 합니다. 인욕의 싹이 내 마음 안에서 피어나서, 조금만 더 관심을 기울여 주면 받아들이고 수용할 수 있는 '인욕의 마음'이 형성되고 커질 수 있어야 하는 것입니다.

④ 또 '정진의 마음'이 나타나야 합니다. 여러분이 "몰라!"만

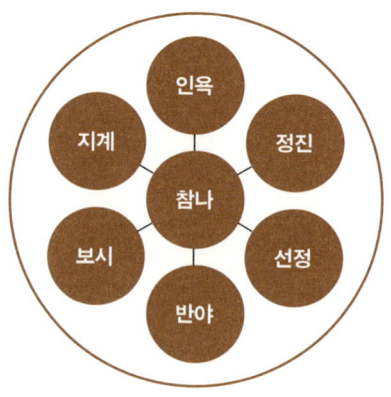

[구공具空의 진리]

해도 나태한 마음이 최선을 다하는 마음으로 변해야 합니다. ⑤ 그리고 "몰라!"를 하면 산란하던 마음이 고요해지면서 '선정의 마음'이 나타나야 합니다. ⑥ 마지막으로 "몰라!"만 하면 무지하여 어리석었던 마음이 자명해지면서 '지혜의 마음'이 나타나야 합니다.

1지 보살이 될 때 깨닫는 공성을 '6바라밀을 갖춘 공성'이라는 의미로 '구공具空'(具, 갖출 구)이라고 합니다. 아공·법공을 모두 갖추었다는 의미로 '구공俱空'(俱, 함께 구)이라고 표현하기도 합니다. 이렇게 6바라밀을 두루 갖춘 공성을 투철히 깨쳐야만, "몰라!"를 통해 참나와 견고하게 접속했을 때 6바라밀이 총체적으로 출동할 수 있습니다. 이러한 '구공의 진리'를 깨달아야 1지 보살입니다.

꼭 1지 보살이 아니어도 기본적인 것은 누구나 알 수 있습니다. 여러분도 한번 직접 실험해 보시기 바랍니다. "몰라!"만 해도, 우리 마음은 절로 남의 입장을 이미 배려하고 있어요. 남을 배려할 수 있는 그런 여유로운 마음으로 변하는 것입니다. '보시의 마음'으로 말입니다. 또한 다른 사람에게 피해를 주지 않겠다는 강력한 마음의 싹이 나서 자라게 됩니다. "몰라!"를 통해 참나와 접속하기 전에는 그런 마음이 없었는데, 참나에서 '지계의 마음'이 나타납니다.

"몰라!"만 했는데 그것들이 나오는 것을 보면 '참나'가 어떻게 생겼는지를 알 수 있습니다. "몰라!"만 했더니 '보시의 마음'이 자라고, "몰라!"만 했더니 '지계의 마음'이 자랍니다. "몰라!"만 했더니 '인욕의 마음'이, '정진의 마음'이, '반야의 마음'이, '선정의 마음'이 나타납니다. 이를 통해 '참나'가 6바라밀의 모습을 하고 있다는 것을 알 수 있습니다. 6바라밀의 종자가 참나 안에 '진리의 성품'(法性)으로 갖추어져 있다는 것이지요.

이런 '체험'과 '관찰'을 통해서, 여러분은 "몰라!"만 해도 6바라밀이 총출동하는 것을 너무나도 자연스럽게 받아들이게 됩니다. 누구나 '양심'을 갖추고 있기 때문에, 이런 체험은 처음 공부를 시작할 때부터도 할 수 있습니다. 찰나라도 체험할 수 있습니다. 다만 1단 정도가 되려면, 제가 앞서 말씀드렸듯이 불에 손을 넣으면 안 된다는 것을 아는 것처럼, 참나는 6바라밀의 모습을 갖추고 있다는 것을 자명하게 알 수 있어야 합니다.

1단이라면 온몸으로 이러한 '구공의 진리'(6바라밀을 갖춘 공성의 진리)를 받아들일 수 있어야 합니다. 일부러 생각하지 않아도 그걸 당연하게 알고 있어야 하는 것이죠. 그래서 무슨 일이 생기면 곧장 "몰라!"가 출동하며, 절로 발현된 6바라밀을 통해 사안을 양심적으로 처리할 수 있습니다. 6바라밀이 '참나의 명령'이며, 6바라밀을 따를 때에만 모두에게 이로운 '선善'의 결과가 주어짐을 자명하게 알기에, 매사를 6바라밀로 처리해야 한다는 것에 어떤 의심도 없습니다. 이 정도가 되면 1단이 됩니다.

1급·1단이 되는 실전팁

이제 실전팁으로서 여러분들께 가장 쉽고 빠르게 '1급·1단'이 되는 비결을 말씀드리겠습니다. 무조건, 무슨 일이 생기건, 곧장 "몰라!"(6바라밀 중 선정바라밀의 방편)를 투입하는 연습을 하십시오. 가족과 싸웠다면 일단 빨리 "몰라!"를 하세요. 모든 것을 내려놓고 '참나'에게 맡길 수 있어야 보살이 될 수 있습니다. 모든 것을 맡기고 한번 쉬어 보세요.

그다음에는 '6바라밀 분석'을 활용하여, 그게 해서 될 일인지 아닌지, 어떻게 그 일을 처리해야 할지를 꼼꼼히 따져서 자명한 결론을 내리면 됩니다. 아라한처럼 "몰라!"에만 머물러서 '열반'에서 쉬고 끝내자는 게 아닙니다. 보살은 그렇게 도피하는 존재가 아니니까요. "몰라!"는 단순한 도피 수단이 아니라 '진통제'입니다. 마음을 진정시켜서 냉정한 눈을 갖춰야 문제를 잘 해결할 수 있습니다. 이미 이성을 잃은 눈으로는 무엇도 제대로 해내기 어렵지요.

그러므로 진통제인 "몰라!"를 투입해서 마음을 진정시킨 다음에는, 바로 '치료제'(6바라밀의 분석과 실천)를 써서 치료에 들어가야 합니다. '6바라밀 분석'을 통해 여러분이 처한 문제를 해결해 보세요. 이게 처음에는 힘들겠지만 한 번, 두 번 해 보고 그 맛을 알아 가면 점점 쉬워집니다. 이것이 9급에서부터 1급을 향해 올라가는 수행의 필수 과정이에요. 이것만 잘 닦으면 자신의 급수를 빨리 올릴 수 있습니다. ① 곧장 "몰라!"를 투입하고, ② '6바라밀 분석'을 통해서 그 상황을 해결하면 됩니다.[12]

큰일이든, 작은 일이든, 일상의 모든 일에 이 방법을 적용해 보세요. 버스나 지하철을 놓쳤을 때, 누군가와 다투었을 때, 다른 사람으로부터 서운한 말을 들었을 때, 가족이 나를 무시할 때 등등. 그 상황이 어떤 상황이든 모두 자기가 공부할 수 있는 좋은 기회라고 여기고 해 보세요. 자신이 곧장 "몰라!"를 할 수 있는지 연습해 보고, "몰라!"가 잘 된다면 '6바라밀'을 이용해서 일을 해결해 보세요.

그리고 그 과정을 기록에 남기고 또 계속 연구해 보세요. 세월이 쌓여 갈수록, 이게 가장 빨리 1주 보살, 1지 보살 되는 비

---

12 7지 보살은 생각마다 늘 '10가지 바라밀'을 갖추고 있다. 왜 그러한가? 생각마다 '큰 자비'를 으뜸으로 삼고, 부처님의 법을 수행하여 '부처님의 지혜'를 향하기 때문이다. (此菩薩於念念中 常能具足十波羅蜜 何以故 念念皆以大悲爲首 修行佛法 向佛智故, 『화엄경』「십지품 十地品」)

법이 됩니다. 이렇게 하다 보면, 어느 날 문제가 생겼을 때 곧장 "몰라!" 하고 참나의 현존에 몰입하며, 한걸음 떨어진 상태에서 6바라밀 분석을 함으로써 문제를 해결하는 '1급 보살'이 되는 것입니다.

여기에서 더 나아가 "몰라!"를 투입하여 참나의 현존에 몰입했을 때, 곧장 6바라밀을 실천하는 마음이 이루어지면 '1지 보살'이 됩니다. 1지 보살에게는 "참나 안에 6바라밀의 종자가 갖추어져 있다!"라는 '구공具空의 지혜'가 이미 자리 잡고 있기에, "몰라!"만 투입하면 6바라밀의 마음이 내면에서 자동으로 작동하게 됩니다.

물론 6바라밀을 잘 경영하느냐는 또 다른 문제입니다. 그러나 일단 참나에 6바라밀의 종자가 갖추어져 있다는 것을 자명하게 알아서, "몰라!" 하는 선정의 체험만으로도 6바라밀의 싹이 절로 자라는 것을 확인하면 1지 보살이 되는 것입니다.

그래서 실제로 그런 마음을 가지고 6바라밀을 분석해서 일 처리를 하는 게 습관화되다 보면 카르마가 바뀌는데, 카르마를 바꾸는 정도가 되면 『화엄경』에서 '2지 보살'이라고 인정해 줍니다. 6바라밀의 싹만 내는 게 아니라 정말로 6바라밀로 계속 일 처리를 하는지가 확인되었을 때, 그 사람의 우주적인 레벨이 올라가는 것이지요. 이게 『화엄경』의 실전편입니다.

『화엄경』을 아무리 이론으로 배워 보아야 결국 다 남의 이야기일 뿐입니다. 그것을 내 이야기로 만들어야 합니다. 그러려면 지금 바로 실험해 보세요. 가족 중의 누군가가 나를 서운하게 할 때, 무언가 화가 나는 일이 생겼을 때, 그리고 아무 일이 없을 때에도 말입니다.

아무 일이 없는 것도 에고한테는 괴로운 일이 될 수 있습니다. "아, 지루하다. 뭐 할 일 없을까?" 그럴 때 자신이 곧장 "몰라!"를 투입하는지 확인해 보세요. 이런 식으로 매 순간 체크하면 그것만으로도 일상이 바빠집니다. 공부는 끝도 없으니까요. 이런 공부에 바빠져야 여러분이 일상에서 오히려 더 초연해지고, 삶을 경영할 수 있는 힘을 갖게 됩니다. 일상에 끌려다니며 살다 보면, 영원히 그렇게 끌려다니다 끝나고 마는 것이죠.

중생심인 에고의 마음에서 초연해지려면 무조건 곧장 "몰라!"를 투입해야 마음의 중심이 잡힙니다. 그리고 마음에 중심이 잘 잡혀야 '양심경영'이 가능해집니다. 중심만 잘 잡을 수 있으면 1급이고, 거기에 양심경영이 들어가면 1단이 된다는 것이죠. 이것을 닦고 익혀야 합니다.

그러니까 누가 "무슨 근거로 참나가 6바라밀의 형상으로 생겼다고 말하는 것이냐?" 하고 묻는다면, "나는 '몰라!'만 하면 내 마음이 6바라밀로 변하는 것을 보고, 내 참나가 6바라밀을 갖추고 있다는 것을 안다." 하고 답하면 됩니다. 참나로만 존재하면 텅 비어 있을 뿐이기 때문에, 6바라밀의 종자가 그 안에 갖추어져 있는지가 잘 보이지 않습니다.

그런데 그것이 일으키는 작용을 보면 참나가 무엇을 원하는지를 분명히 알 수 있습니다. "몰라!"를 통해 참나를 각성하기만 하면 항상 6바라밀이 내 마음에서 일어나고, 내 에고는 그 6바라밀을 수용합니다. 이런 체험을 통해 너무나 당연하게 "불성은 6바라밀의 형상을 하고 있구나!" 하는 진리를 깨닫고 받아들이게 될 때, 여러분은 1지 보살에 이르게 됩니다.『대승기신론』에서는 "1지 보살부터는 법신을 똑바로 본다."라고 하고, 유식학에서는 "1지 보살은 이 본성에 통달했다."라고 하는데, 바로 이런 경지를 두고 하는 말입니다.

이런 의미에서 1주 보살은 본성을 아직 자명하게 본 것이 아닙니다. 하느님의 어느 부분, 부처님의 어느 부분만을 본 것이지요. 그러다가 1지 보살이 되면 전체를 통으로 보게 됩니다. 다만, 1지 보살은 6바라밀로 문제를 풀어야 한다는 것에는 의심이 없으나, 역량의 한계로 인해 6바라밀을 아직 잘 실천하지는 못합니다. 이 6바라밀을 얼마나 잘하느냐에 따라 영적 레벨이 단계적으로 올라가는데, 그건 연륜의 차이일 뿐입니다.

인류가 모두 '1지 보살'만 되어도 이 지구는 즉시 화엄 정토가 됩니다. 우리 모두가 자신 안의 불성을 '6장의 꽃잎'으로, 즉 6바라밀로 피우게 되면 우리가 사는 이곳이 화엄세계가 되는 것이죠. 그전에는 아직 꽃잎이 한두 장 정도 피어 있거나, 다 못 피어 있는 그런 상태입니다. 불성이 꽃잎 한 장으로라도 피어나면 대단한 일이지만, 지구가 6개 꽃잎이 다 피어난 보살들이 넘치는 별이 된다면 정말 멋지지 않을까요?

이것이 현실과 너무 거리가 먼 얘기로 생각될 수 있겠습니다만, 제가 직접 실험해 보고 지도해 봤는데 누구나 다 될 수 있어요. 제 강의를 들으면서 실전팁을 꼼꼼히 챙겨서 이론적 개념과 실전팁이 여러분 안에서 하나가 되면, 여러분 스스로가 거부할 수 없게 됩니다. 여러분의 내면에서 울리는 '양심의 소리'가 6바라밀을 하라고 외치는데, 어떻게 계속해서 무시할 수 있겠습니까? 참나가 여러분의 마음을 이미 바꿔 놓았는데 어떻게 그 소리를 따르지 않을 수 있겠습니까?

유교에서 말하는 '인의예지의 싹'은 '측은지심·수오지심·시비지심·사양지심'입니다. 여러분이 "몰라!" "괜찮아!"만 했는데도, 마음 안에서 측은지심·수오지심·사양지심·시비지심이 커져 버리는 걸 어떻게 하겠습니까? 그렇게 되면 참나가 인의예지로 생겨먹었다는 것을 믿지 않을 도리가 없게 됩니다. 여러분이 늘 그렇다는 것을 직접 확인하고 나면 더는 의심하지 않게 됩니다.

보살도의 진정한 입문

우리가 6바라밀을 갖춘 참나를 받아들이게 되는 그때, 불교에서 말하는 1지 보살, 유교식으로 말하자면 1지 군자가 되는 것입니다. 사실은 그 레벨이 되었을 때에야 비로소 진짜 공부를 시작하게 됩니다. 그래서 불교에서는 1지 보살을 '발심發心의 경지'(6바라밀을 통해 보리심을 온전히 밝히고자 발심한 경지)라 하고, 유교에서는 1지 군자를 '지학志學의 경지'(4단의 확충을 통해 양심을 온전히 밝히고자 뜻을 세운 경지)라고 봅니다.

이 경지가 바로 '보살의 길' '군자의 길'의 "톨게이트(고속도로 요금소)를 통과했다." 하는 경지입니다. 우리가 "발심했다."라고 하는 말은 톨게이트를 통과한 뒤에 하는 것이지, "부산을 가려고 서울에서 발심했다." 하는 식으로, 지금 여기에서 톨게이트까지 가는 길에 발심했다고 말하는 것은 아직 자명하지 않습니다. 톨게이트에 못 들어갈 수도 있으니까요. 하지만 톨게이트를 일단 통과했다면 이제 되돌릴 수 없는 외길뿐입니다. 그래서 톨게이트를 통과한 후에는 '지학' '발심'과 같은 말을 써도 되는 것입니다.

제가 이런 말씀을 드리는 것은, 여러분 누구나 반드시 1지 보살, 1지 군자가 될 수 있다고 믿기 때문입니다. 조금만 노력하면 다 도달하실 수 있어요. 1주, 1지와 같은 이야기가 좀 창대하고 광오하게 들리겠지만, 곧장 내가 내 감정을 "몰라!" 하고 내려놓고 내가 처한 상황을 냉정하게 보고서 경영할 수 있는지, 이것만 연구하면 됩니다. 그러면 이게 공부에 있어 얼마나 중요한 핵심인가를 뼈저리게 느낄 수 있을 것입니다.

　가족과 싸움이 일어났을 때 누군가 하나가 곧장 "몰라!" 하고 마음을 추슬러야 화해가 일어나지, 둘 다 버티고 있으면 갈 데까지 갑니다. 이런 상황 하나를 접하더라도 6바라밀이 그 상황을 진압하는 힘을 관찰하고서, "이게 카르마 경영의 최고 비결이구나!" 하는 결론을 스스로 내릴 수 있어야 합니다.

　"몰라!"(6바라밀 중 선정바라밀의 방편)로 마음을 내려놓고, 그다음 '반야바라밀'이 출동해야 문제를 해결할 수 있습니다. 물론 6바라밀 중에 어느 하나만 빠져도 문제가 깔끔하게 해결되지 않습니다. '보시바라밀'로 남의 마음을 내 마음처럼 이해하지 않으면, 내가 아무리 다른 면에서 잘 처신한다 해도 결국 상대방이 나에게 원한을 품게 되어 있습니다. 또 '지계바라밀'로 남에게 부당한 피해를 주지 않아야 합니다. 어떤 선을 넘어가서 계율을 어기게 되면, 상대방은 반드시 부당한 피해를 입고 나를 원망하게 됩니다. 이것은 문제를 제대로 해결한 것이 아니지요.

　우리는 '인욕바라밀'로 늘 현재 자신이 처한 상황을 수용하고 인정할 수 있어야 합니다. 양심분석을 통해 자신이 어떻게 처신하는 것이 옳은지를 알았다면, 그 결과를 흔쾌히 수용하고 인정해야 합니다. 자명한 진실을 인욕하고 수용하지 않는다면 문제를 해결하기 어렵습니다. 이 '받아들임'(인욕)의 문제가 정말로 중요합니다. 진실을 받아들이지 못하면 어떤 변화도 이끌어 낼 수 없으니까요. 그리고 '정진바라밀'로 매 순간 최선을 다해야 합니다. 건성으로 6바라밀을 실천해서는 반드시 후회할 일이 생깁니다.

① "몰라!"를 통한 참나각성(선정바라밀)과 ② 자명한 '6바라밀 분석'(반야바라밀)은 6바라밀 전체의 토대가 됩니다. 특히나 선정에서 피어난 반야는 모든 수행의 내비게이션 역할을 하게 됩니다. 이런 반야에도 단계가 있으니, '1지 보살의 반야'라야 '보살도의 진정한 입문'이 가능해집니다.

이미 언급했지만, '아라한의 반야'는 현상계에 대한 지혜로서 현상계가 '무상 · 고 · 무아'이니, 이를 버리고 떠나야 '열반'에 안주할 수 있음을 아는 것입니다. 반면 '1주 보살의 반야'는 현상계의 모든 무상 · 고 · 무아의 작용들이 '참나의 작용'(공성의 작용)이기 때문에, 결국은 절대계와 현상계가 둘이 아님을 아는 것입니다.

'1지 보살의 반야'는 더 나아가 현상계를 올바르게 경영하는 비결이 바로 '6바라밀'이며, 참나 안에 6바라밀의 종자가 모두 갖추어져 있다는 것까지 압니다. 따라서 1지 보살이라야 비로소 문제를 정확히 풀 수 있는 안목을 얻게 되었다고 말할 수 있습니다. 여기에서 더욱 노련해질수록 헤아릴 수 없는 반야를 얻게 됩니다.

이렇게 '반야바라밀'이 나머지 바라밀들을 이끌기 때문에, 1지 보살은 잘못되기가 힘들어집니다. 아주 잘하지는 못할 수 있어도 대놓고 잘못된 길을 가기는 어려워지는 것이죠. 그래서 이정도만 가도 불퇴전입니다. 뒤로 후퇴하기가 아주 힘들어진 경지까지 갔다고 인정해 주는 것입니다.

1지부터는 참나를 선명히 보고 걸어가기 때문에 '법신보살'(법신 안에 안주한 보살)이라고 부릅니다. 눈앞에 훤히 참나를 보고 있고 6바라밀만 보면서 걸어가기 때문에, 진리의 몸을 정확히 봤다는 의미로 법신보살이라고 하는 것입니다. 『대승기신론』에서도 1주 보살은 "법신을 조금밖에 못 봤다."라고 하지, '법신보살'이라는 말을 쓰지 않습니다. 이렇듯 1주 보살과 1지 보살은 분명한 차이가 있습니다.

어려운 얘기처럼 들릴 수 있지만, 실전에서는 매사에 곧장 "몰라!"를 투입하면 됩니다. 그리고 "몰라!"를 투입한 후에는 양심분석에 들어가야 합니다. 이것이 자꾸 훈련되고 익숙해지기만 하면 누구나 1지 보살을 넘볼 수 있다는 것이 제 결론입니다.

유튜브(YouTube) | 영성의 1급과 1단의 실체를 밝히다!

1급과 1단의 실체와
영성연구방법론 ———

진선미의 구현

우리는 어떤 공부를 해야 할까요? '명상'만으로도 공부는 충분할까요? 물론 명상은 당연히 필요합니다. 명상이 없이는 '참나'와의 접속이 불가능하니까요. 명상으로 에고를 잠시 내려놓지 않으면 우리는 참나를 만나기가 어렵습니다. 그런데 참나를 왜 만나야 하는지 그 이유를 명심해야 합니다.

우리가 참나를 만나야 하는 이유는 바로 '진선미'(진리·선·아름다움)를 끌어내기 위한 것입니다. '참나의 진선미'는 차가운 쇠공인 우리의 '에고'(중생심)를 뜨겁게 데워서 진선미에 맞게 변화시킵니다. 참나와의 접속을 통해 우리의 에고를 닦음으로써, 다른 중생들에게 "중생심이 나아갈 길은 이것이다!" 하고 진선미를 온몸으로 보여 줄 수 있는 사람이 되기 위해 참나를 만나는 것입니다.

이런 존재가 바로 보살이고 군자입니다. 각각의 레벨에 따라 모습은 다양하겠지만, 모두 '양심의 달인'을 지향하는 존재들입니다. 그래서 제가 여러분들은 '6바라밀'만 닦으시면 된다고 계속 말씀드리는 것입니다.[13] 이제 1급의 경지와 1단의 경지가 어떠한 지에 대해 좀 더 자세히 말씀드리겠습니다.

우리는 항상 "몰라!" "괜찮아!"에 안주하여 깨어있는 상태, 즉 에고의 쇠공이 차갑지 않고 따뜻할 때 좋은 영감과 생각이 나게 됩니다. 그리고 그때 '진선미'가 무엇인지를 알게 됩니다. 뜨거움을 느껴 봐야 열기가 뭔지를 알 수 있지, 차가운 쇠공에게 아무리 열기에 대해 설명해 준들 상상만 하지 알아듣지 못합니다. 그런데 그 차가운 쇠공을 불로 가열해서 불덩이를 만들어 놓고서 "너 이제 뜨거운 게 뭔지 알겠지?" 하면 알 수 있습니다.

따라서 우리가 내면의 불성과 만나지 못한 상태에서 말하는 진선미는 모두 상상에 불과합니다. 그런데 그런 상상의 진선미가 사람에게 큰 피해를 줍니다. 사람들이 상상하는 열기라는 것

---

13 반야바라밀로 '진리'를 자명하게 하고(진), 보시·지계·인욕·정진·선정바라밀로 올바른 '선'을 구현하며(선), 6바라밀의 전체적인 구현을 통해 삶 전체를 '아름다운 꽃'으로 승화시키는 것(미), 이것이야말로 진정한 인간의 길, 보살의 길이다.

은 허황된 것이기 때문에, 그것을 다른 에고들에게 가르치고 지도하면 다 같이 엉뚱한 길로 가는 것입니다. 여러분이 뜨겁게 타오를 때, 그 열기를 다른 사람에게 설명하고 그 열기를 전달해 보면 상대방도 그냥 압니다. 열기를 만나고 있으면 환상에 빠질 수가 없습니다.

저는 깊은 선정을 강조하지 않습니다. 에고를 다 버리라고 말하지도 않습니다. 참나를 정확히 인지할 정도의 선정이면 충분하기 때문입니다. 생각 · 감정 · 오감이 다 느껴지더라도 참나 자리에 51% 이상 몰입하고 있으면, 참나가 주가 되어 "내 안에 이런 게 있구나!" 하고 정신이 선명해집니다. 사실 이런 상태가 가장 좋습니다.

우리가 생각 · 감정 · 오감을 완전히 버려 버리면 '멸진정'과 같은 깊은 선정에 들어가게 됩니다. 이게 황홀하기도 하고 체험할 때 재미가 있지만, 자꾸 한다고 해서 뭐가 더 나오는 것은 아닙니다. 깊은 선정에 들 때마다 인식이나 생각이 조금씩은 바뀌겠지만, 거기에만 안주해서는 큰 변화나 성장을 기대하기 어렵습니다.

중요한 것은 '진선미'를 끌어내는 것입니다. 먼저 참나 자리에 51% 이상의 관심을 주고, 이 상태에서 생각·감정·오감을 느껴 보십시오. 그러면 '법공法空의 진리'(만법이 본래 공함)가 알아집니다. 우리의 생각과 감정 그리고 말과 행동을 참나가 장악하고 있다는 것과, 이것들이 참나에서 나오는 작용이라는 것을 알 수 있습니다. 이때는 참나에서 나온 물건들이라 참나가 하자는 대로 따라갑니다.

그런데 참나에 대한 우리의 관심이 50% 미만이 되면, 에고가 주가 되어서 참나가 하자는 대로 에고가 작동하지 않습니다. 에고가 참나에서 나왔음에도 불구하고 참나의 뜻을 어깁니다. 참나는 그걸 깨어서 보고 있지만 막지 못합니다. 참나에 대한 몰입이 51% 이상이 되어야, 참나가 하자는 대로 에고가 움직이고 결이 바뀝니다.

에고의 결은 이로우면 하고 해로우면 하지 않는 '호리피해好利避害'인 반면, 참나의 결은 선하면 하고 악하면 하지 않는 '호선오악好善惡惡'입니다. 이 둘은 열기의 속성과 냉기의 속성이 다른 것처럼 서로 완전히 다릅니다. 여러분이 지금 참나가 50% 미만인 상태라면 무엇을 하더라도 뜻대로 잘 되지 않을 것입니다. 에고가 차가운 상태이기 때문에 아무리 따뜻해지려고 해도 잘 되지 않습니다.

그런데 여러분이 한번 따뜻함 속으로 들어가 버리면, 열기의 속성에 따라 살아갈 수밖에 없습니다. 더워 죽겠다는 사람과 추워 죽겠다는 사람이 서로를 이해해 보려 한다면 쉽지 않겠지요? 이미 처해 있는 위치가 다르기 때문에, 더운 사람이 추운 척하려 해도 힘들고 추운 사람이 더운 척하려 해도 힘들다는 말입니다.

1급의 경지에 이르는 길

일단 깨어나서 51% 이상 참나 자리를 주시하십시오. 그렇게 되면 나중에 몰입도가 50% 미만이 되더라도, 참나의 힘으로 늘 은근하게 마음을 데울 수 있습니다. 참나를 놓치는 일도 없어집니다. 그렇다고 평소에 늘 참나 생각만 하라는 게 아닙니다. 할 일이 아주 없는 사람이 아니고서야 어떻게 그렇게 살 수 있겠습니까? 살아가는 동안 별짓을 다 해야 하는데 말입니다.

다양한 일을 하는 중에도 '참나'가 있다는 것에 대해 의심하지 않을 정도가 되면 된다는 의미입니다. 불에 손을 넣으면 탄다는 사실을 아는 것처럼, 참나의 존재에 대해서도 자명하게 알면 됩니다. 자꾸 깨어있음을 반복하다 보면 참나라는 물건이 어딜 가 버리는 물건이 아니라는 것을 '지혜'로 알게 됩니다. 여러분이 생각하고 말하고 행동하는 중에도 자신이 존재한다는 것은 다 아시죠? 그러면 이제 무슨 짓을 해도 '나'라는 느낌(존재감)은 사라지지 않습니다.

이 정도의 최저 선을 확보해 놓고 원하면 언제든지 참나를 51% 이상 끌어올려서, 그 상태에서 생각하고 말하고 행동하는 연습을 해 보십시오. 이런 습관이 튼튼해지면 참나의 느낌이 설사 50% 아래로 내려간다 하더라도 '지혜'를 통해 자명한 결을 따를 수 있게 됩니다. 요컨대 참나를 51% 이상만 느껴도 여러분은 선정에 잘 드신 겁니다. 그러다 보면 나중에는 참나의 느낌만 잡으면 그대로 51% 이상도 되고 100%도 되고 하는 겁니다.

1급 정도가 되면 일상에서 "어떻게 대처할까?" 하고 참나에 집중하는 순간, 상황이 달리 보이게 될 것입니다. '참나의 진선미'를 통해 생각·감정·오감을 경영하는 힘이 생기는 것이지요. 우리는 상황을 회피하기 위해 명상을 하는 게 아니라, 생각·감정·오감을 잘 경영하기 위해 명상을 하는 것입니다. 구체적으로는 경영을 잘 하려면 특히 '생각'이 중요합니다. 생각이 확고해야 에고가 말을 듣지, 생각이 흔들리면 에고가 말을 듣지 않는 방향으로 쉽게 흘러가 버리기 때문입니다.

그러니 명상을 할 때 여러분의 '생각'을 가지고서, '아공我空'이 진리이며 에고는 '생각·감정·오감'일 뿐 참나는 아니라는 것을 스스로 인가할 수 있어야 합니다. 그리고 참나가 어떤 것인지, 참나가 진실로 영원하고(상常), 고통이 없으며(락樂), 100% 나이며(아我), 청정한지(정淨), 또 참나는 에고와 어떻게 다른지도 자명하게 인가할 수 있어야 합니다.

또한 '법공法空의 진리'로 나아가, '생각·감정·오감'도 다 '참나의 작용'이라는 것을 인가할 수 있어야 합니다. 그리고 지금까지 여러분이 경험한 '우주'가, 사실은 여러분의 생각·감정·오감의 작용일 뿐이라는 진실을 인가할 수 있어야 합니다. 참나를 51% 이상 느끼면서 이런 진리들을 하나씩 체험적으로 검토하다 보면 어느덧 자명한 결론이 나기 시작합니다.

이렇게 해서 '아공·법공의 지혜'를 자명하게 얻고, 나아가 '6바라밀 분석'을 상급으로 할 줄 알면 1급인데, 이건 별다른 게 아닙니다. '아공·법공'을 깨치고 산다고 하면 늘 우주를 통으로 느끼면서 산다고 생각할 수 있는데, 그건 아닙니다. 오히려 우주를 통으로 느끼는 삼매 상태를 유지하려다 보면, 지혜로운 '생각'을 피하게 되고 참나를 늘 51% 이상 유지해야 된다는 것에만 집착하기 쉽습니다. 그러면 세상을 제대로 경영하기가 어렵습니다.

참나 상태로 깨어나서 실험을 해 보면, '생각·감정·오감'과 '참나'의 관계에 대해 더 많은 지혜를 얻을 수 있습니다. 이 지혜가 불에 손을 넣으면 덴다는 정도로 뼛속까지 새겨지도록 명상하고 분석하면서 닦아 가야 합니다. 여러분은 '중력의 법칙'을 알면서도 어기지 않지요? 함부로 벼랑 끝에 서지 않지요? 여지없이 떨어질 테니까요. "혹시 오늘은 괜찮을지도 몰라!" 하고 뛰어내리는 일은 절대로 없을 것입니다. 여러분이 '아공·법공의 진리'를 안다고 하는 것도 바로 이런 정도로 알아야 하는 것입니다.

이 정도로 '아공·법공의 진리'를 알기 위해서는, 생각하고 또 생각해서 여러분의 삶에 그 진리들이 뿌리를 내리게 해야 합니다. 그래야 비로소 그런 진리들이 여러분의 것이 됩니다. 늘 그 생각만 해야 한다는 것이 아니라, 평소에 뭔가를 판단하고 선택할 때, 항상 아공·법공의 진리에 근거에 두고서 할 수 있으면 된다는 것입니다. 그러면 여러분은 '자명한 진리'를 얻은 게 됩니다. 아공·법공의 진리가 여러분의 삶의 법칙이 됨으로써 여러분이 사는 '법계法界'가 달라지는 것이지요.

명상을 할 때에는 참나의 느낌을 51% 이상으로 만들어 보세요. 그 상태에서 생각·감정·오감에 힘을 쓰다 보면 참나에 대한 관심이 50% 미만으로 내려갈 수도 있는데, 그래도 상관없습니다. 참나의 여운이 가시기 전에 그 안에서 생각하고 말하기만 하면 괜찮습니다. 그렇게 참나에서 오는 평온과 희열이 있는 범위 안에서 생각을 해 보면, 평소 때보다 답이 훨씬 잘 나온다는 것을 알 수 있을 것입니다. 언제든 참나의 느낌이 얕아졌다면, 잠깐 몰입해서 다시 그 느낌을 강하게 한 다음 다시 고민하며 살아가면 됩니다. 일상에서 이 정도의 기술만 사용할 줄 안다면 '확철대오'의 경지입니다.

누구도 이런 이야기를 정확하게 해 주지 않으니까 사람들은,

"늘 몸도 못 느낄 정도로 참나만 느껴야 수행인가 보다." 하고 오해를 합니다. 그런데 참나만 붙잡고 있느라 몸도 못 느끼면, 지혜가 언제 계발되겠으며 보살도는 어떻게 하겠습니까? "이미 참나에 안주할 수 있는데 다른 덕목들을 왜 닦아야 하지?" 하고 생각하는 사람도 있는데, 조금 더 크게 생각해 보면 그렇게 해결될 일이 아닙니다.

4대 성인들의 삶을 한번 생각해 보십시오. 그분들도 일이 없는 여유 시간을 이용하여 명상하고 기도했습니다. 일정한 명상과 정확한 지혜면 충분할 일을, 과한 명상을 하려다가 일을 망치고, 또 과한 지혜를 얻으려다가 벽을 뚫고 가 버립니다. 꼭 필요한 것만 체험하고 알아내면 되는데 말입니다.

'참나'와 접속했을 때 조금만 몰입해서 생각하면 이런 지혜는 누구나 자연히 알게 되는 것입니다. 참나를 정확하게 만났는데 참나와 에고가 어떤 관계인지, 에고에는 어떤 속성이 있고 참나에는 어떤 속성이 있는지를 모른다면 이상한 일 아닙니까? 이것은 참나를 만난 사람은 당연히 알아야 하는 것들입니다. 하늘은 이 정도는 누구나 알 수 있도록 한 것이고, 이것이 '1급'입니다.

1단의 경지에 이르는 길

'1단'은 여기에서 더 나아가 하나를 더 알아야 하니, 바로 '구공具空의 진리'(참나가 6바라밀의 덕목을 갖추고 있다는 진리)입니다. 참나에 대한 느낌을 놓치지 않으면서 '아공·법공의 진리'에 기반을 두고 살아가다 보면, 참나가 나에게 일정한 뜻(진여의 본성)을 가지고서 어떤 방향으로 나를 끌고 가고 있다는 것을 알 수 있습니다. 그게 바로 '6바라밀'입니다. 하늘은 '보시·지계·인욕·정진·선정·지혜'의 뜻을 가지고 중생을 인도합니다. 중생심의 작용이 이러한 진여의 본성을 따르면 '선업'이 되고, 그중에서 하나라도 빠뜨리면 '악업'으로 흐른다는 것을 자명하게 알게 되면 1단입니다.

1급은 원하면 51% 이상 참나에 집중할 수 있고, 평소에도 은근히 참나를 늘 느끼며 살 수 있습니다. 은근히 느낀다는 것은, 말하고 행동함에 있어 일반인처럼 살더라도 참나를 느끼지 않을 수 없다는 의미입니다. 참나가 바로 나 자신이니까요. 그러다가 원할 때 언제든지 참나에 몰입하면 참나 51% 이상이 되겠지요.

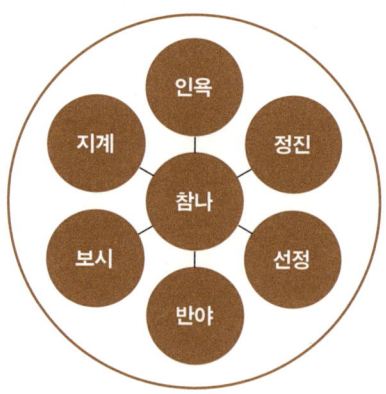

[진여의 6가지 본성]

이게 '선정'이라는 것이고 항상 이 상태에서 '지혜'를 끌어내어 문제를 해결해야 합니다. 즉, 움직일 때에는 지혜를 가지고 처리하고, 일이 없을 때에는 명상에 들라는 것입니다. 할 일이 없을 때에는 참나 51% 이상으로 선정에 들되, 참나 51% 이상만 유지하면 됩니다. 반면 움직일 때에는 항상 무엇이 옳은지를 판단할 수 있어야지, '참나'만 붙잡고 있으면 안 됩니다.

이것이 진정한 '동정일여動靜一如'입니다. 『대승기신론』에서는 '선정'과 '지혜'를 쌍으로 닦는 법을 설명할 때, 앉아서 선정에 들 때를 제외한 모든 일상에서 지혜를 닦으라고 말합니다.

그리고 지혜를 닦는다는 것은, 매사에 응당 해야 할 일(선)과 응당 하지 말아야 할 일(악)을 판별하는 것이라고 말하고 있습니다. '정혜쌍수定慧雙修'(선정과 지혜를 함께 닦음)를 닦아 1급의 실력이 된 뒤에, 매사에 "이것은 참나의 진선미에 부합하는가?" 하고 분석하며 닦다 보면 어느덧 1단이 됩니다. 6바라밀의 전문가가 되는 것입니다.

이제 1단이 된다는 것이 어떤 의미인지 아시겠지요? 1단은, '중력의 법칙'처럼 '6바라밀의 덕목'이 모든 '진선미'를 결정한다는 진리가 뼛속까지 새겨진 단계입니다. 늘 의식적으로 이것만을 생각한다는 게 아니라, 무슨 일이 생기면 자연스럽게 6바라밀부터 따져 보고 움직인다는 의미입니다. 이것이 1단의 경지입니다. 6바라밀의 덕목을 따르는 것이 곧 우주가 돌아가는 공식을 따르는 것임을 자연스럽게 아는 것이지요.

우리는 평소에 '중력의 법칙'을 계속 생각하고 살지는 않아도, 절벽에서 뛰어내리는 것을 온몸으로 거부합니다. 마찬가지로 1단은 늘 '구공의 진리'만을 생각하면서 살지는 않더라도, 어떤 일이 생겼을 때 그것이 6바라밀에 어긋나면 거부하게 됩니다. 6바라밀에 어긋나는 일을 하는 것이 마치 절벽에서 뛰어

내리는 일처럼 선명하게 느껴지기 때문입니다. 이렇게 공식을 위배한다는 느낌이 확고해지면 1단입니다.

그러니까 결국 보살은 자신의 영혼을 실험실로 삼고, 영적 실험을 통해 알아낸 '자명한 진리'로 '찜찜한 거짓'을 몰아내는 철학자입니다. 자신의 아뢰야식을 자명한 정보와 진리로 채우는 것이 보살이 해야 할 일입니다. 평소에 자명한 진리를 갖추고 있어야, 어떤 상황에 놓이더라도 자신과 남 모두를 이롭게 할 수 있으니까요.

자신의 '무지'와 '아집'을 조금만 깨 보십시오. 그러면 잘하신 겁니다. 더 나아가 영적 실험을 통해 참나와 에고의 관계를 자명하게 인가해 보고, 6바라밀을 따르지 않으면 안 된다는 것도 자명하게 인가해 보십시오. 그렇게 살아갈 수 있다면 아주 훌륭하신 겁니다. 1급에서 1단까지는 확보되는 것입니다.

유튜브(YouTube) | 1급과 1단의 실체와 영성연구방법론

화엄 10지,
보살이 닦아 가는 길

6바라밀의 실천법칙을 체득하라

『화엄경』에서 보는 '1지 보살'은 어떤 자리일까요? 1지 보살은 무엇보다 '6바라밀의 보편법칙'을 체험적으로 이해한 자리입니다. '6바라밀의 보편법칙'은 『논어論語』에서 말하는 '하학下學'으로서, 학문을 통해 하나씩 배워 가야 할 '6바라밀의 실천법칙'을 의미합니다.

6바라밀의 보편법칙을 체험적으로 알게 되면, 6바라밀을 생각·말·행동으로 어떻게 실천해야 옳은 것인지의 기준을 알게 됩니다. 『논어』는 하학에서 '상달上達'로 나아가야 한다고 말합니다. 이는 학문을 통한 6바라밀의 계발이 극치에 이르면, 시공을 초월한 '천명天命'(양심의 명령)에 도달하게 된다는 의미입니다.

이러한 상달은 5지 보살부터 가능하며, 이때 보살은 내면의

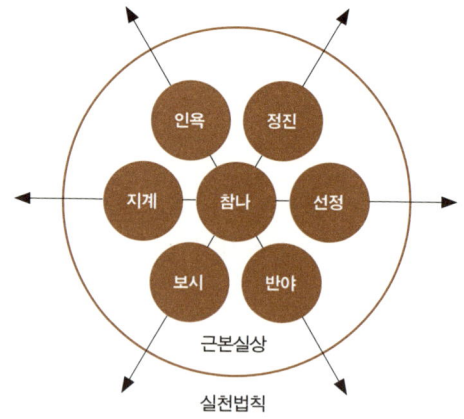

[6바라밀의 근본실상과 실천법칙]

'양심의 명령'을 온전히 듣게 됩니다. 양심의 명령은 '6바라밀의 근본원리'에 해당합니다. 6바라밀의 근본원리(근본실상)는 본체가 되며 보편법칙(실천법칙)은 작용이 됩니다.

1지 보살은 여러 바라밀 중 '보시바라밀'을 제일 잘합니다. 현상계의 욕심을 내려놓고 '참나'를 제대로 만났기 때문에 내려놓는 것, 베푸는 것을 잘하는 것입니다. 1지 보살은 참나가 어떻게 생긴 물건이며, 참나가 무엇을 원하는지를 자명하게 알고 있습니다. 즉, 참나의 명령이 "6바라밀을 실현하라!"라는 것임을 아는 것이지요. 물론 아직은 6바라밀을 제대로 이해하고 실

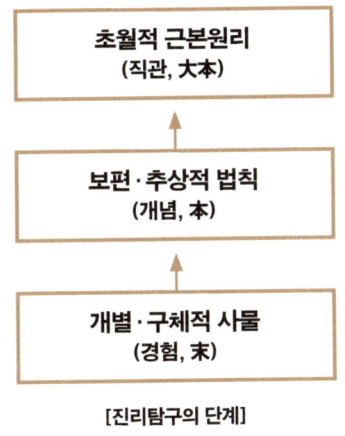

[진리탐구의 단계]

천하지는 못합니다.

  하지만 1지 보살이 목에 칼이 들어와도 당당하게 말할 수 있는 것이 있습니다. 1지 보살은 양심을 밝히는 우주적인 학문에 뜻이 서는 경지이므로, 인간은 죽으나 사나 반드시 '6바라밀'을 닦아야 한다는 것을 자명하게 알고 있습니다. 우주가 근본적으로 우리에게 6바라밀을 요구하고 있다는 것을 이해하고 있는 것이죠. 1지 보살은 6바라밀을 해야만 진정한 '인간의 길' '보살의 길'을 걸을 수 있다는 것을 확신하는 단계인 것입니다.

이미 언급했듯이 6바라밀, 나아가 10바라밀(6바라밀의 확장판) 중에서, 1지 보살이 제일 잘하는 것은 '보시바라밀'입니다. 일체를 내려놓고 참나에 귀의하는 것을 잘해야 1지 보살이 될 수 있기 때문입니다. 참나에 귀의한 그 자리에서는 나와 남이 둘이 아니죠. 그러니 베푸는 힘이 비약적으로 커지게 됩니다.

『논어』의 '지우학志于學'(학문에 뜻을 확립함, 15세의 나이에 해당하는 경지)에 해당하는 것이 이 1지와 2지입니다. 유가의 『논어』는 인생의 나이와 양심의 진보를 연결하여 설명하고 있어서, '양심의 계발단계'를 이해하기가 편합니다. 불가의 『화엄경』에서도 1지 보살의 경지를 '발심주發心住'(최고의 깨달음을 얻고자 진정으로 발심하여 안주하는 경지)라고 했는데요, 신기하게도 유가와 불가가 서로 하나로 통하는 것을 알 수 있습니다.

'2지 보살'은 무엇을 잘할까요? 2지 보살은 '지계바라밀'에 능합니다. 2지는 1지에서 한 걸음 더 나아가 '6바라밀의 보편법칙'을 자신의 '계율'로 삼고 삶에서 습관화하는 경지입니다. 다시 말하면, '6바라밀의 보편법칙'의 체험적 이해가 1지보다 심화되는 경지인 것입니다.

'3지 보살'은 어떤 경지일까요? 3지는 『논어』에서 '이립而立'(학문이 확립됨, 30세)이라고 부르는 경지입니다. 3지 보살은 6바라밀의 학문이 확립되어, 6바라밀이 인도하는 전체적인 그림의 뼈대를 이해하게 된 경지입니다. 이제 1~2지의 '부분적 자명함'이 아니라, '6바라밀의 보편법칙'의 '뼈대' 즉 핵심을 자명하게 이해하고 인정하게 됩니다. 불가에서는 '인정'을 '인욕'이라고 표현합니다. 그러니 3지 보살은 여러 바라밀 중에서 '인욕바라밀'을 제일 잘하는 자리입니다.

'4지 보살'은 어떤 자리일까요? 4지는 『논어』의 '불혹不惑'(학문에 의혹이 없어짐, 40세)의 경지에 해당합니다. 4지 보살은 3지에서 얻은 '6바라밀의 보편법칙'의 뼈대에 대한 자명한 이해가 심화되는 경지입니다. 그래서 여러 바라밀 중에서 '정진바라밀'을 제일 잘합니다. 3지에서 이미 진리를 인욕하고 인가했는데, '인욕'이라는 것은 받아들이고 수용한다는 의미입니다. 그렇게 3지에서 인가하고 수용한 '6바라밀의 보편법칙의 뼈대'를 실천하고자 더욱 정진하는 경지가 4지인 것입니다.

6바라밀의 근본실상을 체득하라

'5지 보살'은 지금까지의 수행이 한번 정리되는 자리로서, 『논어』의 '지천명知天命'(천명을 알게 됨, 50세)의 경지에 해당합니다. 지금까지 공부의 결과물로서 '불성의 명령' '양심의 명령'을 그대로 알아차리게 됩니다. 이 자리에서는 '6바라밀의 보편법칙(실천법칙)'의 '방편'에 대한 자명한 이해가 가능해지며, 한편으로는 '6바라밀의 근본원리(근본실상)'에 대한 체험적 이해가 가능해집니다.

5지 보살은 그동안 익힌 6바라밀의 보편법칙에 대한 닦음을 '선정'을 통해 하나로 녹이게 됩니다. 그래서 5지는 여러 바라밀 중 '선정바라밀'을 제일 잘합니다. 선정으로 고요한 중에 내면의 불성이 6바라밀을 어떻게 하라고 요구하는지 그대로 알게 됩니다. 하지만 아직 실천까지 잘 되지는 않습니다.

이제 '6지 보살'을 살펴보죠. 6지는 『논어』의 '이순耳順'(천명을 잘 듣고 따름, 60세)의 경지에 해당합니다. 6지는 내면의 불성이 무엇을 요구하는지를 잘 듣고 잘 따릅니다. '6바라밀의 보편법칙'의 '방편'에 대한 자명한 이해도 5지보다 심화되고, '6바라밀의 근본원리'에 대한 체험적 이해도 심화된 경지입니다. 5지에서 알아낸 근본실상을 늘 이해하고 따르게 되는 것이죠. 그래서 6지는 '반야바라밀'을 제일 잘합니다.

 '7지 보살'은 어떤 경지일까요? 7지는 『논어』의 '종심從心'(마음이 가는 대로 해도 천명을 어기지 않음, 70세)의 경지로, 자유를 얻은 경지라고 할 수 있습니다. 7지 보살은 '6바라밀의 근본원리'의 '뼈대'를 자명하게 이해하고 있기 때문에, 상황에 따라, 중생의 근기에 따라, 6바라밀을 자유자재로 활용할 수 있습니다. 그래서 여러 바라밀 중 '방편바라밀'을 제일 잘합니다. 그런데 7지는 자유롭긴 하나 아직 미세한 노력이 필요합니다.

 하지만 '8지 보살'이 되면, 노력하지 않아도 '6바라밀의 근본원리'의 '뼈대'에 안주할 수 있고, 아주 들어앉게 됩니다. 이때부터는 '부처의 본체'를 얻었다고 할 수 있습니다. 8지는 내면의 온전한 불성에 안착해서, 언제 어디서나 '6바라밀의 인도'에 끌려다니는 경지입니다. 7지부터 이미 번뇌를 일으키지 않게 유지할 수 있지만, 8지는 노력하지 않아도 그런 경지가 이루어집니다.

10지	보편법칙(세간)	근본원리(출세간)
1	체험적 이해 가능(信忍)	
2	체험적 이해 심화(順忍)	
3	뼈대의 자명한 이해 가능(法忍)	
4	뼈대의 자명한 이해 심화	
5	방편의 자명한 이해 가능(法忍)	체험적 이해 가능(信忍)
6	방편의 자명한 이해 심화	체험적 이해 심화(順忍)
7		뼈대의 자명한 이해 가능(法忍)
8		뼈대의 자명한 이해 심화
9		방편의 자명한 이해 가능(法忍)
10		방편의 자명한 이해 심화

[양심계발의 10단계]

'9지 보살'이 되면 '6바라밀의 근본원리'에 대한 이해가 더욱 깊어져서, '방편'에 대해서도 자명하게 이해하게 됩니다. '양심의 신호'를 따르는 경지가 신령해져서 바둑 9단의 경지처럼 '입신入神'의 경지에 이르게 됩니다.

그러다가 '방편'에 대해서 자명한 이해가 심화되면 '10지 보살'의 경지에 도달하게 됩니다. 10지는 중생으로서 도달할 수 있는 궁극의 경지입니다. 『화엄경』에서 10지 보살은 '3계의 왕'

이자, '부처의 직책을 수여받은 이'라고 말합니다. '중생의 모습을 한 부처'가 되는 것이죠. 이러한 '화엄 10지의 길'이 모든 인류가 걸어야 할 진정한 '보살의 길'입니다.

유튜브(YouTube) | 윤홍식의 화엄경 강의 – 10지의 계제

6바라밀의 달인들만이 이 사회를 제대로 진보시킬 수 있고,
인류 모두의 이익을 지켜 낼 수 있습니다.
인간은 '우주의 명령'인 자신의 '본성'에 충실할 때에만
자신과 사회 전체,
나아가 우주 전체를 이롭게 할 수 있습니다.

운명을 바꾸는 길

양심전문가가 되어라

　다른 사람에게 기대하지 말고, 여러분이 스스로 분쟁이 있는 곳에 가서 해결해 줄 수 있는 양심전문가가 되십시오. 악이나 욕심이 판을 치는 곳에 여러분이 투입되면, 양심세력이 힘을 얻고 욕심세력이 힘을 잃게 되는 그런 전문가가 되세요. 어느 곳에 있든지 양심을 따르면 여러분은 성스러워지고 고귀해질 것입니다. 그런 분이 바로 보살이고 선비입니다.

　저는 6바라밀이나 4단에 대한 이야기만 해도 항상 가슴이 뜁니다. 양심만 이야기하면 가슴이 뛰는 이유는, 제가 그것을 담는 그릇만 된다면 저도 함께 고귀해질 수 있기 때문입니다. 양심이 아니면 인간의 차원이 올라갈 방법이 없습니다. 명상도 양심을 구현하는 방법 중의 하나일 뿐입니다. 6바라밀, 4단이 균형을 이루어야만 여러분의 영성이 올라가고 인격이 상승합니다.

　이 세상은 한없이 무상합니다. 어제도 사라져 버리고 어디에도 없습니다. 우리는 순간순간을 살아가고 있지만 그 순간을 모두 과거로 보내야 합니다. 아무리 사랑했던 사람도 다 보내야 하고 언젠가는 헤어져야 합니다. 그리고 지구조차도 언젠가는 사라질 것입니다. 이런 아픔이 견디기 힘들어서 현상계를 초월하고 싶다는 마음을 먹는 것도 어찌 보면 자연스러운 일입니다.

그런데 그런 소승식 접근법으로는 아무것도 해결되지 않습니다. 우주는 무엇을 원하는 걸까요? 저는 많은 의문을 던져 봤습니다. "하느님, 진실로 무엇을 원하시나요? 인간을 왜 이렇게 괴롭게 만들어 놓으셨어요? 제가 무엇을 하기를 원하시나요? 그걸 하겠습니다." 아무리 명상을 하고 답을 구해 보아도 제 내면에 선명히 떠오르는 답은, "지금 이 순간 6바라밀과 양심을 구현하라."라는 것이었습니다. 제가 느끼기에는 그것이 우주의 목표입니다. 지금 이 순간 양심을 구현해야만, 제가 사는 이 순간이 빛나기 때문입니다.

반대로, 양심을 따르지 않으면 그 순간을 어둡게 보내는 것입니다. 무상하다고 해서 탈출하는 게 답도 아니고, 탈출할 수도 없습니다. 무상한 인생을 의미 있게 만들려면 순간순간 양심을 구현하는 수밖에 없어요. 인간은 오직 양심을 구현할 때에야 비로소 생사를 초월하여 우주의 진선미를 드러내는 존재가 됩니다. 그때에만 우리의 삶이 의미를 갖고 반짝이게 됩니다.

그런데 우리의 양심이 약하게 드러나면, 아무리 욕망이 채워져도 깊은 카르마의 골만 남기고 지나갑니다. 큰 욕망을 부리고 나서 그게 지나가고 나면 마음에 더 깊은 골이 생겨서 무상함만 커지는 것이지요. 인간이 본래 그렇게 만들어져 있다는 것입니다. 아무리 우리 에고가 속상해해도 어쩔 수 없습니다. 결국 이 무상한 세상을 의미 있게 살아가는 방법은, 매 순간 깨어서 인의예지, 6바라밀을 표현하는 것밖에 없다는 것을 받아들여야 합니다.

과거도 미래도 중요한 게 아니고, 지금 이 순간을 중요하게 여기면서 살아가야 합니다. 우주는 오직 지금 이 순간만을 구현하고 있습니다. 미래는 아직 구현되지 않았고, 과거는 구현이 끝났습니다. 그렇기 때문에 우주는 지금 이 순간순간 계속해서 양심을 구현하는 존재를 원하고 있다고 확신합니다. 인간은 그렇게 살아야만 무상함을 탈피하지, 다른 방법으로는 무상함을 벗어날 수 없습니다. 여러분도 이런 부분을 직접 실험하셔서 자명한 인가를 해 보시기 바랍니다.

유튜브(YouTube) | 대승보살이 무상함을 벗어나는 법

양심적 가정·조직의 경영을 위한
6가지 점검 사항 ———

1. 가정과 조직의 구성원이
   서로 상대방을 배려하는 나눔을 실천하는가?

2. 가정과 조직의 구성원이
   서로 상대방에 피해를 주는 일을 절제하는가?

3. 가정과 조직의 구성원이
   인정해야 할 것들을 진심으로 수용하는가?

4. 가정과 조직의 구성원이
   옳은 것을 실천하고 그른 것을 바로잡는 데 성실한가?

5. 가정과 조직의 구성원이
   늘 평정심을 유지하고 자신이 해야 할 일에 몰입하는가?

6. 가정과 조직의 구성원이
 늘 자명한 것을 선택하고 찜찜한 것을 거부하는가?

나와 세상을 바꾸는
6바라밀 양심혁명

6바라밀로 문화의 힘을 키우자

삶에서 뭔가 힘든 일이 생겼을 때 '6바라밀'을 적용해 보고 6바라밀로 상황을 조금이라도 풀어 본 체험이 쌓이면, "이것이 진리구나!" "이것이 우주가 돌아가는 공식이구나!" 하는 것을 실감하실 것입니다. 이렇게 모두가 6바라밀을 생활화하면 개인적인 문제뿐만 아니라, 우리를 괴롭히는 모든 사회적인 문제들도 자연스럽게 해결할 수 있습니다.

세월호 문제로 인해 아직도 갈등이 깊은데, 이렇게 시간을 끌 일이 아닙니다. '문화의 힘'이 강했다면 이런 일이 일어나지 않게 처음부터 막았을 것이고, 문제 해결도 자명하게 했겠지요. 환풍구가 붕괴되어 사람이 다친 사건도 안타깝지 않습니까? 문화의 힘이 강했다면, 환풍구 덮개를 만든 사람이 "여기에 사람이 올라오면 어떻게 될까?" 하고 좀 더 치밀하게 생각해서 만들었을 것이고, 사람들도 그런 곳에 올라갈 때 더 조심했을 것입니다.

그렇게 서로를 배려한 의사표시가 좀 더 분명하게 이루어졌다면 이런 억울한 희생이 없었겠죠. 사고가 터져야만 그때서야 부랴부랴 움직이는 이런 문화력으로는 무엇을 해도 부족하지 않겠습니까? 처음부터 이런 일이 일어나지 않도록 막을 수 있을 때, 비로소 "우리나라의 문화가 성숙했구나!" 하고 생각할 수 있지 않을까요? 6바라밀을 어렵다고 생각하지 마시고, 이런 작은 문제들부터 6바라밀로 접근해 보시기 바랍니다.

이념을 초월한 양심

요즘 소위 젊어서 학생운동을 좀 했다는 진보적인 어르신들은 "이 사회는 끝났다!"라고 한탄합니다. 젊은 사람들을 보면 예전처럼 4·19와 같은 혁명을 일으켜 보려는 정신이 보이지 않는다는 것입니다. 요즘 다들 먹고 살기가 바빠서 그런 것인지 아니면, 이미 너무 자본주의가 심화돼서 다른 생각을 하지 못하는 것인지, 소수가 혁명적인 뭔가를 해 보려 해도 실제로 사람들이 모이지도 않는다고 합니다. 즉, "진취적인 힘이 더 이상 이 사회에 없는 것 아니냐? 자본주의에 정신까지 완전히 잠식된 것 아니냐?" 하는 우려를 하기도 합니다.

하지만 꼭 거리로 뛰쳐나가야만 뭔가를 할 수 있고 그것만이 혁명이라고 생각한다면, 지금 상황에서는 좌절할 수밖에 없습니다. 정치·경제의 문제가 이 정도로 심각하다면 뭔가 사회가 들끓어야 하는데, 이상하게 조용하다고 생각할 수 있습니다. 하지만 제가 보기에 요즘 젊은이들은 페이스북이나 트위터와 같은 SNS를 통해 각자 하고 싶은 말들을 모두 하고 있습니다. 요즘은 앉아서 다 꿰뚫어 보는 시대 아닙니까? 그러니 예전과 같은 방식의 혁명을 구상해서는 성공하기가 어려울 것입니다.

모두가 열심히 인터넷에서 활동하고 있기 때문에 오히려 현실에서 활동할 힘은 예전만 못한 것이 분명한 사실입니다. 그러나 이것은 문화가 이미 변한 결과이기 때문에 이런 현상을 받아들이고, 대신 인터넷에서 혁명할 방법을 찾는 것이 나을 것입니다. 그러니 꼭 뭔가를 깨부수어야만 혁명이라고 제한하지 말고, 더 큰 혁명을 구상해야 합니다.

욕심을 양심으로 제압할 수 있다면 그게 인류의 역사상 가장 통쾌한 혁명이 아닐까요? 자기가 알고 있던 방식의 혁명을 기준으로 이 사회를 재단하고, 그래서 사회가 변해서 예전 같지 않다는 이유로 이 사회는 이미 글렀다고 판단하는 것은 문제가 있습니다.

우리나라의 진보는 이미 진보적이지가 않습니다. 제가 봤을 때 과거나 지금이나, 진보 진영의 주장은 달라진 게 없기 때문입니다. 그리고 보수는 원래 보호하고 지킨다는 의미인데, 국익을 지키는 것이 진정한 보수겠죠. 그런데 잘 살펴보면 보수 진영은 국익에 전혀 관심이 없습니다. 보수는 나라의 이익을 챙기려 하지 않고, 진보는 시간이 흘러도 늘 같은 소리만 하고 있다는 것이죠. 보수세력은 국익을 외면하고, 진보세력은 진보하지 않는 현실이 참으로 개탄스럽습니다.

진보하지 않는 진보세력

제가 대학 시절에 들었던 혁명의 이론이나 지금 진보 진영의 주장이 거의 같습니다. 그런데 그것을 거슬러 올라가면 마르크스 때부터이니까, 100년도 더 된 이론이 지금도 그대로 유통되고 있다고 볼 수 있습니다. 즉, 진보는 전혀 진보하고 있지 않다는 것입니다. 그 당시에는 그게 진보적인 주장이었는지 모르겠지만, 지금 시대에는 정말 진부한 얘기들일 뿐입니다. 이런 식으로 해서 어떻게 계속 변화하는 대중의 마음과 소통할 수 있겠습니까?

사실 가장 진보적인 것은 '양심'입니다! 진보냐 보수냐는 중요하지 않습니다. '양심' 하나면 충분합니다. 우리가 그 어떤 것보다 보호하고 지켜야 할 것도 양심이고, 나날이 진보시켜야 할 것도 바로 양심입니다.

양심만 붙잡고 있으면 자연스럽게 최선의 길을 갈 수 있는데, "내 식대로 하지 않으면 진보가 아니야." 또는 "뭔가 바꾸자고 하는 사람들은 다 가짜야." "내 것이나 잘 챙겨야지, 남 돕겠다고 나선 사람들은 못 믿어." 이런 식의 고정관념으로 움직이면 우리 사회는 점점 더 마비될 것입니다. 그렇게 딱딱해진 채로 나아가다가 언젠가 더 큰일이 찾아오지 않을까 걱정이 됩니다.

6바라밀의 실천만이 답이다

하지만 양심이 들어가면 뭐든지 녹여 낼 수 있습니다. '양심'이 곧 '6바라밀'입니다. 진정한 진보의 모습은 지금 이 순간 국민이 무엇 때문에 힘들어 하는지, 무엇을 원하는지를 정확히 읽어 내어 '보시바라밀'을 하는 것입니다.

사람들에게 '법'이 필요하면 법을 만들고, '물자'나 '정보'가 필요한 사람에게는 물자와 정보를 주고, 자신의 '재능'이 필요한 곳에는 재능을 기부하는 등 사람들을 살릴 방안을 끝없이 연구해서 필요한 보시바라밀을 하겠죠. 그리고 사람들에게 피해를 주지 않는 방식으로, 지킬 것은 엄격하게 지키는 '지계바라밀'을 실천할 것입니다. 보시야말로 '사랑'이고 지계야말로 '정의'입니다.

그런데 지금 우리나라 진보의 현실은 어떤가요?『싸가지 없는 진보』라는 책까지 나와서, "진보는 뭔가 양심적일 것 같은데 실제로는 싸가지가 없어서 정권을 못 잡는 것이다!"라는 비판을 받기도 했지요. 진보는 양심이 없어도 된다는 주장과 진보는 양심적이어야 한다는 주장이 서로 싸우는데 결론이 나지 않습니다. 이것은 양심을 제대로 알지 못하기 때문입니다.

'진보'라는 개념과 '양심'이라는 개념이 서로 충돌이 난다는 것은 참으로 충격적인 사실입니다. "정책만 진보적이면 개인의 양심은 좀 포기해도 되지 않나?" 이런 식으로 생각하는 것은 아주 위험한 발상입니다. 나눌 것은 나누고 지킬 것은 엄격히 지켜 줘야 하는데, "에이, 보수는 우리보다 더 심한데 ….".와 같은 식으로 남과 비교하면서 대충 넘어가려고 한다면 그건 양심이 없는 소리죠. 양심으로 판단할 때에는 "하늘이 보고 있다!"라고 접근해야 하는데, "남보다 내가 더 낫지 않나?" 하고 쉽게 생각하면 그때부터 양심이 무너지는 것입니다.

지금 현실에서 "과거가 살기 좋았는데 ….".와 같은 말은 모두 의미가 없습니다. 지금 우리가 처한 바로 이 현실이 우리가 쥐고 있는 카드입니다. 그러니 이것을 '인욕바라밀'로 받아들여야 합니다. 우리 국민이 지금 이 수준이라는 것을 먼저 받아들여야 하는 것입니다.

그리고 여기에서 포기하지 말고 '정진바라밀'로 최선을 다해야 합니다. 양심만 믿고 따르면 어떤 난관도 반드시 헤쳐 나갈 수 있다는, 긍정의 힘으로 밀고 나가야 합니다. 그리고 늘 정신을 차리고 깨어있는 '선정바라밀'이 필요합니다. 아무리 최악의 상황이 오더라도 정신만 차리고 있으면 활로를 찾을 수 있습니다.

그런데 누가 버틸 수 있을까요? 평소에 '명상의 힘'으로 단련된 사람들은 힘든 상황에서도 모든 것을 내려놓고 깨어있을 수 있습니다. 그런 사람들에게는 활로가 보입니다. '반야바라밀'로 문제를 해결할 수 있게 되는 것이지요. 양심에 자명한 것과 찜찜한 것을 명확히 판별하여, 나와 남 모두에게 이로운 자명한 것을 결택할 수 있는 지혜가 아니고서는 어떠한 일도 해결할 수 없습니다. 지혜는 인생의 내비게이션과 같으니까요.

이런 6가지의 바라밀을 사용하지 않고서 이 사회를 조금이라도 진보시킬 수 있을까요? 6바라밀의 달인들만이 이 사회를 제대로 진보시킬 수 있고, 인류 모두의 이익을 지켜 낼 수 있습니다. 보수니 진보니 이런 말에 더 이상 속지 마십시오. 인간은 '우주의 명령'인 자신의 '본성'에 충실할 때에만 자신과 사회 전체, 나아가 우주 전체를 이롭게 할 수 있습니다.

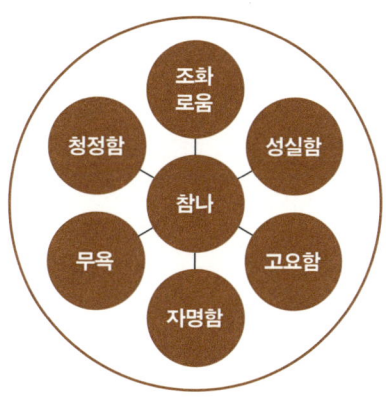

[참나의 6가지 본성]

6바라밀을 두루 갖춘 참나

　인간은 자신의 '본성'에 충실할 때 가장 보람 있게 살 수 있습니다. 우리의 본성에 새겨진 6바라밀의 덕목, 즉 무욕(보시)·청정함(지계)·조화로움(인욕)·성실함(정진)·고요함(선정)·자명함(반야)을, 지금 여기에서 자신의 생각과 언행으로 구현해 보십시오. 매 순간 자신의 본성대로 6바라밀의 선업을 짓고 또 지어 가십시오.

　뭔가를 지키겠다면 6바라밀을 끝까지 지키시고, 6바라밀의 실력이 매일매일 진보하도록 노력해 보십시오. 한 사람, 한 사람이 이렇게 훈련하지 않으면서, "제도가 변하면 그때 해야지." "사회가 변하면 그때 해야지." 하고 생각한다면, 우리에게 그런 세월이 올 리가 없습니다.

한 명 한 명이 움직이는 것이 가장 무서운 것입니다. 한 명이 하고, 또 한 명이 하다 보면 분명히 판 전체가 변하는 '양질전환'이 일어날 때가 옵니다. 그런데 한 명 한 명이 "나 하나가 무슨 힘이 있어?" 하고 움직이지 않는다면 어떠한 변화도 없을 것입니다. "나 한 명으로 인해 양심문화가 인류 전체의 문화로 퍼질 수도 있다!"라고 생각하고 한번 도전해 보십시오.

한 명 한 명의 힘이 합쳐지면 어느 날 갑자기 전체가 변할 수도 있습니다. 현상계의 사회는 늘 그렇게 변해 왔습니다. 과거 어느 한 사람이 과감하게 도전했던 일이, 이제는 인류 전체로 퍼져서 하나의 문화로 자리 잡은 것들이 얼마나 많은가요? 예수님이 갑자기 나타나 홀로 한 주장을 지난 몇천 년간 인류가 중요한 가르침으로 여기며 따랐고, 이제는 누구나 그것을 상식으로 아는 사회가 됐죠.

한 생각에 6바라밀을 갖추어라

'6바라밀'도 그렇게 한번 제대로 해 보자는 것입니다. 6바라밀이라는 말은 불교 경전에 자주 등장하는데, 6바라밀을 어떻게 하는지에 대해 물으면 대부분 답을 잘하지 못합니다. 보통은 "내가 보시를 한 적이 있나?" "혹시 계율 중에서 어긴 건 없나?" "내가 분노를 참은 적이 있나?" 하고 각 항목만 따집니다.

이것은 6바라밀을 한다는 것을 단순히 하나의 계율처럼 생각하고 있다는 의미입니다. 가장 중요한 것은 '양심의 계율'인데, 양심의 소리는 듣지 않고서 문헌화된 계율 중에서 어긴 것이 있는지만 확인한다는 것이죠. 단순히 이런 식으로 계산하면 엉뚱한 결론을 낼 수 있습니다.

참지 말아야 할 분노를 참았다면 오히려 양심의 적이 된 것인데, 그것도 "내가 인욕을 잘했나 보다." 하고 넘어갈 수 있다는 것입니다. 만약 나라의 상황이 아주 엉망이 되어 가고 있다면 그것을 참아선 안 되겠죠. 해야 할 말이 있다면 분명히 해야 하는데, "겨우 꾹 참았다." "인욕했다." 하고, 양심과 따로 놀면서도 단지 인욕을 했다는 사실에만 만족할 수도 있습니다.

길을 가다가 누가 성추행을 당하는 것을 보았다면 당연히 가서 막아야 하는데, "오늘 인욕하느라 참았다." 하는, 말도 안 되는 결론이 나올 수 있습니다. "오늘 보시했습니까?" "저쪽에 있는 물고기를 잡아다 이쪽에 방생했으니까 오늘 보시했습니다." 이렇게 자신의 이익만 챙기면서 자기 마음대로 생각하는 인욕이나 보시를 따지다 보면, 자신이 아주 잘 살고 있는 것으로 착각하게 됩니다.

또 "오늘 명상을 몇 시간 했나?" 이것으로 선정을 했는지 안 했는지를 체크하고, 지혜는 "오늘 내가 불경을 읽었나?"라고 물어서 경전을 읽지 않았고 특별히 공부한 게 없으면 못 한 것으로 체크하는 것이죠. 이렇게 막연하고 추상적인 방식으로 6바라밀을 점검한다면 발전이 있을 수 없습니다. 양심은 계발되지 않을 것이고, 카르마가 바뀌지도 않을 것입니다.

『화엄경』의 7지 보살은 다른 게 아니라 인격이 가장 원만한 보살을 말합니다. 7지는 인간으로서 자신의 개체적 이기성을 초월한 첫 경지입니다. 『화엄경』에서는 "7지 보살은 한 생각에 10바라밀이 다 갖춰져 있다!"라고 말합니다. 여기에서 10바라밀은 6바라밀의 확장판일 뿐이고, 본질은 6바라밀입니다.

어떻게 한 생각에 '6바라밀'이 다 갖춰져 있을 수 있는지 한 번 생각해 보십시오. 보시도 하고, 인욕도 하고 … 각자 다른 항목으로 보이는데, 어떻게 한 생각에 6바라밀이 모두 들어 있을 수 있다는 것일까요? 이것이 6바라밀에 대한 고급 팁인데, 이것을 알지 못하기 때문에 6바라밀을 대개 형식적으로 적용하는 것입니다.

그런 식으로는 개인도, 사회도, 문화도 바뀌지 않습니다. "보시했나? 안 했나?"를 영원히 체크한다고 해도 절대로 바뀌지 않습니다. 에고의 마음으로, 욕심의 마음으로 하는 모든 행동은 '바라밀'이 아니기 때문입니다. '바라밀'이라는 것은 '궁극의 완성'이라는 뜻인데, 형식적인 보시만 계속한다고 해서 보시의 완성을 이룰 수는 없습니다. 인욕의 완성은 양심의 마음으로 참는 것인데, 에고의 마음으로 억지로 참는 것도 바라밀이 아닙니다. 그것은 인욕하겠다고 억지로 노력하는 것이지 깨끗한 바라밀이 되지 못합니다.

우리가 '6바라밀 노트'를 쓰는 것도 마찬가지입니다. 매일매일 "오늘 보시했는가?" "오늘 계율을 어겼는가?" 하고 각 항목만 형식적으로 체크한다면, 일반인보다는 조금 나아질지 모르지만 진짜 보살, 즉 양심적인 사람이 될 수는 없습니다. 내면의 양심이 뭐라고 하는지 한 번도 들은 적이 없을 테니까요.

그렇다면 '보시·지계·인욕·정진·선정·지혜'가 도대체 왜 한 생각에 갖춰져야 할까요? 그게 양심의 자연스런 발로이기 때문입니다. 이 6가지는 그냥 생긴 게 아니라, 우리의 가장 순수한 마음인 '양심'으로부터 나왔습니다. 양심의 입장에서 생각해 보세요. 순수한 양심이라면 나와 남을 가르겠습니까? 그 자리에서는 분명히 나에게 좋은 것을 남에게 베풀려고 할 것입니다. 참나는 늘 남과 나누려고 합니다.

또한 참나는 깨끗함을 지키려 하지, 욕망에 휩쓸려서 더러움에 물들려고 하지 않습니다. 참나는 본래 깨끗한 자리이기 때문에 깨끗함과 청정함을 지키려고 합니다. 나누려는 동시에 지키려고 하는 것이죠. 또 상황을 있는 그대로 받아들이려고 합니다. 당연히 받아들여야 할 진리나, 내가 뿌린 것으로 인해 거두어진 상황을 외면하려 하지 않고 직시합니다. 즉, 인욕은 억지로 참는 것이 아니라 진실을 직시하고 적극적으로 수용하는 것입니다.

나누고, 지키고, 흔쾌히 받아들이고, 최선을 다하고, 늘 깨어 있으려 하고, 상황을 자명하게 꿰뚫어 보는 이런 참나의 작용 중에서 어느 한 가지만 빠져도 '참나의 작용'이 아닙니다. 6바라밀은 참나의 다양한 모습을 나누어 놓은 것일 뿐이지, 그것이 각자 독립적인 별개의 6가지를 의미하는 것이 아닙니다.

따라서 한 생각에 6바라밀이 모두 갖추어져 있지 않다면, 그 생각은 뭔가 문제가 있는 생각입니다. 말 한마디에 6바라밀이 다 갖추어져 있지 않고 일부만 갖춰져 있는 경우도 마찬가지입니다. 그 하나 안에 6개가 다 들어 있어야 하는 것이죠. "나는 1개만 했고 5개는 못했다." 이렇게 생각하면 안 됩니다.

예를 들어, 집에 아무도 없고 할 일도 없으면 6바라밀을 하고 싶어도 할 수가 없는 것 아니냐고 생각할 수 있는데, 그건 착각입니다. 여러분이 그냥 혼자 앉아 있다고 하죠. "아, 할 일이 없다. 혼자 있을 때 쓸데없는 생각 같은 것이나 하지 말고 차라리 깨어있자!" 하고 명상을 했다고 상상해 봅시다. 이러한 '선정바라밀'의 실천 안에도, 나머지 5가지의 바라밀이 모두 들어 있습니다.

먼저, 정확한 판단인 '반야바라밀'이 있었습니다. 그리고 그 상황을 수용하고 있지요. "피할 수 없으면 즐기자!" 하고 이 상황을 받아들이는 '인욕바라밀'이 있습니다. 명상에 드는 과정에서 오는 각종 고통을 인내하는 것도 인욕바라밀입니다. 그래서 명상을 하기로 하고 선정에 몰입했다면 '정진바라밀'이 들어 있습니다.

그리고 명상에 들어가기 위해 원칙을 따르는 '지계바라밀'도 있습니다. 선정에 들기 위해 우리가 따라야 하는 원칙들을 어기면 선정에 들 수 없기 때문입니다. 또 중생 모두를 위해 이것이 내가 할 수 있는 최선의 도움이자 나눔이라고 생각하고, 자신에게 주어진 시간을 가장 아름답게 씀으로써 '보시바라밀'을 하게 됩니다.

"지금 이 시간을 내가 의미 있게 쓰는 것이 우주에도 이득이 된다. 우주의 한 분자인 내가 정신을 차리고 있는 것만으로도 이 우주에 도움이 된다. 내가 정신을 차리고 가족들에게 죄를 짓지 않는 것만으로 좋은 일이다." 하는 그 마음으로 앉아 있기만 해도 이미 베푼 것과 같습니다.

가족을 만났는데 딱히 해 줄 말이 없을 때에는 얼굴이라도 온화하게 하는 게 이미 '보시'입니다. 현관문을 열고 집에 들어갈 때 인상을 쓰고 들어가면 순식간에 가족들의 인상도 안 좋아집니다. 그런데 본인은 그런 가족의 얼굴을 보고 "쟤는 왜 저렇게 얼굴이 안 좋아 …." 하고 오해를 하고 문제를 키울 수도 있겠죠. 이처럼 내가 뭔가 좋지 않은 마음을 내는 순간, 상대방도 그 마음에 감응하면서 함께 안 좋아지는, 이런 결을 읽어 낼 수 있어야 합니다.

따라서 보살은 한 생각에 6바라밀을 담아야 합니다. 생각 하나를 하더라도 그 안에 나눔이 있고, 지킴이 있고, 정진이 있고, 받아들임이 있고, 정확한 판단이 있고, 깨어있음이 있어야 합니다. 6바라밀을 이런 식으로 접근하지 않으면 아무리 노력해도 답이 나오지 않습니다.

6바라밀은 양심이다

깨어있고, 나누고, 꿰뚫어 보고, 지키고, 받아들이고, 한결같은, 그것이 바로 '양심'입니다. 즉, 6바라밀은 양심 하나를 위,

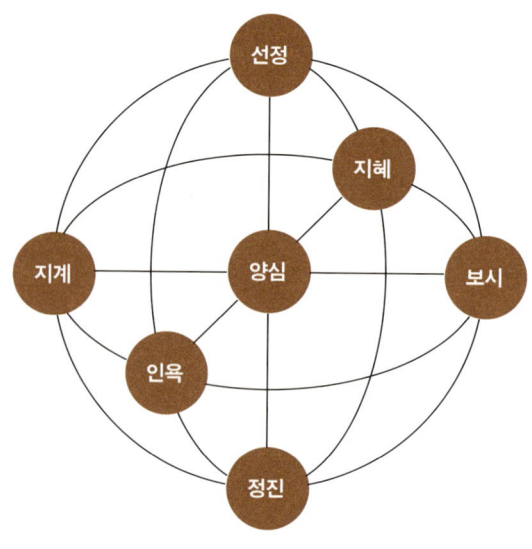

[양심의 6가지 덕목 1]

아래, 동서남북의 여섯 방면에서 보고 이해한 것이라 할 수 있습니다. 동쪽의 봄 기운으로 보면 양심은 베풀고 나누는 것을 알 수 있습니다. '보시'가 바로 나누는 것이죠. 반면, 서쪽의 가을 기운은 지키고 있습니다. '지계'라는 것은 계율을 지키는 것이죠. 이를 통해 양심이란 것이 한쪽은 인자하게 나눠 주는데, 다른 한쪽은 엄격하게 챙기는 것을 알 수 있습니다.

또 남쪽의 여름 기운으로 보면, 상황을 적극적으로 수용하여

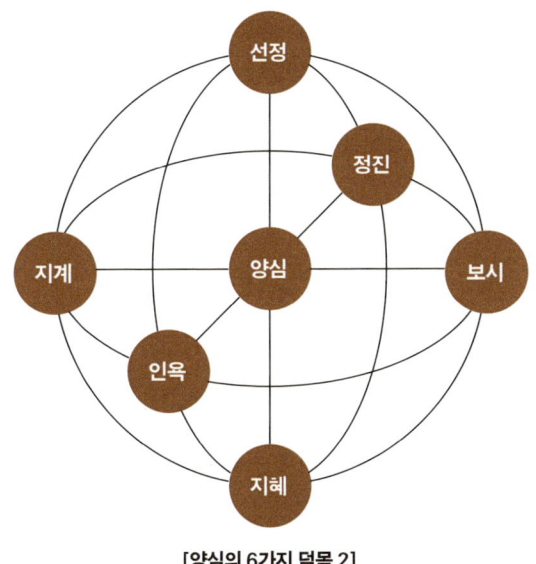

[양심의 6가지 덕목 2]

주변과 늘 조화를 이루는 '인욕'이 있습니다. 북쪽의 겨울 기운으로 보면, 고요한 가운데 늘 '반야'를 통해 무엇이 올바른 것인지를 꿰뚫어 보고 판단하고 있습니다. 그리고 위로는 정신을 광명하게 깨어나게 하는 '선정'이 있고, 아래로는 매 순간 최선을 다하며 한결같이 나아가는 '정진'이 있습니다.

방위를 좀 다르게 볼 수도 있습니다. 물이 열심히 흘러가는 것과 같은 '정진'을 북쪽에 배치할 수도 있습니다. 북쪽의 겨울은 '물 기운'이죠. 또 '선정'과 '지혜' 2가지가 가장 핵심이 된다는 측면에서 하늘을 닮아서 늘 깨어있는 '선정'을 위에, 땅처럼 늘 선명하게 꼼꼼히 판단하고 있는 '지혜'를 아래에 배치할 수도 있겠습니다. 이렇게 전후·좌우로 양심을 파악해 보면, 양심 하나에 모든 것이 갖춰져 있다는 것을 알 수 있습니다.

6바라밀을 우리말로 풀어 보면, 나누고, 지키고, 받아들이고, 최선을 다하고, 깨어있고, 꿰뚫어 보는 것입니다. 이런 삶을 사는 사람이 진정한 도인이고 보살이지, 자명하게 판단할 줄 모르는 사람은 도인이 아니고 보살도 아닙니다. 선정 상태에서 눈빛은 깨어있는 것 같은데, 조금만 뭔가를 물어보면 고집부리고 편견을 주장하는 사람을 만났다면, "아, 다시는 이 사람과 대화하지 말아야겠다." 하는 생각이 들 것입니다. 왜 보살을 만났는데 행복해지지 않고, 피하고 싶은 마음이 생길까요?

마음속에 양심이 들어찬 만큼 그것이 자연스럽게 밖으로 나오는 법입니다. 그러니 밖으로 나온 모습이 이상하다면 마음속에도 뭔가 이상한 것이 들어 있다고 봐야 합니다. "우리 스승님은 고수라서 좀 이상하게 보이나 보다." 하고 변명해 주지 마십시오. 신도들이 알아서 합리화를 해 주니까, 사이비 도인들도

"장사할만한데?" 하고 자꾸 신도를 착취하는 것입니다. 남의 시간과, 정력과, 재력을 '착취'하고 있는 것이죠.

　상대방이 악업을 저지르지 못하도록 막아 주는 것도 보살이 할 일입니다. 보살은 깨어서 남이 나에게 못된 짓을 하지 못하게 미리 막을 수 있어야 합니다. 그래야 모두에게 이로운 것이죠. 이렇게 항상 깨어있는 존재가 되시기 바랍니다.

유튜브(YouTube) | 나와 세상을 바꾸는 6바라밀 양심혁명

6바라밀 양심캠페인과
정신문명의 도래 ———

'6바라밀'의 문화가 널리 퍼졌으면 좋겠습니다. 생활 속의 6바라밀로 말이죠. 6바라밀로 삶의 문제를 풀어 낸 다양한 이야기들이 활발하게 공유되면 더욱 재미있겠지요. 이렇게 재미있게 6바라밀을 적용하다 보면 모든 일에 6바라밀이 숨어 있다는 것을 자연스럽게 알 수 있고, 6바라밀만 따르면 답이 나온다는 것도 알 수 있을 것입니다.

이런 지혜가 모이면, 나중에는 우리 생활 전반에 관한 '6바라밀의 매뉴얼'도 나올 수 있을 것입니다. 우리가 모든 분야에 대해 "양심이 답이다!"라는 것을 분석하려면 힘이 드니, 함께 만들어 보자는 것이죠. 그러면 우리가 상상도 못한 상황들에 대한 답도 얻게 될 것입니다. 이렇게 놀다 보면 자연스럽게 '정신문명'의 사회가 찾아옵니다.

'4단'(양심의 싹, 측은지심·수오지심·사양지심·시비지심)이 양심이 막 발생된 초기 형태라면, 좀 더 구체화된 모습이 '6바라밀'입니다. 그러니까 6바라밀은 4단이 좀 더 확충된 모습이에요. 예를 들어, '보시바라밀'이라는 것은 남을 나처럼 사랑하는 '측은지심'이 좀 더 구체화된 모습인 것이죠. 그렇기 때문에, 사람들이 이해하기에는 4단보다는 6바라밀이 좀 더 쉬울 수 있습니다.

'지계바라밀'이라는 것은 악을 싫어하는 '수오지심'이 좀 더 구체화된 모습이고, '인욕바라밀'은 상황을 수용하고 상황과 조화를 이루려는 '사양지심'이 좀 더 구체화된 모습이죠. '정진바라밀'은 4단을 한결같이 밀고 나가는 '성실지심'의 구체적 모습이고, '선정바라밀'은 깨어있는 양심의 구체적 모습이며, '반야바라밀'은 옳고 그름을 판별하는 '시비지심'의 구체적 모습이죠. 그러니 6바라밀을 대중화시켜 보자는 것입니다.

이런 운동은 원래 대승불교에서 해야 하는 것인데, 현재의 대승불교는 추상적으로만 이야기하고 말지, 실제로 6바라밀을 어떻게 써먹어야 하는지에 대한 실전지침이 부족합니다. 『유마경維摩經』을 읽어도 6바라밀의 구체적 지침이 부족하니, 경전을 보고 난 뒤에 무엇을 어떻게 해야 할지 일반인이 알기가 어렵습니다. 지금까지 정신문명 사회가 제대로 이루어지 않은 것은,

바로 이런 구체적인 팁이 부족했기 때문입니다.

조선의 선비들이 '인의예지신仁義禮智信'을 500년간 열심히 연구했는데도 불구하고, 조선의 사회는 노비 제도를 비롯해 사회 불평등이 심하지 않았나요? 저는 이런 부분이 안타까운데, 한마디로 온 국민이 '양심노트'를 쓰지 않았기 때문에 그런 것이죠. 양심을 소수만 누린다고 해서 그 문화가 퍼지나요? 온 국민이 함께 누려야 진정한 문화라고 할 수 있지요.

결국 '양심노트'가 우리의 가장 강력한 무기입니다. 6바라밀 분석, 4단 분석의 생활화, 이것만 만들어 내면 이것이 진정한 '개벽'이에요. 양심을 즐기는 문화로 바꾸는 것, 이것이야말로 견성보다 훨씬 근본적인 개벽입니다. 견성도 좋지만, 양심문화가 보급되면 인간은 그 안에서 자연히 본성을 찾게 되는 것이니, '양심문화'의 보급이 더 중요합니다.

양심이 문화가 되려면 '놀이'처럼 손쉽게 누릴 수 있게 보급되어야 합니다. 6바라밀 분석을 주변인들과 릴레이처럼 해 보는 것도 재미있을 것입니다. 이처럼 양심을 놀이문화로 즐기면서 생활에도 도움이 되고 하다 보면, 정신문화가 빠르게 보편화

될 것입니다. 불교에서 말하는 미륵불이 오시더라도 결국 이런 일을 하지 않을까요? '대승불교'를 진짜로 대중의 생활 속에 보급하는 일 말입니다.

일반 대중이 '6바라밀'을 생활 속에서 자유자재로 쓸 수 있도록 인도한다면, 인류의 '영적 성장의 길'도 자연히 열릴 것입니다. 대중에게는 쉽게 하도록 이끌어 주면 되고, 고수에게는 영성의 레벨을 올리는 비법을 가르쳐 줘야 합니다.

대중이 소화할 수 있는 6바라밀의 구체적인 대안을 제시해 주는 한편, 수준 높은 공부하고 싶은 보살들에게는 『화엄경』 수준의 정확한 정보를 주어 더 큰 보살이 될 수 있게 이끌어 주는 사회가 바로 '정토淨土'가 아닐까요? 그럴 때 지상에서 불국토가 펼쳐지는 것이죠. 6바라밀을 수준에 맞게 온 인류에 보급하여 지상을 정토로 만드는 것, 이것이 바로 '개벽', 즉 '문명의 업그레이드'입니다.

유튜브(YouTube) | 6바라밀 양심 캠페인

매 순간 자명함을 따르는 삶

그 시점에서 가장 자명한 목표를 세워라

그 순간에 보이는 가장 자명한 미래를 '목표'로 삼으십시오. 우리는 과거의 모든 정보를 활용해서, 그 순간에 최선의 판단을 할 뿐입니다. 한 때의 목표는 그 순간에 중요했던 것이지, 시간이 지난 지금 그 목표는 우리에게 더 이상 중요한 것이 아닙니다. 과거의 정보를 바탕으로 해서 지금 내 눈에 자명하게 보이는 목표가, 지금의 내 욕구를 더 정확하게 반영하고 있기 때문입니다.

우리가 컴퓨터에서 자료를 다운로드할 때, 다운로드 완료 예상 시간이 계속 바뀌죠? 마찬가지로 우리의 일도 "그때 그 속도라면 10년 걸릴 일이다."라고 계산했었는데, 상황이 약간 바뀌면 "5년 걸릴 일이다." 하고 미래가 바뀔 수 있습니다. 그리고 내가 지금 놓는 수로 인해 미래에 대한 전망이 바뀌면, 목표가 수정되는 것도 불가피해지겠죠.

따라서 '목표'를 세우지 말라는 것이 아니라, 융통성 있게 세워야 한다는 것입니다. 그리고 그 목표에 매달려 안달할 게 아니라, 그 목표와 과거 나의 이력이 지금 이 순간의 나에게 최선의 도움이 되도록 활용해야 합니다. 이것이 바로 '지금 이 순간'을 최고로 활용하는 비법입니다.

과거 · 현재 · 미래의 협력

여러분이 지금 무언가를 '목표'로 세우면 그 목표가 여러분에게 힘을 주고, 올바른 판단을 할 수 있도록 도와줄 것입니다. 그 목표를 오늘을 위해 잘 활용하고 오늘이 지나면 버리십시오. 그리고 다음날 일어났을 때 다른 목표가 더 자명해 보이면, 그날은 그날의 목표를 세워서 그것을 위해 최선을 다하십시오. 그러다 보면 또 그날을 멋지게 살 수 있겠죠. 이렇게 되면 과거 · 현재 · 미래가 서로 협력하여, 나로 하여금 매 순간을 멋지게 살 수 있도록 도와주는 것이 됩니다.

우리에게 가장 중요한 것은 '지금 이 순간'이고, 우리는 매 순간 어떤 판단을 하고 어떤 행동을 하는 것이 가장 자명한지를

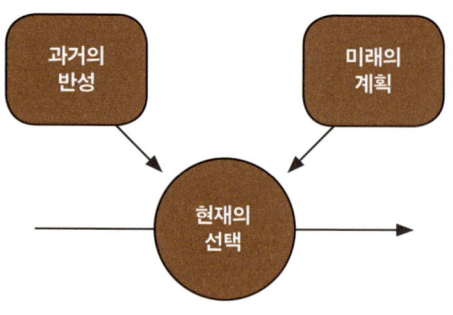

[과거 · 현재 · 미래의 협력]

결정해야 합니다. 철학적으로 보면, 지금 이 순간에 '과거 · 현재 · 미래'가 함께 움직이고 있습니다. 과거와 미래가 따로 있는 것이 아니라, 이 모두가 한 세트인 것이죠. 지금의 나는 현재를 살고 있지만 항상 과거와 미래를 전제하면서 움직이고 있기 때문에, 사실 이 셋이 함께 움직이고 있다고 봐야 마땅합니다.

즉, '과거의 반성'이 뒤에서 밀어주고 있고, '미래의 계획'이 앞에서 끌어 주고 있고, 과거와 미래를 살피면서 '현재의 선택'이 이루어지고 있는 것입니다. 이렇게 한 순간에 '셋'이 같이 다니기 때문에, 미래의 목표니 과거에 대한 성찰이니 하는 것도 매 순간 쓰고 버려야 합니다.

모든 것은 '그 순간'에 의미가 있는 것이기 때문에, 과거의 것에 집착할 필요가 없습니다. 그 순간에 '셋'이 모여 '하나의 작품'을 만들고 완결된다는 관점으로 보면, 목표에 대한 부담이 없어지고 오히려 재미가 있을 것입니다. 그러면 목표가 바뀌는 것에 대한 부담도 적어질 것입니다. 제 경우, 오늘의 목표가 오늘의 나에게 최선을 다하도록 만들었다면, 그것으로 만족하고 나서 그 목표를 버리고 다시 "모른다!" 하고 돌아갑니다.

　사실 우리의 삶이 그와 같습니다. 우리가 잠을 잔다는 것은 모든 것을 내려놓고 돌아가는 일입니다. 우리의 삶을 '리셋reset' 하는 것이죠. 수면은 한 번 죽는 것과 같은 사건입니다. 그리고 다시 깨어나면 그날에 맞게 미래에 대한 전망을 갖고, 과거에 내가 쌓아 온 정보와 경험을 활용해서, 최선을 다해 그날의 작품을 만드는 것이죠. 이렇게 매 순간 '과거 · 현재 · 미래'가 모여 새로운 작품이 만들어집니다. 이런 느낌으로 순간순간을 살아가는 것이 우리가 시간을 가장 보람 있게 쓰는 방법입니다.

목표도 현재를 위해 활용하라

목표를 적극적으로 활용하되, 목표를 쓰고 버리는 것에 얽매이지만 않으면 됩니다. '궁극의 깨달음' 같은 것도 목표로서 활용하면 되지, 그것에 집착할 필요가 없습니다. 그 목표가 앞에서 나를 끌어 주면 내가 더 잘 나아갈 수 있기 때문에, 나를 끌어 줄 목표를 세워 놓는 것은 그 자체로 중요합니다.

나에게 동기부여를 해 주는 '미래의 목표'를 앞에 세워 놓고 볼 때마다 힘을 내면서, 동시에 '과거'에 내가 쌓은 경험치를 모두 활용해서 '지금 이 순간' 한 걸음 한 걸음 앞으로 나아가면 됩니다. 이런 느낌으로 목표를 활용한다면 목표라는 것에 대한 부담도 줄어들 것입니다.

철학적으로 살펴보아도 이런 방식이 맞습니다. 일례로 왕양명王陽明 선생의 글을 보면 이런 구절이 있습니다. "깨어있는 사람은 미래를 알 수 있습니까?" 하고 누가 물으니, 왕양명은 "그건 욕심이다."라고 말합니다. "그럼 어떻게 해야 합니까?" 하니, "매 순간 낌새만 통찰하라."라고 대답합니다.

이것은 미래를 억지로 예측하려 하지 말고 매 순간 그 시점에서 사안이 모두에게 이로운 '선善'인지, 모두에게 해로운 '악惡'인지에 대해서만 정확히 통찰하라는 의미입니다. 미래에 집착하지 말고 지금 이 순간에만 충실하라는 가르침인 것이죠.

그런데 이런 말은 아주 많이 닦은 도인이나 할 수 있는 얘기이지, 일반인의 에고로는 받아들이기 어려울 것입니다. 그리고 심지어 도인이라 하더라도 에고를 완전히 무시할 수는 없을 것입니다. 그렇다면 지혜로운 도인이라면 어떻게 해야 할까요? '과거'의 카르마와 '미래'의 비전인 목표를, '현재'의 시점에서 더 자명한 선택을 하는 데에 활용할 것입니다.

요컨대, 현재의 선택을 위해 과거와 미래를 모두 동원하자는 것입니다. 그런데 왕양명 선생처럼 순간순간의 낌새만 보라고 할 정도의 가르침도 있으니, 계획이 없다는 것 자체가 문제 삼을만한 일은 아닐 것입니다. 다만, '미래의 계획'과 '과거에 대한 반성'의 적절한 활용은 '현재의 선택'에 있어 아주 중요한 밑거름이 됩니다. 과거에 내가 힘든 일을 겪었더라도 지금 나를 가슴 뛰게 하는 목표를 향해 나아갈 때, 과거의 그 경험에서 얻은 정보를 활용할 수 있기 때문입니다.

목표에 끌려다니지 말라

그런데 무엇보다 중요한 것은, "지금 이 시점에서 자명한 일인가?"를 따져 보고 의사결정을 하는 것입니다. 그러다 보면 '자연의 결'에 더욱 맞는 선택을 할 수 있습니다. 이것은 과거·현재·미래가 함께 돌아가는 원리를 활용하는 방법입니다.

미래에 대한 '목표'를 세우고 버리는 것을 별것 아닌 것처럼 생각한다는 것은, 그 순간에 좋았으면 그것으로 족하다는 의미겠죠. 그 순간에 그것이 우리로 하여금 더 자명한 최선의 선택을 할 수 있도록 도와줬다면, 그것으로 이미 충분하다는 것입니다.

저는 '홍익학당'도 그런 방식으로 운영하고 있습니다. 그래서 계획에 따라 정해진 일만 하던 분들이 홍익학당에서 일을 같이 하게 되면, 처음에는 많이 당황해합니다. 회사에서는 어떤 일이 발생하면 정해진 관례나 계획대로 대처하는데, 홍익학당의 방식은 뭔가 느슨하게 돌아가고 무계획적인 것처럼 보이니까요. 하지만 이런 방식도 일종의 '수행'이니 한번 즐겨 보셨으면 합니다.

세세한 것까지 계획을 짜고 움직이는 것이 편하다고 느낀다면 본인에게 자명한 수준에서 목표를 세우되, 그 계획이나 목표에 집착하지 않으면 됩니다. 일이 항상 계획대로 돌아가는 것이 아니니까요. 그런데 많은 사람들이 착각하는 것이 바로 이런 부분입니다. 무리한 목표나 계획을 짜 놓고 그것을 달성하는 것을 성공이라고 생각하는 것이죠.

'자연의 결'에 맞아야 진정한 성공인데 '자신의 목표'에 맞추는 것을 성공이라고 생각하게 되면, '에고의 놀음'에 빠져 버립니다. 일시적으로는 성공한 것처럼 보일 수 있겠지만, 그런 방식에는 근원적으로 문제가 있습니다. 정해진 목표에 매달려 일하게 되면, 내부 구성원들은 일에서 재미가 아닌 스트레스를 느끼게 되고, 결국 창조성을 발휘할 수도 없게 됩니다.

약간 더 풀어놓고 즐기는 이런 감각에 따라, 매 순간 최선을 다하는 것이 '6바라밀의 실전팁'이라 할 수 있습니다. 이런 부분이 해결되지 못하면 보살들도 힘들어질 수밖에 없습니다. 자기가 세운 계획만을 가지고 접근하면 누구나 힘들어지기 마련입니다. 그러니 결국 '자연의 결'에 많이 의존하면서 가야 합니다.

이것은 기독교로 치면 하느님과 더불어 수작을 하는 것과 같습니다. 내가 혼자서 전체의 그림을 다 그리는 것이 아니라, 어느 정도 할 수 있을 만큼만 해 놓고 나머지 부분은 하느님이 채워 주실 것을 믿고 맡기는 것이죠. 그러면 나는 자연의 결에 가장 맞는 방식으로 움직일 수 있게 됩니다. 이런 방식으로 일을 처리하게 되면, 오히려 미래에 대한 '목표'나 '계획'을 잘 활용하게 됩니다.

책을 읽는 것도 마찬가지입니다. 저도 책을 좋아하고 특히 고전 읽기를 강조하지만, 책에 얽매이지는 마시라고 늘 말씀드립니다. 내가 주인이지, 책이 주인은 아니잖아요. 우리가 죽을 때에 '책'을 가지고 가는 것도 아니고요.

선명하고 자명한 목표를 찾아내라

'계획'도 그렇습니다. 지금 계획을 짜서 우리를 가슴 뛰게 하는 비전을 눈앞에 두고 가는데, 그렇게 가다 보면 내가 의도하지 않아도 '언제나 선명한 목표'를 자연스럽게 발견하게 됩니다. 그렇다면 그런 목표는 자명하다는 것이 입증된 것이기 때문에 영원히 추구해야 합니다.

목표나 계획을 세워 보면 그중에서 '보다 선명한 것'이 있는데, 바로 그것들이 우리의 인생을 끌고 갑니다. 즉, 계속해서 살아남는 계획들이 우리를 끌고 간다는 것입니다. 그러니 계획이나 목표는 일단 지금 이 순간 나를 가슴 뛰게 하는 것들로 잡아도 좋은 것입니다. 앞으로 얼마든지 수정하면 되니까요. 어차피 결국에는 자명한 것만 살아남게 될 것입니다.

마치 오디션 프로그램에 도전하는 것처럼, 그날그날 자명한 목표들을 내 것으로 삼고 최선을 다해 도전해 보세요. 자명하지 않고 문제가 있는 목표들은 예선에서 바로 무너지고 말지만, 언제부터인가 계속해서 살아남는 목표들이 보일 것입니다. 그런 목표들을 따라가는 것이 가장 자명한 길이죠.

저도 수많은 계획을 세워 봤지만, 세우면서부터 자명하지 않은 계획도 있고 자명하다고 판단했는데 나중에 보니 전혀 그렇지 않은 계획도 있었습니다. 그런데 늘 살아남는 것들은 결국 나를 끌어 나가는 '인생의 비전'이 되었습니다.

이렇게 살아남은 목표들을 보면, 언제든지 나를 가슴 뛰게 하고, 나에게 가장 의미가 있고, 하고 싶고, 할 만한 일이다 싶은 것들이죠. 그런 목표는 살아남아서 버티지만, 무리해서 세운 것들은 결국 다 사라지고 맙니다. 추구하는 자체로도 가슴이 뛰고, 내가 노력하면 달성할 수 있을 것 같은 목표라면 그건 추구하지 않을 도리가 없지요. 그렇다면 인욕하고 추구해야 합니다. 그것을 하지 않고 다른 길로 간다면 내 인생이 우울해질 게 확실하니까요.

그러니 '이건 무조건 해야 하는 것'이고, '하는 것이 너무도 자명한 것'을 목표로 삼으시기 바랍니다. 빨리 인정하고 받아들여야 그다음 비전을 가질 수 있습니다. 이렇게 자명한 목표를 받아들인 뒤에는 그것이 움직이지 않게 고정시켜 놓고, 계획을 세울 때에 항상 앞에 두어야 합니다.

그리고 "그 목표를 이루기 위해 오늘 난 무엇을 해야 하나?" 하고 구체적인 수단을 찾아가는 것이 편합니다. 공부에서와 마찬가지로 '부동의 목표'들이 생기면, 자명한 부분이 많아지면서 나아가기가 편해집니다. 자명한 것이 부족하면 계획이 산으로 갔다, 강으로 갔다 해서 힘들어집니다.

하지만 그런 와중에도 관찰해 보면 살아남는 목표들이 있고 그것들을 대충 모아 보면 어느 한 방향으로 수렴됩니다. 그렇게 목표가 하나로 수렴되어 자명해지면, 이제 그것을 이루는 데에 도움이 되는 것이 무엇인지만 생각하면 됩니다. 즉, 아침에 일어났을 때 오늘 그 목표를 위해 무엇을 하면 더 재밌을 것인지만 계속 연구하면 되는 것이죠.

그러니 '큰 원願'을 세우고, 가장 자명한 목표를 세우는 것이 중요합니다. 하지만 '원대한 목표'를 이루기 위한 '중간 목표'들은 언제든 유동적으로 바뀔 수 있어야 합니다. 사실 내 삶의 결을 관찰해 보고 그런 목표를 찾아내야 하는데, 당장은 정보가 부족해서 알 수 없는 경우가 많기 때문입니다. 다만 그날그날 더 자명한 것을 목표로 세워 하루를 끌고 가다 보면, 자명한 것은 살아남고 찜찜한 것은 무너져서, 언젠가는 더 큰 목표가 자명해질 때가 올 것입니다.

따라서 미래의 '원대한 목표'가 앞에서 우리를 끌어 주고, 현재의 '중간 목표'들이 우리를 매 순간 몰입하게 해 준다면 그건 그것으로 의미 있는 것이지, 중간 과정에서 세운 목표들에 집착할 필요가 없습니다. 그것들은 가다가 언제든지 쓰고 버리면 됩니다. 그런 과정에서 자연스럽게 원대한 목표를 향해 가게 됩니다.

하늘과 수작해야 보살이다

이런 감각을 빨리 받아들이는 분들이 '보살도'도 오래 하실 수 있습니다. 보살도는 에고로써 할 수 있는 일이 아니기 때문입니다. 에고가 계획을 아무리 잘 짰더라도 자명하지 않으면 다 날아가 버릴 일입니다. 에고가 계획을 짜면 하늘은 분명히 "그게 아니야." 하고 흩어 버릴 것입니다. 몇 번 이런 경험을 하면 뭔가를 느껴야 하는데, 눈치가 없으면 계속 밀고 나가겠죠. 보살도라는 것은 나 혼자, 에고로 애써서 될 일이 아니라는 것을 빨리 파악하고, 하늘(인과법)과 수작하는 방법을 배워야만 보살이 될 수 있습니다.

'계획'을 짜다 보면 정말 그 계획대로 일이 진행될지 안 될지도 모르는데 집착하는 것이 아닌가 하는 기분이 들 때가 있습니다. 하지만 계획을 세울 때에는 정말 될 것처럼 진지하고 치밀하게 짜야 하고, 해 보았더니 아니라는 판단이 들 때에는 그것을 빨리 내려놓는 힘을 길러야 합니다. 그런데 계획에 너무 집착해 버리면, 자기 머릿속에 있는 이상을 이루려다가 현실과 갈등이 생겨서 다른 문제를 일으킬 수 있습니다.

목표나 계획은 지금 이 순간 우리의 행동을 어느 방향으로 끌고 가야 할지를 정해 주고, 그런 방향성을 갖는 것이 우리의 에고에게 편하기 때문에 의미가 있습니다. 계획을 세워 놔야 에고가 편히 잠을 잘 수도 있고 쓸데없는 고민을 덜 하게 됩니다.

반면 계획이 전혀 없다는 것은 계속 고민을 해야 한다는 의미이기도 합니다. "이번엔 뭘 하지?" "이젠 뭐하지?" 하는 상태에서 에고는 쉴 수 없고 안정이 되기 어렵습니다. 따라서 에고를 위해서라도 계획은 세울 필요가 있습니다. 다만, 그것을 빨리빨리 내려놓고 교체할 수 있는 정신력만 있다면 어떤 계획을 세우더라도 문제가 안 되겠죠.

'목표'나 '계획'에 얽매이다 보면 오히려 일을 망치기 쉽고 집착한다고 해서 현실화되는 것도 아니기 때문에, 목표나 계획을 에고를 달래는 데에 잘 썼다면 그것으로 충분합니다. 그리고 어떤 목표를 버리기로 했다면, 에고가 불안해지기 전에 빨리 다른 목표를 만들어야 합니다.

"그래, 이제 이걸 하자!" 하고 에고를 다시 설득하면, 에고는 목표가 이루어지지 않았더라도 늘 안정된 상태로 기분 좋게 갈 수 있습니다. 그런 기분 좋은 상태에서 '창의력'이 나오고, 목표의 자명함으로부터 그걸 해내야 한다는 '사명감'이 생겨나게 됩니다. 그렇기 때문에 기존에 세웠던 목표에 집착할 필요가 없다는 것입니다.

3박자로 카르마를 경영하라

삶은 순간순간 우리에게 자명한 것들을 보여 줍니다. 그런데 그 자명한 것들이 산만해지는 것이 아니라, 하나로 수렴이 되어야겠죠. 우리가 예리하게 분석을 잘하기만 하면, 파편적으로 오는 정보들 속에서 하나의 통일된 결을 찾아낼 수 있습니다. 바로 그것에 우리 인생을 걸어야 합니다.

이것은 제가 종종 말하는 것처럼 '부분적인 자명함'에 빠지면 안 되는 작업입니다. 내 인생의 '자명한 결'을 찾아내려면, 파편적인 것을 꿰어서 하나로 통합하는 힘이 필요합니다. 그래서 이 것은 평생에 걸친 작업으로 생각하는 것이 좋을 것입니다.

 사실 무엇이 내 삶의 결인지는 살아 봐야 정확하게 알 수 있습니다. 그러니 어떤 것이 자명한 목표인지 아닌지를 지금 당장은 모르는 것이 당연합니다. 내면에서 어떻게 하라는 움직임이나 영감이 있더라도, 실제로 해 보지 않고서는 확실하게 말할 수 없기 때문입니다. 따라서 우리는 미지의 영역도 항상 함께 안고 가야 합니다.

 요컨대 결론은, "자명하면 가고, 자명하지 않으면 언제든지 바로 손 털겠다!" 하는 각오로 나아가자는 것입니다. 그런 각오로 계획을 세우고, 실험을 해 보고, 최선을 다해서 부딪혀 보고, 그래서 자명하면 취하고, 아니면 버리는 모습으로 살아가는 것이 보살도이고 수행이라고 생각합니다. 되도록 늘 초연한 시각으로 판단하려고 노력하는 것, 이것이 보살도의 실전인 것이죠.

 ① 과거의 반성 ② 현재의 선택과 실천 ③ 미래의 계획이라는 3박자가 잘 돌아가야 합니다. 과거·현재·미래의 정보를 총동원해서, 과거의 것은 평가하고 현재의 것은 선택하여 실천

하며 미래에 대해 계획을 짜는, 이런 작업이 동시에 돌아가야 카르마를 잘 경영할 수 있습니다. 이런 작업이 적절히 돌아가 줘야 에고도 힘이 나서 건강하게 작용할 수 있습니다.

그런데 이런 부분을 모두 무시하고 순간순간 즉흥적으로 살아가라고 하면, 에고가 힘들어서 견디지 못하고 흥을 잃어버릴 것입니다. 설사 명상을 한다고 해도 목적 없이 명상을 하게 되어 에고가 느슨해지게 됩니다. 반면, 대승의 명상은 편히 쉬고 싶어서 하는 것이 아니라, 힘들 때 평정심을 유지함으로써 판단을 더 잘하기 위해 하는 것입니다.

따라서 보살이 되려면 이런 3박자를 잘 활용해야 합니다. 보살도는 이런 것들을 무시하고서 할 수 있는 것이 아닙니다. 과거·현재·미래를 제대로 잘 쓸 때 보살도가 완성됩니다. ① 과거에 대한 치우치지 않은 공정한 평가와 냉철한 반성, ② 미래에 대한 명확한 계획, 그리고 ③ 매 순간 현실에 충실한 선택과 실천, 이 3가지를 모두 갖추어야 합니다.

과거의 어떤 목표를 오랫동안 일관되게 추구하는 사람은 의지가 강하다고 말할 수는 있어도, 그 자체만으로 도인이라고 할 수는 없습니다. 현실에서의 의지가 강한 것과 도道는 별개의 문제이기 때문입니다. 도인이 추구하는 성공은 자연과 수작을 해서 얻는 성공이기 때문에, 도인의 삶은 의지가 강해서 현실에서 성공하는 사람들의 삶과는 다릅니다. 현실에서는 강한 의지력으로 욕심을 채우는 것을 성공이라고 평가하지만, 그런 성공은 주변에 엄청난 피해를 주는 경우가 많기 때문에, 보살이라면 그런 성공을 추구하지 않을 것입니다.

따라서 과거에 세운 목표를 지금도 추구하고 있는지 아닌지는 중요하지 않습니다. 자명하지 않은 목표는 추구하지 않는 것이 맞고, 자명한 것은 계속 추구해야 합당하기 때문입니다. 계획 하나를 짜는 데에 무슨 진리(法)가 있느냐고 생각할 수 있지만 분명히 있습니다. 자연이 어떻게 돌아가는지를 관찰하면, 과거·현재·미래가 모여 순간순간을 만들고 현실을 움직이면서 변화시킨다는 것을 알게 되고, 우주가 어떻게 굴러가는지의 공식이나 결도 알게 되는 것입니다.

유튜브(YouTube) | 매 순간 자명함을 따르는 삶

6바라밀로 가정을 경영하라

가장 어려운 관계, 가족

가족은 우리가 싫다고 버릴 수도 없고 우리 마음대로 할 수도 없지요. 그런데 우리 가까이에서 계속 문제를 일으키기 때문에 가장 어려운 인간관계라고 말할 수 있습니다. 그래서 원수는 가족으로 온다는 말이 있을 정도로, 서로 간에 강한 작용을 일으키는 것 같습니다. 다른 한편으로는 그 존재만으로 우리에게서 행복 호르몬이 나오게 만들고, 살아갈 수 있는 힘을 주는 존재이기도 하지요.

이건 자연스러운 현상입니다. 남은 그 정도의 타격을 주지 않는 대신 그 정도의 기쁨도 주지 못하지만, 가족은 강렬한 기쁨을 주는 대신 그 반대급부로 스트레스도 크게 주는 것이니까요. 산이 높으면 골이 깊다고, 친한 사이에서 실망을 하게 되면 훨씬 더 큰 상처를 받습니다. 기대가 크다 보니 낙망도 큰 것이죠.

길을 가다 만난 사이에서는 서로 기대를 하지 않으니까 크게 낙망할 일이 없고, 또 사회에서 만난 사람들과는 서로 체면을 차리기 때문에 조심해 가면서 행동합니다. 그런데 가족은 체면을 모두 벗어 던진 관계이지 않습니까? 특히 이런 관계에서는 6바라밀을 구현하기가 어렵습니다. 저에게도 인간관계 중 가장 힘든 부분이 '가족'입니다.

그래서 가족을 경영할 수 있는 사람이 천하를 경영해야 한다는 말이 있는 것입니다. '수신修身 · 제가齊家 · 치국治國 · 평천하平天下'에서 '제가'를 해야 '치국'을 한다는 말은, 가정을 경영하는 것이 정말 어렵기 때문에 가정을 경영할 정도가 되면 나라도 다스릴 수 있다는 의미로 봐야 합니다.

가족 관계를 경영하는 것이 쉽기 때문에 앞에 있는 것이 아니라, 가족이 나와 가까이에 있어서 앞에 있는 것입니다. 자신과 가장 가까운 부모님이나 부인에게 행동하는 것을 보면, 근원적으로 그 사람이 믿을 수 있는 사람인지 아닌지를 알 수 있습니다.

가족에게 함부로 대하는 사람이 한 사회의 수장으로 있다면,

그 사회는 안 봐도 어떻게 돌아갈지 예측할 수 있는 것이죠. 밖에서는 가족에게 대하듯이 쉽게 행동하지는 못하겠지만, 가까운 사람에게 대하는 것을 보면 그 사람의 속마음이 어떤지를 알 수 있기 때문에, 일 처리를 할 때에도 '역지사지易地思之'를 제대로 못할 것임을 미루어 알 수 있습니다.

그래서 『중용』과 같은 고전에서도, 한 사람을 보려면 그 사람이 부모에게 하는 행동을 먼저 보라고 말하고 있습니다. 그 부모에게 하는 것을 보라는 것은, 가까운 사람에게 하는 것을 살펴보라는 의미입니다. 만약 회사에서 직원 중 한 사람을 발탁해야 한다면, 그 사람이 동료들에게 어떻게 역지사지를 해 주는지를 확인해 보아야 합니다. 그리고 동기들에게 인정을 받고 있다면, 부모님에게 어떻게 하는지를 보아야 합니다.

가장 가까운 피붙이에게 행동하는 것을 보면 그 사람의 영성 수준을 알 수 있습니다. 체면을 차리는 관계에서는 모두가 도인처럼 행동하기 마련입니다. 그런데 체면을 모두 벗어 던졌을 때 그 틈에서 보이는 영성이 깊지 않다면, 그 사람은 언젠가는 주변 사람들을 실망시키고 맙니다.

그래서 가정 경영이 어려운 것이고, 특히 배우자와의 관계는 더 어렵지 않겠습니까? 좋을 땐 좋지만 가족이 주는 스트레스라는 것이 엄청나고 사람을 정말로 힘들게 하는데, 그런 어려움을 이겨내면서 가정을 경영하고 꾸려간다는 것 자체를 저는 대단하다고 생각하기 때문에, 그런 분들을 실제로 존경합니다.

가정 경영도 6바라밀로 하자

가족 관계나 배우자와의 관계 자체를 '보살도菩薩道'라고 생각하고 접근하시기 바랍니다. 그 일을 수행의 하나라고 생각해야지 "그래도 내 짝인데, 내 동생인데, 내 가족인데 ···."와 같은 식으로, 예외로 간주하고 접근하면 안 된다고 봅니다. 인간사 문제를 푸는 방법은 다 같지 않겠습니까?

불교에서는 어떤 난관도 '6바라밀'로 풀 수 있다고 하고, 유교에서도 '4단'(측은지심 · 수오지심 · 사양지심 · 시비지심)이면 천하도 경영할 수 있다고 보았습니다. 그렇다면 그런 공식들만 적용하면 인간사의 모든 문제를 해결할 수 있다는 것인데, 가족에게는 그런 공식들을 제대로 적용하지 못해서는 안 되겠죠.

지금 가족에게 '보시 · 지계 · 인욕 · 정진 · 선정 · 지혜'를 총동원해서 문제를 풀고 계십니까? 아니면 남들에게만 잘 적용하고 계신가요? 배우자가 문제를 일으켰을 때, "그래도 내 배우자인데 남보다 더 나에게 잘해야지 ….''라는 마음이 있으면 안 되지 않을까요? "그래도 가족인데 너는 날 알아줘야지." 이런 기대가 인간관계를 오히려 더 망치지 않나 생각합니다.

'보시 · 지계 · 인욕 · 정진 · 선정 · 지혜'는 참나 즉 양심에서 온전하게 발출되어도, 에고가 그것을 수용한 만큼만 밖으로 드러나게 됩니다. 그러니 힘들더라도 공부라고 생각하고, 그 사람과의 인간관계를 풀기 위해서가 아니라 그것이 인간으로서 내가 해야 할 당연한 공부이니까 하겠다는 마음으로 접근하시면 좋겠습니다.

'6바라밀'을 쉽게 풀어서 설명하자면, 불경에서 '보시바라밀'이라는 것은 남에게 재산도 주고 생명도 주는 것이라고 말하고 있습니다. '법보시法布施'와 같이 좋은 가르침, 진리도 베풀어 줄 수 있습니다. 예를 들어 우리가 누군가에게 스마트폰을 사용하는 방법을 가르쳐 주었다면 그것도 법보시입니다.

그런데 가족 사이에서는 법보시를 좀 하려고 했다가 오히려 문제가 생기기도 합니다. 가족이다 보니 "말귀 참 못 알아듣네 …, 너는 그래 가지고 …." 하고 무시하면서 함부로 말하기도 합니다. 우리가 "남은 가르쳐 줄 수 있어도 가족은 못 가르쳐 준다."라는 말도 하지 않습니까? 배우자에게 운전을 좀 가르치려고 했다가 서로 한동안 안 보는 사이가 되기도 하지요.

가족 간에는 이처럼 작은 문제도 금방 격화되기 쉽습니다. 제사나 집안 행사와 같은 작은 일 하나가 생겨도 큰일로 비화되는데, 그것을 미리 진화하려면 최소한 한쪽은 도인이어야 하지 않을까요? 결국 6바라밀을 아는 분이 먼저 실천하는 수밖에 없습니다. 그런데 이런 역경을 참아 내고 또 해결하는 것이 자신의 영적 레벨을 올리는 비방이기도 합니다.

우리는 '재산'뿐만 아니라 '노동력'도 보시할 수 있습니다. 이것을 '역보시力布施'라고 합니다. 또 '무외보시無畏布施'라는 것이 있는데, 상대방이 걱정하지 않도록 도와주는 것을 말합니다. '무외'는 '두려울 외'(畏), '없을 무'(無)입니다. 즉, 걱정을 덜어 주어 상대방이 두려워하지 않게 만들어 주는 것을 말합니다. 가족에게도 이런 보시를 베풀어야 합니다. 이런 방편들을 쓰지 않고서는 문제가 잘 해결되기 어렵습니다.

몰라와 괜찮아를 활용하라

가족에게 보시를 하려고 해도 힘이 드는 것은 욕심으로 하려고 하기 때문입니다. 욕심으로 하면, 내가 이 정도 내놨을 때 상대방이 그만큼 내놓지 않으면 섭섭해집니다. 물론, 그런 마음이 전혀 없을 수는 없습니다. 하지만 섭섭한 마음이 생기더라도 한 번 더 "몰라!" "괜찮아!" 하면서, "나는 최선을 다하고 있는가?"에 좀 더 초점을 두어야 합니다.

이런 일은 누구에나 어려운 문제이기 때문에, 그런 힘든 부분을 무조건 무시하라는 말씀은 못 드리겠습니다. 저에게 그런 일이 닥친다면 저도 아마 욕을 하고 있을 겁니다. 에고의 입장에서는 화가 날만한 일이니, 욕을 하는 자아는 분명히 긍정해야 합니다.

그럼에도 불구하고 내가 명색이 '양심'을 밝히는 공부를 한다면, 한 생각 돌려서 내 양심은 뭐라고 하는지 한번 물어봐야 하지 않을까요? '양심의 힘'을 빌리게 되면, 양심이 분명히 '보시' 하고 싶은 마음을 줄 것입니다. 참나와 정확히 접속한다면 말이죠. 나는 분명히 그 사람을 위해서라면 사실 재산도, 아무것도 아깝지 않았기 때문에 만나지 않았겠습니까?

본래부터 있던 가족이야 어쩔 수 없어서 같이 가겠지만, 특히 배우자는 내가 직접 고르지 않았습니까? 얼마나 신중하게 골랐을까요? "이 사람이 나의 돈을 다 써도 좋은가?" "나한테 계속 바가지를 긁어도 참을 수 있을까?" 이런 점들을 모두 확인해 보고 나름 합격점을 받았기 때문에 함께 살게 되었을 것이라 생각합니다.

그런데 우리가 "모른다!" 하고 마음을 내려놓았을 때 드는 보시하고 싶은 그 마음이, 배우자에 대해 처음 가졌던 마음과 비슷하지 않은가요? 서로 처음 만났을 때에는 분명히 양심이 작동해서, "이 사람에게는 보시하고 싶다!" 하는 마음이 들었기 때문에 더 만나게 되었을 것입니다. "저 여자는 얼굴은 예쁜데, 내 돈을 쓴다고 생각하니까 속에서 천불이 난다." 그러면 더 이상 만나지 않았겠죠.

6바라밀의 구체적 적용

그렇게 여러분은 분명히 자신에게 맞는 사람과 만났을 것이고, 보시할 마음도 냈을 것입니다. 그런데 상대방이 지금 하는 것을 봐서는 내가 10원 한 장 주고 싶지 않다고 하더라도, 다시 "모른다!" "괜찮다!"를 하십시오. 그러면 그 감정이 당시 상황 때문에 격화된 것일 뿐이기 때문에 점차 진정될 것입니다.

그런데 이런 감정은 '조금씩' 진정될 것입니다. 명상을 잠깐 했다고 해서 갑자기 모든 문제가 해결된다면 성인이겠지요. 다만, 마음이 아주 조금씩 진정되더라도 가족 관계에 긍정적인 영향을 발휘하지 않겠습니까? 처음부터 완벽하게 하려고 하지 마시고, 자신을 조금이라도 진정시킬 수 있는 힘을 얻으십시오. 이것은 6바라밀 중 '선정바라밀'을 활용하는 것입니다.

또한 대화를 하든, 싸움을 하든, 지켜야 할 최소한의 규칙(rule)을 지키는 '지계바라밀'이 필요합니다. "절대 이건 하지 말자!" 하는 것을 지키는 것이지요. 상대방이 나에게 욕을 한다면 차라리 아무 말도 하지 마세요. 같이 욕을 하면 일이 커질 것이 분명하지 않습니까? 손뼉도 마주쳐야 소리가 나듯이, 한쪽이 아무리 치려고 해도 상대방이 자꾸 피하면 소리가 나지 않을 것입니다.

단, 나쁜 상황을 피한다는 이유로 혼자서 행복하게 잠들어 버리거나 문제를 외면한다면, 상대방은 마음속에서 천불이 나지 않을까요? 상대방의 마음을 배려해서 상대방이 불쾌해지지 않게 피하십시오.

중요한 것은 상대방이 심하게 타오를 때, 나까지 함께 타오르면 안 된다는 것입니다. 이건 꼭 배우자에 한정되는 것이 아니라, 인간관계의 기본이 아닌가 합니다. 나도 진정해야 하겠지만 상대방도 진정시켜서 일단 불부터 끈 다음에 대화를 시도하는 것이 좋겠죠. 이런 기본들을 무시하고 싶은 마음이 가족에게는 계속 생길 것입니다. 그래도 조금만, 한 번만, 다시 "모른다!" "괜찮다!"를 할 수 있을 정도의 정신은 차리고 있어야 할 것입니다.

그런데 만약 지켜야 할 규칙을 어기고, 즉 '지계'를 놓치고 욱하는 마음에 상대방의 가장 치명적인 약점을 건드려서 시원하게 한 방 먹이고 나면, 두고두고 후회할 일이 생길 것입니다. 이런 일들이 쌓이다 보면 황혼 이혼도 당하지 않겠습니까? 상대방이 가장 힘들어 하는 순간에 더 큰 충격을 주는 행동은 정말 조심해야 할 것입니다. 그래서 가능하다면 참고 가는 것이 좋다고 생각합니다.

'인욕바라밀'은 자신의 성질을 참는 것인데, 무조건 화를 누르라는 의미가 아닙니다. 인욕은 왜 해야 할까요? 정당한 화를 내야 할 때도 있으니 무조건 참아선 안 됩니다. 인욕이라는 것은 상대방의 입장을 내 입장처럼 수용해 주라는 것입니다. 화를 내더라도 일단 상대방의 입장을 한번 수용한 뒤에 화를 내야 합니다.

"분명히 욕먹을 일이잖아. 그래서 내가 욕을 했어. 아니, 한두 푼도 아니고 홈쇼핑에서 계속 집에 물건이 오는데, 그걸 어떻게 참으라는 거야?" 하고 누가 말했다고 하죠. 분명히 이건 화를 낼 일이 맞긴 하지만, 어떤 마음으로 화를 냈는지가 중요합니다. 즉, 인욕의 마음으로 화를 낼 수 있어야 합니다. 상대방에 대한 불만을 품고서 화내는 것이 아니라, "이런저런 사정 때문에 그렇게 행동했을 것이다." 하고 상대방의 처지를 이해해 주자는 것입니다.

우리가 보살이라면 '의사의 마음'을 가져야 합니다. 만약 의사가 몸이 아파서 찾아 온 환자에게 화를 낸다면, 환자는 억울해서 그 병원에 다시는 안 가겠죠? 의사라면 그 환자가 어쩌다가 여기까지 왔는지를 일단 이해해 주고 나서 진료에 들어가야 합니다. "대체 몸 관리를 어떻게 했길래?" 하고 지적을 하고 화를 내선 안 되는 것이죠. 일단은 그대로 수용을 해 주어야 합니다. 말이 안 된다고 생각하는 행동을 했더라도 일단 내 가족이지 않습니까?

가족은 그래도 좀 더 서로 이해할 여지가 있지만, 남이라면 다시는 서로 안 보게 될 수도 있습니다. 그래서 하늘이 가족으로 묶어 놓은 관계는, "가족을 통해서 하늘이 6바라밀을 가르치시려나 보다."라고 생각할 수밖에 없는 것 같습니다. 서로 이해를 하는 것 외에 다른 도리가 없으니까요.

어차피 가족은 서로 '인욕바라밀'을 하지 않을 수 없는 처지로 몰리게 되기 때문에, 공부라고 생각하고 기분 좋게 하시기를 바랍니다. 먼저 가족을 있는 그대로 수용한 뒤에, 화를 낼 일이 있으면 화내고, 할 말이 있어 하더라도 '보시' '지계'를 지키시면서 '인욕'을 하십시오.

그다음은 '정진바라밀'입니다. 가족에 대해서는 절대로 포기하지 마십시오. 그런데 정진하겠다고 무리해 가면서 "가족을 몽땅 바꿔 놔야겠어!" 하고 움직이면 가족들은 아마 모두 도망치고 싶을 것입니다. 표시 나지 않게 은근하게 노력하는 것이 진정한 정진입니다.

참나로부터 나오는 정진력은 '쉬지 않음'일 뿐인 것입니다. 만약에 부산을 떨면서 가족들을 불러 모아서 "우리 같이 대화를 해 보자. 너부터 얘기해 봐." 하면 오히려 분위기가 썰렁해지겠죠? 가족들로 하여금 "정말 이 집구석을 떠나든지 해야겠다." 하는 생각을 하게 만들지 마십시오.

은근한 정진력은, 내가 '가정경영'을 결국 잘 해내고야 말겠다는 의지에서 나옵니다. 즉, 정진이라는 것은 "절대 고삐를 놓치지 않겠다!" "나는 6바라밀에 최선을 다하겠다!"와 같은 마음을 먹는 것에서 시작됩니다. 그래서 연구를 많이 해야 하고, 그렇게 꾸준히 연구하는 것도 정진입니다. 배우자가 무엇을 좋아하나? 가족들이 무엇에 반응하나? 이런 것을 연구하지 않고 갑자기 가족들을 불러 모아다가, "내가 오늘 좋은 얘기를 들었어. 이대로 해."라고 한다면 그 좋은 얘기까지 외면당할 것입니다.

'선정바라밀'은 이 모든 과정에서 참나와 함께 가야 한다는 것입니다. 우리 마음은 늘 평정심이 유지돼야 합니다. 순간적으로는 흥분할 수 있지만, 빨리 "몰라!" "괜찮아!"를 해야 합니다. 선정을 잃어버리면 이런 모든 작업이 한 번에 날아가기 때문입니다. 즉, 앞의 것을 공들여 하다가도 선정을 잃어버리면 울컥해서 "다 집어치워!" 하고 끝납니다.

이건 배가 파도 위에서 간신히 중심을 잡고 버티고 있는데, 평정심을 잃어버리는 순간 바로 뒤집혀 버리는 것과 같습니다. 뒤집히는 것은 한 순간입니다. 그러니 계속 평정심을 유지해 가야 합니다. 목까지 욕이 올라오더라도 "몰라!" "괜찮아!" "이 사람은 내가 모르는 사람이다!"라고 하면서, 어떤 수를 동원해서라도 자신의 평정심만은 지켜야 합니다.

그다음은 '반야바라밀'입니다. 양심분석으로 상황을 빨리 점검해 보시기 바랍니다. 내가 하려는 말이 상대방의 기분을 나쁘게 할 말인지, 어떤 결과를 불러올지를 잘 따져서, 참거나 또는 돌려서 말하거나 해야 합니다. 이게 어렵다는 것은 이미 전제하고 말씀을 드리는 것입니다. 가족 관계에서는 특히나 더 힘들 것이라고 봅니다. 다만, 이것은 어떤 사람을 만나든 인간관계를 할 때 적용해야 하는 기본 원칙입니다.

상대방의 잘못에 집착하지 말자

그런데 인간관계를 더욱 힘들게 만드는 부분은 이것입니다. 상대방이 한 번 잘못한 것은 넘길만하지요. 그런데 우리에게는 그 사람이 같은 행동을 또 할 것이라는 '두려움'이 있습니다. 평생 봐야 하는 입장에서는 사소한 일에도 공포심이 생길 수 있는 것이죠. "다음에 또 이렇게 하면 어떻게 하지?" 이런 불안감이 크기 때문에 상대방을 더 심하게 공격하게 되고, 서로 상처받게 되는 것입니다.

이럴 때 그 불안감을 '참나'에게, '주인공'에게 좀 맡겨 보십시오. "주인공!" "아버지!"라고 부르셔도 좋습니다. "아버지! 이 사람을 좀 안에서 잡아 주세요." 상대방의 안에도 참나가 있으니 통하지 않겠습니까? 저는 문제를 그런 식으로 극복합니다.

안 그러면 그 문제에 대해 계속 생각하게 됩니다. "또 그러지 않을까?" 이럴 때의 진정한 용서는 "내가 봐준다!"가 아니라, 그냥 맡겨 버리는 것입니다. '참나'에게 맡겨 버리세요. 평정심을 유지하는 것 자체가 용서이고 맡기는 것입니다. 이렇게 해서 불안한 생각으로부터 빨리 빠져나오시기 바랍니다.

당할 때 또 당하더라도, 불안한 생각만으로는 문제 해결에 도움이 되지 않기 때문입니다. 불안한 만큼 적절한 조치를 더 취하면 되는 것이지, 불안을 끌어안고 있을 필요는 없습니다. "저 사람은 분명히 또 그럴 거야." 이런 마음이라면 상대방을 계속 지켜보게 되고, 그러면 상대방도 부담스러워서 또 실수를 할 수 있습니다.

그러니 그 순간이라 할지라도 흔쾌히 맡기십시오. 그리고 그 사람이 또 실수를 하더라도, 실수할 때마다 맡기지 않으면 안 됩니다. 실수할 때마다 맡기고 가는 것과, 계속 꿍하고 마음에 차곡차곡 쌓고 가는 것은 완전히 맛이 다릅니다. 마음속에서 숫자를 세 가면서 "또 한 번 어겼네? 다섯 번 차면 내가 가만 안 둔다." 하지 마시고, "몰라!"로 늘 처음인 것처럼 접근하는 것이 더 낫다고 봅니다.

인간관계에서는 늘 그 문제를 처음 만난 양, '참나의 힘'에 맡기면서 해결해 가야 풀 수 있습니다. 그렇지 않고 상대방에게 묵은 기억을 꺼내어 덮어씌우면 안 돼요. "예전에 네가 …." 이러면서 몇십 년 치의 기억을 쭉 얘기한다면, 상대방은 변할 수가 없지 않겠습니까?

"내가 몇십 년 지켜봤는데, 넌 역시 그 자리다!"라고 단정해 버리면 상대방이 변하지 못하게 내가 막아 버리는 꼴이 되기 때문에, 그때그때 마치 처음 그 일을 만난 양 서로에게 접근하는 것이 좋다고 봅니다. 이런 식으로 서로 진지하게 이야기해 보고, 또 실수할지언정 다시 새로운 마음으로 다가가십시오.

왜냐하면 우리가 자신에게는 그렇게 하지 않나요? 본인이 실수한 것에 대해서는 "괜찮아! 다시 해 보는 거야." 하고 넘어갈 텐데, 남이 실수한 것에 대해서는 "역시 너는 근본부터 잘못되어 있어."라고 말한다면 자기와 남을 너무 다르게 대하고 있는 것이고, 그것은 자명하지 않은 행동입니다.

유튜브(YouTube) | 배우자의 무례함을 어떻게 대처해야 할까요?

먼저 주변부터 밝히는 것이 보살의 길

보살 공부의 3가지 방법

보살이 되기 위한 공부 방법에는 ① 깨어있음 ② 호흡 수련 ③ 양심분석의 3가지가 있습니다. 이 3가지만 계속 닦으세요. 보살이 안 될 도리가 없습니다. 할 일이 없고 한가할 때에는 '양심의 각성'에 몰입하고, 일이 생기면 '양심의 실천'에 몰입하는 것이 학문의 요결입니다.

공부는 이렇게 양면으로 해야 하기 때문에, 일이 생겼을 때에는 그 일을 양심의 뜻에 맞게 옳고 정의롭게 처리하는 것에 몰입해야 합니다. 일이 생겼는데 그 일에 몰입하지 못하거나, 그 일이 올바르게 처리되지 않으면 찜찜해지겠죠. 마찬가지로 일이 없을 때 정신을 산만하게 풀고 있어도 찜찜해집니다.

따라서 이렇게 양면으로 공부해 가면, 생활도 잘 돌아가고 생활이 그대로 명상이 되기 때문에 최고의 성과를 얻을 수 있습니다. 일 없는 중에 '깨어있음'과 더불어 '호흡'을 닦으면 에너지를 채워서 '체력'을 비축할 수 있습니다. 명상으로는 '집중력'을 키울 수 있지요. 그런데 이런 체력과 집중력 외에 무엇이 더 필요할까요?

여러분의 자녀가 공부를 하는데 집중만 잘한다고 해서 결과도 좋을까요? 그렇지 않습니다. '집중사고'를 잘해야 좋은 성과를 얻을 수 있습니다. 글을 빨리빨리 읽으면서 답을 찾아내야 하는 것이죠. 그런데 집중력만 좋다면 머리를 쓰는 것을 싫어할 수도 있습니다.

예를 들어 '마음의 작용'이라는 글을 읽고 빨리 내용을 파악해야 하는데, '마'라는 글자만 집중해서 보고 있으면 눈앞에 '마'라는 글자가 크게 보일 정도로 집중할 수도 있어요. 이런 사람은 몰입력이 좋은 사람입니다. 하지만 집중사고, 몰입사고는 이와 전혀 다른 작업입니다.

짧은 시간 안에 올바른 답을 빨리 찾아내려면, '몰입력'을 통해 고도로 활성화된 뇌를 활용할 줄 알아야 합니다. 몰입을 잘하더라도 머리가 빨리 돌아가지는 않는다면 그 집중력을 효과적으로 활용할 수 없겠죠. ① 호흡으로 '체력'을 기르고 ② 깨어 있음으로 '집중력'을 기른 다음에는 ③ 양심분석으로 '집중사고력'을 길러야 합니다. 자명한 판단을 빨리빨리 내리는 연습이 필요한 것이죠.

'양심분석'은 낮에 읽었던 경전을 대상으로 해도 되고, 찜찜하거나 고민되는 문제를 가지고 해도 됩니다. 일이 없을 때에는 명상을 하라고 했는데, 명상을 하되 그냥 명상만 하지 마시고 그 시간 중 반은 지나간 일, 다가올 일, 또는 오늘 내가 연구했던 주제에 대해 양심분석을 함으로써 '집중사고'를 연습하는 시간을 가지십시오.

양심분석은 가까운 곳부터

분석할 대상이 없다면 가족을 한 명씩 떠올려 보세요. 그리고 혹시 가족 중에서 나에게 지금 뭔가 서운하다고 느끼고 있을 사람은 없는지, 내가 도와줄 방법은 없는지, 가족 한 명 한 명의 입장이 되어 살펴보세요. 이것은 아주 중요한 수행 방법입니다. 사실 우리는 우리가 생각하는 만큼 훌륭한 보살이 아닙니다. 바로 내가 가족들 사이에서 문제아로 여겨지고 있을 수도 있는 것입니다.

하지만 이런 생각은 거의 해 본 적이 없을 것입니다. 지금 집에서 여러분의 가족들이 모여서, "그 양반만 잘하면 우리 집이 정말 화목해질 텐데 ….''라고 이야기하고 있을 수도 있습니다. 그런데 바로 그 사람이 집에 와서 "양심을 지켜라!" "좀 제대로 해라!" 하고 지적한다면, 가족들은 각자의 양심의 자극 때문에 그것을 부당하다고 생각할 것입니다.

결국 여러분이 보살도를 하실 때 여러분에게 주어진 몫은 여러분의 '가족'입니다. 여러분의 직장 동료이기도 하고요. 가까운 사람들에게도 보살도를 제대로 하지 못하면서 중생을 구제한다는 것은 말이 안 되겠죠. 하늘은 절대 그런 식으로 움직이지 않습니다. 가까운 곳부터 힘이 뻗어 나간다는 것을 아는 하늘이, 여러분에게 가족과 직장을 다 주어 놓고 왜 갑자기 멀리 있는 중생을 구제하라고 하겠어요?

그럴 리가 없으니 오늘부터 자리에 앉아서 명상 중에 남편이건, 부인이건, 부모님이건, 자녀건, 한번 떠올려 보세요. '명상'

이 잘돼서 몰입력이 활성화되면 영감도 잘 떠오릅니다. 그때 집중사고로 '양심분석'을 해야 하는 것이죠.

"내 배우자가, 내 자녀가 지금 행복한가?" "불행하다면 무엇 때문에 불행할까?" "내가 도와줄 방법은 없나?" "말이라도 한마디 건넨다면 어떻게 건네는 것이 좋을까?" 이런 식으로 한 명 한 명 가족들을 떠올리면서 시뮬레이션을 해 보는 거죠. 자꾸 연습을 하다 보면 뭔가 하나라도 아이디어가 떠오를 것입니다. 그렇게 해서 얻은 자명한 말 한마디, 자명한 한 수가 심각한 사태를 막을 수도 있습니다.

직장에서의 인간관계도 마찬가지입니다. 직장 동료들을 한 명씩 떠올려서, "혹시 나한테 불만을 가질만한 부분은 없나?" "지금 그 친구들이 인생에 있어 뭔가 큰 걸림돌이라고 느낄만한 일을 겪고 있지는 않나?" "내가 혹시 도와줄 방법은 없나?"를 살펴보십시오. 이게 보살도입니다.

자기 주변을 돌보지 않는 보살이라는 것은 의미가 없습니다. 누군가가 자기 주위는 전혀 신경 쓰지 않으면서, 아프리카처럼 먼 나라 사람들을 구할 생각만 하고 있다면, 그 사람에 대한 주변의 반응이 어떨까요? "가라! 거기 가서 해라!" 하고 말겠죠.

주변부터 밝혀야 진정한 보살도

진정한 보살도라면 자기 주변부터 밝혀야 합니다. 왜냐하면 우리가 뿜어낼 수 있는 '양심의 빛'이 아직은 그렇게 강하지 못하기 때문입니다. 우리는 공부를 해 가는 입장이다 보니, 우리의 양심은 주변이나 겨우 밝히는 수준입니다. 희미하게라도 멀리까지 영향을 줄 수는 있겠지만, 지금 내가 가장 따뜻하게 데울 수 있고 비춰 줄 수 있는 건 바로 내 주변입니다.

"내가 오늘 만나는 사람들에게 조금이라도 행복을 줄 수 있는 사람이 될 수는 없을까?" 이렇게 고민하면 뭔가 하나라도 아이디어가 떠오르고, 그것을 적용해 가다 보면 전체적인 카르마가 바뀌며, 결국 나의 카르마도 바뀝니다. 이런 작업을 자꾸 하는 것이 우주와 수작하는 방법입니다.

카르마를 실제로 긍정적인 방향으로 바꿀 수 있어야 보살이 될 자격이 있다고 말할 수 있습니다. 단순히 참나를 아는 것 가지고는 부족합니다. 1지 보살은 '참나'를 '양심'으로 아는 단계인데, 양심을 안다는 것은 선과 악을 판정할 수 있게 되었다는 의미입니다. 선악을 판단할 수 있다는 것은, 모든 종교의 가장 중요한 가르침이며 우주적 법칙인 '카르마 법칙'(인과법칙)을 안다는 의미이기 때문에 매우 중요합니다. 그래서 제가 카르마 법칙을 무시하는 학설이나 주장을 비판하는 것입니다.

4대 성인들의 가르침의 핵심은 '카르마 법칙'이었습니다. 그분들이 공통적으로 말씀하신 것은 '양심'이고 '사랑'이었죠. 왜 양심을 따르고 사랑해야 할까요? 그게 선善이고, 선을 택하지 않으면 우리에게 좋지 않은 결과가 오기 때문입니다. 따라서 선과 악의 카르마를 구분하지 못한다면, 아무리 명상에 뛰어나다 하더라도 그 사람은 영성에 있어 문외한이라고 볼 수밖에 없습니다.

선악의 카르마를 구분하지 못하면서 말하고, 생각하고, 행동한다는 것은, 우주가 돌아가는 소식을 전혀 모르고 사는 것과 같습니다. "그냥 내 마음대로 하면 어떻게 잘 되지 않을까?"라고 막연하게 믿고 있는 것이지, 영성의 전문가는 아닌 것이죠. 우주의 이치나 양심의 전문가라면 카르마 법칙에 정통해야 합니다.

사람이 조금만 모여도 카르마가 복잡해지기 시작합니다. 그 카르마가 모든 사람들에게 긍정적으로 발생할 수 있도록 최선을 다해서 조정해 가는 존재가 '보살'입니다. 그런 보살들로 인해 가정이 행복해지고, 사회가 행복해집니다. 이런 결과가 나타나지 않는다면 보살이라고 말할 수 없습니다.

사람들이 모여 있는데 혼자 앉아서 계속 명상만 하고서는, "나 좀 봐라, 명상 48시간째다." 하고 과시하는 것이 무슨 의미가 있을까요? 사람들은 그냥 "넌 좋겠다." 하고 돌아서겠죠. 그게 아니라, 사람들에게 도움이 되는 지혜로운 한마디 말을 해 줄 수 있는지가 중요합니다. 그들에게 모범이 되는 행동을 하나라도 해 줄 수 있는지, 그리고 막힌 것을 뚫어 주는 아이디어 하나라도 내줄 수 있는지가 중요한 것이죠. 이런 것을 계속 연구해 가는 존재가 보살입니다.

의사로 치면, 병을 고치기 위한 연구를 평소에 계속해 두어야 환자가 왔을 때 고쳐 줄 수 있겠죠. 마음의 병을 고쳐 주는 존재가 보살인데, 평소에 병을 고치는 연습을 전혀 하지 않고 기술

계발도 하지 않았다면, 갑자기 찾아온 사람을 어떻게 고쳐 줄 수 있을까요? 눈을 감고 앉아 있기만 하지 무엇을 더 해 줄 수가 없겠지요. 도와주더라도 분명히 한계가 있을 것입니다.

보살은 카르마의 경영자

그래서 '카르마의 경영'에 관한 지혜가 가장 귀한 것입니다. 선악의 카르마를 스스로 적극적으로 경영할 수 있어야 하고, 그게 1지 보살의 자격입니다. 보살의 자격을 판정하는 기준은, "카르마를 긍정적인 방향으로 조정할 수 있는 정보와 기술을 갖추었는가?"인 것입니다.

이때 카르마를 조정하는 기술이 바로 '6바라밀'입니다. 보살의 자격을 얻는다는 것은, 6바라밀을 굴릴 수 있는 면허증을 얻는 것과 같습니다. 6바라밀을 운전할 수 있어야 보살인 것이죠. 이 면허증을 얻지 못한 사람은 운전을 잘하지 못하는 돌팔이 보살이 됩니다.

그래서 그런 사람이 하는 말을 들으면 하나는 좋은데 둘은 이상하거나, 뭔가 상대방이 손해를 보게 됩니다. 들은 대로 했더니 일시적으로는 기분이 좋았는데 문제가 더 커져 버리는 것이죠. 보살은 절대 그렇게 하지 않을 것입니다. 보살도 중생이기 때문에 완벽하지는 않겠지만, 혹시 이전에 했던 처방이 불완전했다면 더 자명한 결론에 따라서 계속 A/S를 해 주겠죠.

이런 사람이 보살인데 뭔가 센 것 한 방을 기대하고 계시다면, 지금 여러분은 사이비 교주를 키워 내고 있는 것입니다. "사람들은 센 것 한방을 기대하는데, 보살도를 제대로 했다가는 나도 굶어 죽겠구나." 하고, 사람들이 원하는 대로 맞춰 주다가 사이비 교주가 되는 것이죠. 그런 사람은 확 지르는 말을 함으로써 사람들을 만족시켜 줄 것입니다.

예를 들어, 병원에 갔는데 의사가, "이 병은 내가 완벽하게 고친다고 말씀드리지는 못합니다. 하지만 이렇게 저렇게 해서 조금씩 나아지게 해 봅시다."라고 말했다면 받아들이기 싫으실 겁니다. 믿음이 가지 않아서 다른 병원에 갔더니, "이건 병도 아닙니다. 제가 한 번에 고쳐드릴게요."라고 했다면, 마음이 그쪽으로 쏠리는 것이 중생심입니다. 그런데 일이 그렇게 쉽게 해결될 리가 없겠지요.

그것이 사기라는 것을 알아채려면 우리가 많이 성장해야 합니다. 지금 대중의 영성지능이 아주 낮기 때문에 한 번 당한 일을 또 당하면서 사는 것입니다. 억울한 일을 당하고 또 당하고, 그렇게 쳇바퀴처럼 돌고 있지 더 나아지지 않고 있다는 것은, 근본적으로 정신적인 문화 수준이 떨어져 있다는 의미입니다.

문제의 핵심은 '영성지능'의 부재입니다. 정신문화의 수준이 떨어져서 그런 것이죠. 영성지능이 떨어지면 별것 아닌 일도 꼼수를 부리다가 어렵게 만들어 버립니다. 그것은 마치 병을 크게 키워 놓는 것과 같습니다. 그런데 진정한 보살을 만나면, 심각한 문제도 별것 아닌 문제로 바뀌어서 웃고 넘어갈 수 있게 됩니다. 그런 분들이 보살인데, 여러분이 혹시 주변에 있는지 찾아보면 못 알아볼 수도 있습니다.

우리가 늘 신기한 것을 기대하다 보니 "죽을 날짜를 봤다더라." 하는 기인들이 뛰어나 보이는 것이죠. 하지만 진정한 보살은, 이상하게 그 사람과 같이 있으면 심각한 일이 터져도 금방금방 해결이 되어 넘어가지고, 주변에 있는 사람들을 더 행복하게 만들어 주는 사람입니다. 참선을 오래 했다고 해서, 견성을 했다고 해서 보살이 되는 것이 아닌 것입니다.

보살도에서 '견성'은 당연히 거쳐야 할 관문이자 보살도의 토대이지, 그 자체가 보살도의 모든 것은 아닙니다. "6바라밀을 얼마나 잘하느냐?" 이것이 보살도를 결정하는 기준입니다. '견성' 또는 '참나의 각성'은 진정한 보살도가 시작되기 위해 갖추어야 할 조건인 것이죠. 보살의 입장에서 견성만 고집하는 사람을 보면, "저 사람도 이제 빨리 카르마를 조정하는 법을 배워야 할 텐데 …." 하고 걱정하게 될 것입니다.

'견성'했다고 여기저기 들쑤시고만 다니지 아직 '6바라밀'을 전혀 이해하지 못했다는 사실은, 누구나 보면 바로 알 수 있습니다. 그 사람이 움직일 때마다 주변에 부정적인 카르마가 계속 발생하고 있을 것이기 때문입니다. 그러니 6바라밀이 더 중요하다는 것을 알아야 합니다. 우리는 6바라밀을 무시하는 사람들 때문에 힘들어 하면서도 계속 뭔가 허황된 것에서 답을 찾으려는 경향이 있습니다.

만약 어떤 사람이 뭔가 한 방에 터져서 견성을 하면 광명한 빛을 보고, 자신의 모든 업이 사라져 버릴 것처럼 기대하고 있다면, 보살들은 "저 친구는 치료가 어렵겠다."라고 판단할 것입니다. 이런 망상을 갖고 있는 한 치료가 어렵기 때문입니다. 약을 하나 주더라도 그 약을 성실하게 먹어야 병이 낫는데, "이것만 먹으면 바로 낫나요?" 하고 묻고, "그건 아니지만 이 약을 먹고 이렇게, 저렇게 하면 점점 나아집니다."라고 하면, "의사가 실력이 없네." 하고 다른 데로 가겠죠.

저는 이런 일을 늘 겪고 있습니다. "견성만 하면 되는 것이 아니라, 양심분석도 반드시 해야 합니다."라고 말하면, "견성하면 원래 한 방에 다 되는 것 아닌가요?"라고 하시는 분들이 많습니다. "그렇게는 안 됩니다."라고 하면 "여긴 좀 뭔가 깨달음이 부족하구만 …." 하고 돌아섭니다. 심한 경우에는 비난을 하기도 합니다. 제가 이렇게 돌팔이 취급을 종종 당하기 때문에 말씀드립니다. 하지만 이것이 공부에 있어 정말 중요한 부분이니, 꼭 기억하시기 바랍니다.

유튜브(YouTube) | 보살의 구체적 모습 – 가까운 주변을 밝히는 사람이 되세요

종교의 어두운 그림자

가짜 보살에 속지 말아야 한다

진정한 '보살'이라면 중생을 도와줄 기술이 없는데도 있는 것처럼 가장하고 있는 것이, 누구에게도 도움이 되지 않는다는 사실을 명확히 알 것입니다. "나에게는 사실 남을 도와줄 정보나 능력, 즉 6바라밀이 부족합니다." 하고 인정할 수 있어야 하는 것이지요.

그런데 그런 능력도 진실한 자세도 없는 사람들이 "견성만 하면 되지 6바라밀이 왜 필요해?" 하고 가르쳐 버리면, 모두가 망가집니다. 이제 자기만 공부를 못 하는 게 아니라 남들도 못 하게 만들어 버리니까요.

예수님께서 바리새파를 비난하신 것도 바로 그런 이유 때문이었습니다. 바리새파의 행태가 마치 천국에 가는 열쇠를 쥐고서, 자기들도 안 들어가고 남도 못 들어가게 막는 꼴이었으니까요. 사실 바리새파 자신들도 천국에 갈 자신이 없고 찜찜한데도 불구하고, 사람들을 잘못 인도해서 결국 다 같이 못 가게 되는, 그런 상황이 펼쳐졌던 것이죠.

자기가 보살로서 자신이 없고 능력이 부족하다는 것을 아는데도, "공부는 이렇게 하는 거야."라고 사람들을 가르치는 행위는 다 같이 죽자는 것과 다르지 않습니다. 그래서 저는 "종교가 본래 하나이고, 그 하나가 바로 양심이다!"라고 외치는 것입니다. 오직 이것을 널리 알리고 싶습니다.

"종교가 본래 하나다!" "하느님이 곧 양심이다!" "양심을 잘 지키는 사람이 영성이 높은 사람이다!" "수행이라는 것은 양심을 계발하는 것이고, 그것이 영성의 계발이며, 따라서 6바라밀과 인의예지를 총체적으로 계발하지 않고서는 영성이라는 것을 논할 수 없다!"라고 말입니다.

우리 마음이 최고의 도량

수행이라는 것은 산에서만 할 수 있거나 따로 어디에 가서 해야 하는 것이 아니라 '중생의 삶' 속에서, 내 '마음'에서 하는 것입니다. 사실 내 '마음'이 바로 '최고의 도량'입니다. 수련은 언제나 내 마음에서 이루어지는 것이니까요. 내 몸이 산에 있어도 내 마음에서 도를 닦는 것이고, 도심 한가운데에 있어도 내 마음에서 도를 닦는 것입니다. 마음에서 6바라밀을 닦는 것이지, 다른 데에서 닦는 것이 아닙니다. 우리의 마음이 그대로 사찰이고 사원입니다.

우리의 '마음'은 사원이었다가 시장통도 되고, 온갖 못된 짓이 벌어지는 범죄 현장이 되었다가 그 어느 곳보다 청정한 곳이 되기도 합니다. 우리가 우주의 어느 곳을 다니더라도 결국 우리는 자신의 마음만 볼 수 있고, 자신의 마음속에서 살아가고 있습니다.

그러니 '마음'을 떠나서 닦는 '도道'라는 것은 없습니다. 내 마음이 곧 도를 닦는 도량이라는 것을 빨리 받아들이고, "언제 어디서나 내 마음에서 생각·감정·오감의 경영만 잘하면 도인이다!"라고 생각하시기 바랍니다.

물론, 방편으로서 환경을 좀 바꿀 필요가 있다면 산에 갈 수도 있고, 도심으로 내려올 수도 있습니다. 따라서 이런 문제에 있어 자유로워야 하는데, 여기에서는 되고 저기에서는 안 된다는 식으로 도를 찾는다면 그건 문제가 있는 자세입니다.

그런 생각은 자신의 실력이 부족하기 때문에 나온 것이라는 사실을 알아야 합니다. "6바라밀 실력이 부족하니까 속세에서 경영이 안 되는 것이다!" 이런 점을 분명히 해야만 진짜 도道가 무엇인지도 알 수 있습니다. 이런 개념이 보편화되면 우리 사회에 대승철학이 확고해질 것입니다.

종교는 중생을 위해 산화하라

제가 대승을 표방하는 종교 단체에 바라는 것은, 하나의 종교로서만 커나가지 않았으면 하는 것입니다. 한 종교 단체로 커나가면 답이 나오지 않습니다. 올바른 보살도를 위해서는 종교를 내려놓아야 합니다. 장렬하게 산화하시라는 것이 제 주문입니다.

또 '출가'와 '재가'를 나누고 차별하지 말고, 모든 중생을 동

등하게 봐야 합니다. 출가와 재가를 차별하는 종교 단체가 살아 있으면, 계속해서 사람들은 신앙을 하게 돼 있고 소수를 위한 수행만 이루어지게 됩니다. 진심으로 중생을 위한다면, 지금의 거대한 조직을 중생을 위해 장렬하게 날려 버릴 수 있어야 합니다.

그리고 중생들이 공부하는 것을 돕는 조직으로 개편해야 합니다. 조직을 없애라는 것이 아니라, 조직이 완전히 탈바꿈되어야 한다는 의미입니다. 종교 단체가 중생들이 보살이 되고 성불하는 것을 돕는 지원조직이 되어야지, 중생 위에 군림하는 조직으로 가면 안 됩니다.

그리고 "우리 종교만이 진짜 종교다!" 하는 어떠한 주장도 고집해서는 안 됩니다. "우리 신앙만이 진리다!" 하는 생각을 조금이라도 가지고 있으면, 중생들의 무지와 아집을 심화시키기 때문입니다. 현재 중생들의 무지와 아집을 심화시키는 가장 중요한 원인 중 하나가 바로 '종교'입니다.

그래서 저는 종교를 반대합니다. 자신의 양심과 이성을 믿을 때에는 자명하던 사람도, 특정 종교에만 가입하면 그 종교의 눈으로 세상을 보고 믿게 됩니다. 그리고 자기의 믿음만 중요해지면서, 남의 믿음은 점점 무시하고 벽을 세우게 됩니다. 가지고 있던 바리케이드도 치워야 하는 마당에, 오늘날의 종교 조직들은 오히려 세우고 있는 경우가 많습니다.

따라서 진정한 대승적 조직으로서 모범이 되려면 기존 방식의 조직은 장렬하게 산화되어야 합니다. 그리고 그 조직은 출가자 위주의 조직이 아니라 보살을 지원하는 보살학교 정도로 개편해서, 종교를 불문하고 누구나 진리로 받아들일 수 있는 통 큰 철학으로 나아가야 합니다. 그렇지 않다면 또 하나의 바리케이드를 치고서 자기 조직의 성공만을 위해 달려가게 됩니다.

모든 종교 조직들은 각자 자기 종교만의 성공과 번영을 바라고 있습니다. 그런 종교들이 영원히 지속된다고 해서 과연 이 땅에 정토가 이루어질까요? 동네마다 특정 종교의 법당이나 교당이 세워진다고 대승이 이루어질까요? 절대로 아닙니다. 우리의 마음자리가 그대로 진리의 도량이 될 때 대승의 이념이 이 땅에 구현됩니다.

각 종교 단체들의 목표와 대승불교의 목표는 전혀 다릅니다.

진정한 대승불교의 구현을 바란다면 중생이 모두 보살이 되게 만드는 지원조직이면 충분하며, 나머지는 불필요합니다. 종교 단체는 지금 중생들에게 실제로 그런 지원이 되고 있는지를 살펴보고 부족한 부분만 도와주면 됩니다.

지금 종교 단체가 국가가 부담해야 할 복지 부문의 역할을 상당 부분 대신하고 있는데, 그런 면은 아주 훌륭합니다. 그런데 종교 단체에서 복지 활동을 할 때에는 우리 종교를 믿으라는 포교 활동이 포함되어 있습니다. 지진이 난 네팔에 간 한국 교회에서는 "기독교를 안 믿어서 지진이 난 것이다." "기독교를 믿어야 구원을 받는다." 하고 선교를 하는 바람에, 네팔 국민들의 분노를 샀고 시위까지 일어났습니다. 이게 아집이 아니고 뭘까요?

종교인들이 조금이라도 일이 안 풀리는 집이 있으면 찾아가서, "우리 종교를 믿지 않았기 때문에 지금 힘든 것이다."라고 쉽게 말하는 경우가 있습니다. 제 경우도 저의 어머니께서 위중하실 때에 기독교인들이 찾아와서 그런 소리를 하더군요. 그게 사람이 할 짓입니까? 이런데도 종교가 왜 문제냐고 말씀하시는 분들은, 원리를 모르기 때문에 그래도 뭔가가 될 거라 믿고 계시는 것입니다.

오직 양심과 소통하라

여러분이 종교나 믿음을 가짐으로 인해서 여러분의 내면에 한 점이라도 의혹이 생겨나게 된다면, 그만큼 어둠이 생긴다는 것을 알아야 합니다. 오직 '양심'과 소통하세요! 양심이 곧 하느님입니다. 양심과 더 친해지고, 양심과 소통하는 데에 방해가 되는 것이라면 모두 거부하세요. 그게 영성을 가장 빨리 계발하는 방법입니다.

저는 모든 종교적 틀을 거부하며 살아왔습니다. 그런데 살만 했어요. 그리고 지금도 남들이 봤을 때 저의 생활이 영성 없는 생활이라고 말하지는 못할 것입니다. 저는 어느 종교인보다 더 열심히 우주와 소통하면서 살고 있기 때문입니다. 늘 하느님의 소리대로 살려고 노력하고 있습니다. 여기에 다른 무엇이 더 필요할까요?

자꾸 어떤 상을 세워놓고 접근하면 안 됩니다. "일반 중생들은 그래도 뭔가 의지할 데가 필요하지 않나요?" 하고 생각할 수 있겠지만, 그런 작은 허용이 지금의 우리 세상을 이런 수준으로 만들어 놓은 것입니다. 일반 중생은 언제까지 환자 취급을 받아야 하는 것일까요? 누구나 보살이 될 수 있는데도 불구하고 말입니다.

제 눈엔 모두가 뛰어다닐 수 있어 보이는데, 괜히 의사라는 사람들이 와서 "일반 중생은 지금 걸을 수 없어요. 뛰는 것은 말할 것도 없고요. 일단 기어 다니는 것부터 가르칩시다."라고 주장하는 것처럼 보입니다. 중간에 사다리를 자꾸 만들면서 도와주는 척하지만, 오히려 그들이 중생이 위로 올라가는 것을 막고 있습니다. 저는 그런 말도 필요 없다고 생각합니다.

불이 났다고 하면 모두가 뛰어나올 것입니다. 아무리 다리가 아픈 사람도 진심으로 원한다면 잠깐이라도 뛰어다닐 수 있습니다. 이렇게 간절하게 보살도를 하도록 한번 내몰아 보지도 않고, 왜 처음부터 중생은 안 된다고만 하는 것일까요? 왜 견성이 안 된다고 하고, 견성은 어차피 안 될 테니 염불을 해서 극락에 가자고 할까요? 이것은 중생들은 답이 없으니 그냥 포기하자는 말과 같습니다.

"중생은 6바라밀을 할 수 없다!" "우리는 견성을 못 하니까 방편으로 쉬운 기복신앙이라도 하겠다!" 이런 사고 때문에 아무것도 되지 않는 것입니다. "여러분은 나을 수 있습니다!" 하면 다 나을 분들인데, 고정관념이 안 된다고 하니까 실제로 안 되는 것이죠.

범죄자에게 오래 붙잡혀 있던 사람이 왜 도망쳐 나오지 못할까요? 범죄자에게 수없이 "넌 안 돼." 하고 세뇌를 당하다 보면, 탈출할 기회가 와도 붙잡힐 거라는 생각 때문에 탈출을 하지 못합니다. 사람이 한번 그렇게 세뇌를 당하면 안 되는 것으로 아는 것이지요.

그래서 제가 "모든 것을 걸고 장담하건대, 우리 모두가 1지 보살, 2지 보살이 될 수 있습니다!"라고 말해도, "다른 스님들이 아무도 그런 말을 한 적이 없고 견성이 어렵다고 했는데, 혼자서 된다고 하는 걸 보니 사이비다." 하는 답을 들어 왔습니다. 그런 말들은 모두 신경 쓸 말이 아닌데, 왜 신경을 쓰는지 현실이 참 안타깝습니다. 한편으로는 이해가 되지만 그렇다고 해서 좌시할 수는 없기 때문에 제가 이런 얘기를 계속하는 것입니다.

종교의 원형을 회복하자

저의 주장은 모든 종교를 통합해야 한다는 것이 아니고, 각 종교가 본래의 목적인 '양심의 계발'을 돕는 조직으로 돌아가야 한다는 것입니다. 모든 성자들은 사실 '양심'을 밝히러 오셨으니, 그런 종교의 원형으로 돌아가자는 것이죠. 장렬하게 산화하라는 말의 의미는, 온 인류가 성불하고 구원받을 수 있도록 각 종교 단체들이 쌓아 두었던 바리케이드를 이제 거두라는 뜻입니다.

종교 단체는 모든 인류의 '양심계발'을 돕는 영성 조직으로 돌아가야지, "우리 신앙, 우리 의식, 우리식 미사, 우리식 절, 우리식 제사를 안 지내면 안 된다." 이런 것들은 이제 다 내려놓아야 하지 않겠습니까? 오직 '양심'이면 됩니다!

"우리는 그동안 이렇게 해 왔으니까 이렇게 해야 합니다." 이런 주장이 정말로 내면의 양심에서 나온 소리인가요? 혹시 습관에서 나온 말은 아닐까요? 양심에 물어보고 나서 하는 말입니까? 이것을 물어보면 누구도 속일 수 없습니다. 양심에서는 선명하지만, 지금 우리가 서로 속고 속이면서 살고 있는 것이죠. 그런 부분을 다 걷어 내고 나면 어떤 '종교의 원형'이 나올까요? 종교는 최소의 조직으로 존재하면서 중생을 도와주면 됩니다.

물론 '최소'라고 해서 꼭 규모가 작다는 의미는 아닙니다. 종교가 중생을 지배하려 해서는 안 된다는 것입니다. 종교 지도자들은 다른 사람들이 보살이 되도록 도와주는 멘토의 역할만 해 주면 되지, 다른 사람에게 특정 신앙을 강요할 이유가 없습니다. 양심만 강조하면서 언제든지 어느 종교의 누가 찾아와도, 그 사람이 자신의 내면에 존재하는 양심을 찾을 수 있도록 도와주면 되는 것이죠.

그러려면 그 종교 조직의 구성원들이 먼저 양심적으로 살고 있는 보살들이어야 합니다. 그런데 "우리 종교가 잘 돼야지." 하면 그건 이미 아주 소아적인 생각이에요. 우주적인 관점으로 보면 이 종교, 저 종교가 무슨 의미가 있겠습니까? 우주에는 '우주교宇宙敎' 밖에 없고, 그게 양심을 밝히자는 '양심교'입니다.

모두가 우주교의 일원이 되게 만들어 줘야 올바른 대승이지, 내 종교와 남의 종교를 나누고 있으면 안 돼요. 특정 종교라는 벽을 모두 없애고, 종교가 인류의 양심계발을 잘 돕는 조직으로 거듭나기를 바랍니다. 이렇게 돼야만 인류가 진화하고 진보하는 것인데, 현실은 전혀 그렇지 못합니다. 그렇다면 그만큼 우리는 아직 어떤 틀 속에 갇혀서 현실에 안주하려는 마음으로 살고 있는 것입니다.

기존 종교에 기대서 신도도 안주하고 성직자도 안주해 가면서, 당분간은 이런 상태를 유지할 수 있을 것입니다. "내가 죽을 때까지는 이렇게 장사해도 될 것 같다." 하고 가는 것이죠. 하지만 언젠가는 끝날 것입니다. 현재 우리나라 불교의 스님들 숫자가 줄어드는 속도는 몇십 년 안에 스님들이 모두 사라질 정도로 빠릅니다. 승려 지원자가 줄고 있는 것이지요.

심각한 대책이 요구되는 상황인데도 현실을 외면하면서, 신도에게 문제가 있다는 둥 하며 책임을 회피하고서, 옛날식의 안이한 해법을 찾아서는 안 됩니다. 화두선으로는 견성자가 거의 나오지 않고 있는데 아직도 안이하게, "그래도 화두선이 최고의 선이니까 계속합시다."라는 말로 서로 박수치고 끝낸다는 말이죠. 계속 이렇게 간다면 참담한 결과가 기다리고 있을 뿐입니다.

그런데 우리가 이런 결과가 올 때까지 마냥 기다리고 있을 필요는 없습니다. 출가와 재가를 구별하지 말고 우리 각자가 스스로를 '보살'로서 자각하면 됩니다. 만약 자신이 승려라고 해서 일반인보다 조금이라도 더 높다고 생각한다면, 그분도 같은 우를 범하고 있는 것입니다. 그리고 그런 종교 지도자에게 머리를 조아리고 있다면, 여러분은 그들과 공생하고 있는 것이지 상대편의 잘못만은 아닙니다.

우리는 늘 리더가 이상하다고 욕하는데, 그 리더를 뽑은 국민과 그 리더는 한 세트이지 그렇게 큰 차이가 나는 게 아닙니다. 뭔가를 바꾸려면 지금의 리더와 차이가 나는 국민이 돼야 하고, 차이가 나는 그런 영성인이 돼야 합니다. 그러려면 여러분부터 양심이 아닌 것은 내면에서 무엇도 허용하지 말아야 합니다.

"우리 스님이 하니까, 우리 목사님이 하니까, 내가 아는 누가 하니까 …." 하면서 양심이 아닌 것을 조금씩 허용하다가 결국 이상해지는 것입니다. 다 같이 잘못된 뒤에야 서로 책임을 따지는데, 실은 모두가 분명히 일조한 것입니다. 자꾸 받아 주니까 같이 가는 것이죠.

'양심'이 아닌 것은 일절 허용하지 마시기 바랍니다. 이 땅에서 양심 아닌 것이 허용되지 않을 때, 비로소 극락이 되고 천국이 되고 정토가 됩니다. 이 길 외에는 다른 답이 없고 다른 방법이 없습니다. 죽어서 극락에 가는 것이 문제가 아니고, 살아서 지금 극락을 만들라는 우주의 명령이 쉴 새 없이 양심에서 울려 퍼지는데, "나는 염불해서 죽은 뒤에 극락에 가겠다."라고 하는 것은 탐진치의 작용이고 욕심일 뿐입니다.

우리 내면에는, '지금 여기서' 6바라밀을 실천하라는 명령이 계속 울리고 있습니다. 살아서 지혜롭게 카르마를 경영하라는 이 양심의 명령에 충실할 수 있도록 돕는 조직이 나와야지, 특정 신앙을 강요하는 조직이 영향력을 발휘하고 있어서는 안 됩니다.

지금 보이는 종교의 모습이 그대로 중생의 수준만큼이기 때문에 당분간은 분명히 종교가 큰 세력을 유지하겠지만, 저는 그런 상황을 바꿔 보는 데에 최선을 다해 볼 생각입니다. 사람들이 종교를 초월한 안목을 가지고 스스로의 '양심'을 직시할 수 있게 도와주는 그런 작업을 계속하겠습니다. 이것이 나와 남을 돕는 최선의 방법일 것입니다.

유튜브(YouTube) | 종교의 어두운 그림자

6바라밀을 총동원하여
독서하기 ———

6바라밀을 총동원해서 어떤 행위를 한다는 것은 이런 것입니다. 책 하나를 볼 때에도 눈을 풀고 그냥 보면 안 됩니다. 눈을 풀고 보면, 보고 나서 무엇을 봤는지 기억하지도 못합니다. "이게 나중에 기억이 나려나?" 하는 불필요한 고민도 하지 마십시오.

'지금 이 순간' 책을 볼 때, 6바라밀이 어떻게 시행될까요? 다른 데에 정신을 쓰지 않고 책 내용에 집중해 주는 것이 '선정바라밀'입니다. 글자를 하나하나 읽어 가면서 저자의 의도를 정확히 이해하고 공감해 주면 '보시바라밀'입니다. 여러분도 여러분이 쓴 글을 남이 정확하게 이해해 주기를 바라지 않겠습니까? 그건 여러분의 마음을 공감하고 이해해 주는 일이니까요.

이때 나 잘났다는 욕심을 갖고서 그걸 입증하기 위해 남의 글을 읽고 있으면 안 됩니다. 그렇게 책의 내용을 읽어 가는 과정에서 저자의 뜻을 곡해하지 않는 것은 '지계바라밀'입니다.

그게 남에게 피해를 주지 않고, 룰을 지켜 주는 것입니다.

그렇게 책을 읽으면서 저자의 생각이 맞거나 받아들일 것이 있으면, 자신의 선입견과 충돌이 나더라도 흔쾌히 수용해 주는 게 '인욕바라밀'입니다. 이 과정에서 내 생각과 남의 생각을 충돌시켜서 "아, 이것이 진리구나!" 하고 지혜를 더 찾아내는 것이 '반야바라밀'입니다. 우주의 생각을 알아내는 게 반야바라밀이죠. 또 이런 과정에서 자칫 나태해질 수 있는데도, 정신을 차리고 몰입해서 성실히 읽어 나가는 게 '정진바라밀'입니다.

잠시 독서하는 5분 사이에도 6바라밀이 총동원되어 작동하면 우리는 큰 진리를 얻고 나올 수 있습니다. 이런 것이 수행이라고 생각하지 않는 한에는 답이 없습니다!

유튜브(YouTube) | 6바라밀을 총동원하여 독서하기

참회와 6바라밀

공자도 만족하지 않았다

"내가 수행을 몇십 년이나 했는데 6바라밀 그걸 못할까?" 이렇게 생각하면 오산입니다. 6바라밀은 절대 장담하면 안 되는 영역입니다. 유가의 경전인 『중용』을 보면 공자님도 자신이 '양심의 실천'이 부족하다고 고백하는 부분이 있는데, 그 내용이 황금률 그대로입니다.

> '군자의 길'이 네 가지인데 나(孔丘)는 그중 한 가지도 잘하는 게 없으니, ① 자식에게 바라는 것으로써 부모를 섬기는 것을 아직 잘하지 못하며 ② 신하들에게 바라는 것으로써 군주를 섬기는 것을 아직 잘하지 못하고 ③ 동생에게 바라는 것으로써 형을 섬기는 것을 아직 잘하지 못하며 ④ 친구들에게 바라는 것으로써 내가 먼저 베푸는 것을 아직 잘하지 못한다.
> 君子之道四 丘未能一焉 所求乎子 以事父 未能也 所求乎臣 以事君 未能也 所求乎弟 以事兄 未能也 所求乎朋友 先施之 未

能也 (『중용』)

위대한 성인聖人이라는 공자께서도 "나도 양심의 실천이 참 힘들다."라고 고백했는데, 그게 사실은 인의예지이고 6바라밀에 맞는 것이에요. 공자님이 그런 말을 왜 했겠습니까? "나도 늘 미진하다. 잘한다고 생각하지 말고 죽는 날까지 분발하라!"라고 당부한 것이죠. 여기에 인생의 답이 들어 있습니다. 절대로 장담하지 말고 죽을 때까지 양심의 실력을 늘려야 하는 것입니다.

설령 우리가 내일 죽더라도 오늘은 6바라밀 실력을 조금이라도 더 늘려 놓고 죽어야 합니다. '6바라밀' 즉 '양심'은 만족해서는 안 되고, 죽기 전까지 계속 계발해야 하는 것이라는 의미죠. 그래서 공자가 위대한 성인으로 칭송받는 것입니다. 스스로의 양심 수준에 만족하지 않고 있기 때문에 계속 계발해 가려고 하고 미진하다는 말을 하는 것입니다. "나는 내 양심 수준에 만족하지 못한다." 이게 진짜 선비의 모습입니다.

그래서 맹자는 양심의 덕목인 '인의예지'를 닦아 가면서, 빨리 죽든 오래 살든 그런 것을 떠나 죽는 그날까지, 천명이 나에게 "그만 살아라!" 하는 그날까지 내 양심을 닦으면서 기다릴 뿐이라고 말했습니다. 이런 얘기가 『맹자孟子』에 나옵니다. 이게 맹자가 '군자의 길'을 걸은 모습이에요. 언제 죽을지 모르지만 살고 죽는 것은 하늘의 인과법에 맡기고, 그 순간까지 오직 '양심의 계발'이라는 한 길만을 걷다가 죽자는 것입니다.

맹자는 '양심의 계발'을 '4단의 확충'이라고 표현했습니다. '4단'은 '양심의 싹'으로서, ① 보시와 자애의 마음인 '측은지심惻隱之心'(남을 측은해하는 마음) ② 지계와 염치의 마음인 '수오지심羞惡之心'(잘못을 부끄러워하고 미워하는 마음) ③ 인욕과 겸손의 마음인 '사양지심辭讓之心'(수용과 조화의 마음) ④ 반야와 자명의 마음인 '시비지심是非之心'(선악을 판별하는 마음)을 말합니다.

4단이 바로 6바라밀이고 양심의 실천입니다. 맹자는 인간이 사는 동안 이 양심을 조금이라도 더 넓히고 채우는 것이 옳은 길이고, 이것이 제일 남는 장사라고 주장한 것입니다. 개인도 그렇지만, 조직도 마찬가지입니다. 양심을 구현하지 못하는 조직은 세상에 도움이 되지 못하고 오래 존속할 수도 없습니다.

실수를 두려워하지 마라

여러분의 가정은 어떠한가요? 가정 안에서 6바라밀이 잘 굴러가나요? 가정에서 양심이 통하나요? 가정에서 6바라밀이 조금이라도 더 통하게 만드는 것이 우리가 할 수 있는 가장 의미 있는 일입니다. 그게 좋은 업을 짓는 길입니다.

"나는 잘해 보려고 하는데, 다른 가족들이 문제다." 하고 생각할 수도 있습니다. 물론 저도 그런 역경을 만나면 힘이 듭니다만, 역경을 양심으로 극복하면서 우리의 6바라밀 실력이 늘어납니다. 또 그런 일을 겪으면서 가족 전체가 6바라밀·인의예지를 한 번 더 생각하게 되지요.

이런 역경을 자꾸 극복하고 "오늘보다 내일이 더 나을 것이다!"라는 기약을 하면서 공부해 나가는 것이 중요합니다. 가정에 문제가 많다고 해서 좌절하면 안 됩니다. 만만한 것부터 하나씩 극복해 나가면 반드시 길이 있습니다. 핵심은 절대로 역경에 좌절해서는 안 된다는 것입니다.

자신에 대해서도 마찬가지입니다. 오늘 자신의 실수나 못된

점을 발견하더라도, 스스로 별것 아니라고 생각해야 합니다. 그것으로 인해 스트레스를 받을 게 아니라, "내일은 지금보다 나아질 것이다!"라는 확신을 가지고 6바라밀 분석을 더 하면 내일의 자신은 분명히 더 나아져 있을 것입니다. 하루하루 더 나아지는 것이 중요합니다. 하루하루 실력이 더 나아지는지, 떨어지는지에 따라 그 생의 수준이 결정되니까요.

올바른 생을 살기 위해서는 무엇보다 "지금 실수해도 좋고 못나도 좋으니까, 오늘 하루 내가 6바라밀에 투자해서 내일은 조금이라도 낫게 만들어 놓겠다!" 하는 마음을 갖는 것이 가장 중요하다고 봅니다. 이것이 한 생을 제대로 살게 해 주는 귀한 관점인 것이지요.

참회에 매몰되지 말라

오늘 잘못한 것이 있으면 빨리 참회하여 뉘우치고 6바라밀 분석을 통해 "몰라!" "괜찮아!" 하고 내려놓아야 합니다. 통렬히 참회했으면 빨리 "몰라!" 하고 내려놓아야 해요. 문제를 붙잡고 있으면서 더 멋진 참회를 하려고 노력하는 중에 양심 실력은 오히려 후퇴합니다. 지금 당장 6바라밀을 실천해야 하는데 참회만 하고 있다가 6바라밀을 실천할 기회를 놓치기 때문입니다.

무엇이 문제인지 안다면 고칠 방법은 내가 지금 이 순간 6바라밀을 실천해서 상황을 바로잡는 것뿐입니다. 그런데 6바라밀을 실천하지는 않고 참회만 하고 있다면 상황은 나아지지 않지요. 참회가 그대로 6바라밀은 아닙니다. 양심에 맞게 참회할 때에만 6바라밀에 부합하지요. 그러니 6바라밀을 써서 참회하고 빨리 나오세요.

그다음에는 6바라밀을 써서 새로운 좋은 업을 지어야 합니다. 생각으로, 말로, 행동으로 잘못을 바로잡을 선업을 지어야 하는 것이죠. 과거의 실수를 바로잡기 위해서 무엇을 해야 하는지, 과거의 실수를 반복하지 않기 위해서 무엇을 해야 하는지를 생각해 본 후, 6바라밀을 써서 빨리 그 일을 하세요.

사과할 일이 있으면 빨리 사과하세요. 어떤 일 하나를 바꾸어 놓으면 다시는 내가 그런 실수 안 할 것 같다 싶으면, 그 일을 하는 데에 6바라밀을 총동원하세요. 과거에 집착하고 매몰되어 있어서는 발전이 없습니다. 그래서는 참회는 하는데 양심은 계발되지 않고 참회할 일만 늘어나는 일이 벌어질 뿐입니다.

제가 그런 분을 만난 적이 있는데 어떻게 해볼 도리가 없었습니다.

"공부하셔야죠."
"제가요, 과거에 이런 짓을 한 사람입니다."
"예, 아무튼 지금 6바라밀만 하시면 됩니다."
"그런데 제가요, 과거에 이런 짓을 한 사람이라서요."

이런 대화가 만날 때마다 반복되는 분이었습니다. 어쩌자는 걸까요? 공부 안 하실 겁니까? 과거의 묵은 업을 털어 내는 것이 공부인데, 이렇게 과거에 집착하고 매몰되어 있으면 과거의 잘못도 바로잡을 수가 없습니다. 그냥 지금부터 6바라밀을 하면, 과거의 어떤 잘못도 앞으로 닦아 갈 6바라밀이 모두 바로잡아 줄 것입니다. 과거의 잘못을 냉정하게 파악하고 참회한 뒤에, "몰라!" 하고 내려놓고 앞으로 걸어가야 보살도를 실천할 수 있습니다.

과거에 대한 이런 그릇된 참회가 계속 반복되는 사람은 거기서 벗어나지 못합니다. 참 무서운 일입니다. 본인은 참회를 계속하고 있으니까 도를 닦고 있다고 생각할지 모르지만, 전혀 발전하지 못하고 있는 것이죠. 참회는 적절한 타이밍에 쓰고 빨리 빨리 버려야 하는 방편입니다.

언제든 우리가 머물러야 할 것은 참회가 아니라 6바라밀입니다. 지금부터 6바라밀에 안주해 있으면 어떤 문제도 해결할 수 있는데, 참회에만 안주해 있으면 오히려 그게 큰 문제를 가져올 수도 있습니다. 그 참회가 6바라밀에 맞지 않을 수도 있으니까요.

제대로 된 참회라는 것은, "진심으로 이런 부분이 미안했다!"라고 인정하고 다시 하지 않으면 그만이에요. 진심으로 자신이 무엇을 잘못했는지 정확히 알아야 제대로 된 참회입니다. 그런데 잘못된 참회는 막연하게 "잘못했다."라고만 합니다. 이건 마치 "내가 태어나서 죄송합니다." 하는 식이에요. 이것은 비탄에 빠져 살아나오기 힘든 참회이며, 희로애락 중에 자신을 비하하면서 희열을 느끼고 있는 감정일 뿐이에요. 그냥 희로애락의 놀음에 불과한 것이지요.

진짜 참회는 6바라밀이 투입되어야 이루어집니다. 먼저 초연하게 깨어있어야 합니다(선정바라밀). 내 일을 남의 일처럼 제3자의 눈으로 정확히 보면서 자신이 무엇을 잘못했는지 파악할 수 있어야 합니다. 즉, 양심분석을 거쳐 옳고 그름을 자명하게 파악해야 합니다(반야바라밀). 그리고 깨끗이 인정하고 수용해서(인욕바라밀), 다시는 그런 잘못을 하지 않을 수 있는 마음가짐을 유지하는 데에 최선을 다해야 합니다(정진바라밀).

그리고 잘못한 것에 대해서는 상대방에게 빨리 사과하고(보시바라밀), 잘못한 것이 있으면 스스로 책임을 지고(지계바라밀) 끝내야 해요. 이렇게 언제 어디서나 6바라밀이 인도하는 대로 당면하는 사건들을 빨리빨리 해결하면서 나아가야 합니다. 과거에 매몰되어 있을 시간이 없습니다. 과거에 매몰되어 있으면 현재의 6바라밀 실천에 장애가 생기니까요.

그런데 6바라밀이 빠진 참회는 비탄과 좌절의 감정만 부를 뿐입니다. 자신의 잘못만 곱씹고 비하하면서 그 감정에 빠져 주저앉아 버리면 벗어나기가 어렵습니다. 그래서 "그렇게 참회만 하고 있을 일이 아니라, 뭔가 좋은 업을 지어야 더 의미 있는 일이 아니겠니?" 하고 누군가의 양심이 반야로 얘기를 해 줘도 인욕하지 못합니다. 이렇게 하고서 6바라밀의 실력이 배양되겠습니까? 6바라밀에 어긋났는데 공덕이 쌓이겠습니까?

자신이 죄인이라고 고백하는 것은 6바라밀에 맞더라도, 그 죄를 갚고 다시 반복하지 않을 긍정적인 실천이 없는 참회만 한다면, 그것은 마음을 더욱 어둡게 할 뿐입니다. 적극적으로 죄를 갚고, 다시는 같은 죄를 짓지 않을 방도를 연구하지 않은 채로 "나는 죄인입니다!"라고 울부짖기만 하는데 어떻게 좋은 답이 나오겠습니까? 그래서는 부정적인 자아상에서 빠져나오지 못합니다.

학벌이나 스펙에 대해서도 마찬가지입니다. "나는 좋은 대학을 못 나왔으니 내 인생은 끝났다." 이런 생각에서 빠져나오는 게 쉽지 않습니다. 그대로 두면 평생도 가지요. "아냐, 너는 뭐든지 할 수 있어. 학벌이나 스펙이 중요한 게 아니야!"라고 아무리 주변에서 얘기해도 본인이 인욕을 하지 않습니다.

"당신은 좋은 대학을 나왔으니 그런 말을 하는 거죠." "나도 힘들어." "그래도 좋은 대학을 나왔으니까 힘들어도 다시 일어서잖아요. 저는 좋은 대학을 못 나와서 못 일어서요." 대화가 이런 식으로 흘러 버리면 소통이 되지 않습니다. 좋은 대학을 나오지 않고도 성공한 사람들의 이야기를 해 줘도, "그건 그렇죠." 하고 돌아가요. 나중에 다시 이야기 해 보면, "좋은 대학을 못 나와서 그래요. 지금이라도 갈 수 있을까요?" 하고 걱정을 합니다.

상황을 수용하지 못하고서는 운명의 개척도 없습니다. 운명의 개척, 카르마의 경영은 현재의 처지를 있는 그대로 수용하고, 이를 바탕으로 자명한 선택을 할 때 이루어지는 법이니까요. "이번 생은 망쳤다."라는 생각이 더 지배적이어서는 절대로 새로운 삶을 만들어 낼 수 없습니다. "내가 애초에 선택 하나를 잘못하고 노력을 덜해서 이번 생은 끝났다." 하고 믿고 있으면, 뭘 하려고 해도 그런 고정관념 때문에 힘이 나지 않는 것이죠.

오직 6바라밀만 붙잡아라

한번 생각해 보세요. 그런 생각이 6바라밀에 맞습니까? 6바라밀만 잡으면 어떤 함정에서도 무조건 빠져나올 수 있습니다. 먼저 '선정바라밀'을 써서 마음을 순수하고 평온하게 만들고,

'반야바라밀'을 써서 지금 하는 고민이 과연 의미가 있는 고민인지 돌아보세요. 그리고 '인욕바라밀'을 써서 더 자명한 진리를 깨끗이 수용해 보세요. 진리를 수용해 버리면 끝난 것입니다. 나머지 바라밀들이 자동으로 나오니까요.

진리를 수용한 이상 진리의 실천에 최선을 다하게 되어 있고(정진바라밀), 나눌 것이 있으면 나누게 되어 있고(보시바라밀), 참회할 것은 참회하되 삶의 룰을 잘 지키면서 다시 일어서면 그만이에요(지계바라밀). 6바라밀이 투입되면 죽어 가던 것도 살아나고, 6바라밀을 지키지 않으면 멀쩡하던 것도 죽습니다.

그러니 참회니 뭐니 방편에 집착하지 말고 곧장 6바라밀을 붙잡으라는 것입니다. 6바라밀만 붙잡으면 온갖 좋은 공덕이 다 나오니까요. 다른 것들은 붙잡으면 독일 수도 있지만, 붙잡으면 무조건 살아남는 것은 6바라밀밖에 없습니다. 6바라밀에 맞으면 그게 선이고 맞지 않으면 그게 독이 되는 것이지요.

"거짓말을 하지 말라!" 좋은 방편이죠. 그러나 이것도 6바라밀에 맞을 때는 선이 되나, 맞지 않을 때에는 독이 됩니다. 사슴이 도망치는 것을 봤는데, 사냥꾼이 와서 사슴이 어디로 갔냐고 물으면 뭐라고 하시겠습니까? 정직하게 "저쪽으로 갔으니 지금 어디쯤 있을 겁니다."라고 말하는 것이 옳은가요?

　자신은 "나는 정직을 지켰다."라고 말할지도 모릅니다. 그런데 뭔가 이상하죠. 그 일로 인해 사람들이 죽어 나가서 '자리이타自利利他'에 맞지 않는데도, '정직'이라는 가치 하나를 지켰다고 말하면 뭔가 전체적으로 찜찜하지 않은가요? '참회'에만 집착한 경우도 마찬가지입니다. "나는 참회를 잘한다."라고 뿌듯해 하면서 매일 죄를 짓고 또 매일 참회하고, 그렇게 참회를 하면서 희열을 느껴요. 죄를 짓고 참회할 일을 줄여야 하는데, 참회 자체가 너무 큰 공부로 여겨지다 보니 참회를 즐기게 됩니다.

　교회에서도 똑같지 않나요? 교회에 가서 "아버지, 제발 이번만 봐주세요." 하고 빌어도, 다음에 교회에 오면 또 할 얘기가 많죠. "아버지, 이번엔 이걸 봐주시고요. 그다음에는 이걸 봐주시고요. 지난번에 했던 그것도 계속 봐주시고요." 이렇게 계속 죄를 짓고 다니면서 참회만 하면 면제가 될 것이라고 믿는 경우도 있습니다. 그렇게 해서는 '양심의 실력'이 늘 리가 없고, 죽을 때까지 업만 잔뜩 짓고 가는 게 됩니다.

하늘도 그런 참회는 들어주지 않습니다. 『성경』에도 나오지만, 하느님은 '뿌린 대로 거두게 하는 분'이시거든요. 매 순간 죄를 지음으로써 마음을 더럽히고 그릇된 기도와 참회로 다시 자신의 마음을 어둡게 하는데, 하느님이 도대체 왜 그런 사람을 인정해 주고 축복해 주어야 할까요? 자신의 영성이 계속 더럽혀지고 주변 사람들이 상처를 받고 있는데, 하늘이 용서했다고 생각한다면 오산이죠.

'6바라밀'을 어기면 어느 종교를 불문하고 영성이 더럽혀지고 있는 것입니다. 반대로 '6바라밀'만 잘 지키면 무조건 영성이 밝아지는 것이고요. 그런데 지금 현재 여러분의 영성이 아무리 심하게 더럽혀져 있어도 상관없습니다. 암 덩어리가 좀 크면 어떻습니까? 매일 조금씩 작아지고 있다면 말이죠. 마찬가지로 지금 영성이 더럽혀져 있으면 어떻습니까? 매일 조금씩 맑아지면 되는 것 아닙니까? 6바라밀을 따르기만 하면 우리의 영성은 매일 조금씩 맑아질 것입니다.

유튜브(YouTube) | 참회와 6바라밀

작은 일부터 바로잡아라

양심이 밖으로 표현되는 것을 막는 여러 습관들을 6바라밀을 통해 조금만 관리하면 여러분은 달라질 수 있습니다. 우리의 성격 자체는 쉽게 바뀌지 않지만, 그 성격이 생각·감정·오감을 표현하는 방식은 세련되어질 수 있는 것이죠. 그래서 6바라밀에 어긋나지 않게 생각과 언행을 표현할 수 있도록 바꿀 수 있는 것입니다.

'작은 습관'을 바꾸는 것이 그 방법입니다. 예를 들면, "다른 사람과 늘 싸우는 것 같다. 다른 사람과 잘 지내자. 상대에게 좋은 말을 해 주자." 이렇게 막연한 목표를 정한다고 해서 습관이 하루아침에 바로 바뀌지는 않습니다. 이것을 "상대에게 이 말만은 하지 말자."처럼 작은 것, 내가 당장 할 수 있는 것으로 바꿔 보십시오. 그러면 "그건 할 수 있겠다." 하는 마음가짐이 되고, 이렇게 하나씩 바꿔 나가면 전체가 바뀔 수 있습니다. 내가 충분히 할 수 있는 작은 것에 먼저 도전해서 습관을 하나씩 바꿔 보세요.

하지만 무엇보다 '양심성찰'이라는 습관, 즉 6바라밀을 실천하는 습관을 들이는 것을 가장 권하고 싶습니다. 이것 역시 거창한 것보다는, 작은 일에 6바라밀을 적용해 가는 습관을 기르면 좋습니다. 그러면 그 작은 것이 언젠가는 여러분의 전체를 바꾸어 놓습니다. 이는 마치 벽돌로 잘 지어 놓은 담에 작은 벽돌을 하나 끼워 넣는 작업과 같습니다. 벽돌 한 개가 들어가기 위해서는 전체의 벽돌이 다 움직여야 하거든요. 다시 말하면 작은 습관 하나만 바꾸어도, 그것이 기존의 습관 전체에 영향을 주게 됩니다. 그리고 이런 작업을 반복하다 보면 언젠가는 큰 습관도 바꾸기 쉬워지는 것이죠.

아이들의 '게임 중독'을 예로 들어 보겠습니다. 아이가 게임 하는 것을 막기만 하면 아이의 입장에서는, "부모님은 내가 즐기는 게임을 못하게 하려고 한다. 게임을 하지 못하게 하는 부모님이 밉다." 하고 생각하게 됩니다. 아이를 게임으로부터 벗어나게 하려면, 아이가 게임을 하지 않더라도 마음이 크게 불안해지지 않는, 그런 정신 상태에 있도록 유도하는 것이 우선입니다.

이를 위해 아이가 재미를 느낄 수 있을만한 작은 어떤 것 하나를 부모가 제시해 주어, 아이의 마음이 살짝 바뀔 수 있도록 해야 합니다. 그렇게 되면 아이들의 에고는 "부모님이 나를 진심으로 걱정해 주고 또 나를 재미있게 해 주려고 노력하신다."라고 생각하게 될 것입니다. 그렇게 조금씩 바꿔 가야 합니다. 자신의 마음을 관리할 때에도 이와 마찬가지로 작은 것 하나부터 고쳐서 그것이 어떤 영향을 주는지를 봐야 합니다.

같은 맥락에서 우리나라의 경제도 한 번에 크게 바꾸려고 하기보다는, 지혜로운 전문가들이 작은 것 하나를 바꾸고 그것이 긍정적 효과를 내는지를 피드백해 가면서 한 수, 두 수 앞으로 나아가도록 해야 합니다. 그런데 지금 우리나라에서 그런 작업이 이루어지지 못하는 이유는, "내 임기 동안 큰 업적을 남겨야 한다!" 하는 욕심 때문입니다. 그렇게 무리수를 두다가 일을 망치게 되는 것이죠.

세종대왕은 정해진 임기 없이 평생에 걸쳐 나랏일을 하셨기 때문에, 정책 하나를 시행할 때에도 백성들에게 물어 불만이 있으면 고치기를 수없이 반복했습니다. 문제가 있으면 묻고 또 묻고 수정함으로써, 모두가 납득할 때까지 17년이나 걸리는 토론에 정성을 쏟기도 했습니다. 반면 지금은 임기 안에 업적을 남기기 위해 형식적으로 한 번 물어보고 바로 시행해 버리거나, 아예 묻지도 않고 해 버리는 식입니다.

그렇다고 해서 임기를 없애자는 것이 아닙니다. 그때는 그런 장점이 있었고 요즘의 방식은 이런 단점이 있으니, 이런 단점을 보완하기 위해 무엇을 도입해야 할지 고민하자는 것입니다. 그리고 이를 위해 지금 여기에서 작은 습관, 작은 것 하나라도 바꿀 것이 없는지를 생각해 보자는 것이죠. 사회의 지도층에 이렇게 연구하는 보살들이 충만하다면, 작은 것이 하나씩 바뀌는 중에 온 나라가 긍정적으로 변할 수 있습니다.

이것은 더 거시적인 일에도 마찬가지로 작용합니다. 하지만 먼저 미시적인 것부터 직접 실험해 보세요. 인생을 그렇게 바꾸어 본 경험을 갖고 있는 사람은 이미 에고 경영의 전문가이기 때문에, 나라를 맡기면 나라의 경영도 잘할 것입니다.

그런데 지금 우리 사회에는 에고 경영의 전문가가 없습니다. 아랫사람이나 국민에게 윽박지르고 명령하고, 권력으로 또는 돈으로 막으면 다 되는 줄 알고 있습니다. 특히 우리나라 국민들은, 어떤 잘못을 저지른 사람이 욕을 크게 먹었더라도 조금만 시간이 지나면 금방 잊어버립니다. 사람들이 늘 같은 반응을 보이니까 상대도 그 반응을 미리 읽고서 악용하고 있는 것이죠.

그래서 양심 외에는 답이 없다는 것입니다. 상대가 양심으로 나오지 않으면, "나도 네 뜻대로 해 주지 않겠다!" 하고 버티면서 그 상황에 양심으로 대처해 가면 일이 재미있어질 것입니다. 6바라밀로 마음을 경영하는 것이 별것 아닌 것 같지만, 그것이 더 크게는 나라도, 세계도 경영할 수 있게 해 주는 기본이 됩니다.

유튜브(YouTube) | 작은 일에 6바라밀 적용하는 습관

받아들임의 지혜

희로애락을 경영하라

인간의 희로애락을 경영하는 것은 '양심'입니다. 그러니 매사에 자명한 것을 연구하고 나와 남 모두의 이익을 연구하는 양심의 달인이 아니고서는, 희로애락의 균형을 잘 잡기가 어렵습니다. '고통과 쾌락'에서 순간순간 깨어서 존재할 수 있는 "몰라!" "괜찮아!"의 달인이 되어야 희로애락의 경영이 가능해집니다.

그러니 먼저 "몰라!" "괜찮아!"의 달인이 되어서 '고통'(苦)의 순간에도 잠시 고통을 내려놓을 수 있어야 합니다. 그리고 '쾌락'(樂)에 빠져 있을 때에도 쾌락을 내려놓고 '순수한 나'로 존재할 수 있어야 합니다. 그렇게 시야가 넓어진 상태에서 양심에 맞게 경영할 때 문제를 근본적으로 해결할 수 있습니다.

양심의 달인들은 일반인과 똑같이 고락苦樂을 겪지만, 고통이 온다고 해도 심하게 좌절하지 않고 더욱 분발하며, 쾌락이 온다고 해도 거기에 안주하지 않고 다시 또 새로운 도전을 합니다. 이렇게 사는 게 제일 행복한 것이라고 이해하면서 인생을 설계하면 훨씬 재미있지 않을까요? 이게 '철학힐링'이자 '양심힐링' '6바라밀힐링'입니다. 이런 것까지 힐링을 해 주지 못하면 근본적으로 인생이 치유되지 않습니다.

쾌락만 강조한다든가 고통을 버리는 것에만 치중하면 치우친 철학이 나옵니다. 그러면 잘못된 수행을 하게 되고, 잘못된 수행에 평생의 시간과 정력을 낭비하면 후회만 남게 됩니다.

지금 여기서 공부하라

생각해 보면 과거 성인들의 옆집에도 누군가가 살고 있지 않았을까요? 지금 우리들은 공자님, 예수님, 부처님을 한 번만이라도 직접 만나 봤으면 좋겠다고 생각하지만, 그 당시 성인들의 옆집에 살면서 "저 사람은 도대체 뭔데 밥 먹고 저런 쓸데없는 짓만 할까?" 하고 생각했던 사람들이 분명 있었겠죠?

그렇다면 그 사람이 나중에 자기 인생을 냉정하게 돌아보게 된다면 참으로 안타깝겠지요? 엄청나게 후회하지 않을까요? 그 사람이 "다음 생에는 잘해야지!" 하고 다짐을 한다 해도 다음 생에 와서 잘할 것인지는 장담할 수 없습니다.

그러니까 '지금' 잘해야 합니다. 지금 잘하는 사람이 다음 생生에서도 잘합니다. 오늘 공부를 안 하는 사람이 내일 공부를 하기는 쉽지 않겠죠? 그런데 오늘 공부를 한 사람은 100%는 아니더라도 내일도 공부를 할 확률이 더 높습니다. 이렇게 확률을 자꾸 높여 가는 게 '카르마 경영'의 핵심입니다.

이 카르마 경영에서 100%라는 건 없습니다. 왜냐하면 내일 어떻게 된다는 보장은 어디에도 없으니까요. 위대한 보살도 내일 어떻게 될지는 모릅니다. 왜냐하면 '무상·고·무아'가 속성인 현상계를 살고 있기 때문에, 이 현상계 안에 사시는 성인도 내일 무슨 생각을 할지, 내일은 또 어떤 욕망을 가질지 그것은 아무도 모르는 것입니다.

이게 현상계라는 게임의 조건입니다. 이런 부분은 우리도 성인과 똑같습니다. 성인도 피할 수 없는 이런 조건들 때문에, 좌절하거나 공부를 포기하는 분들이 많아서 이런 말씀을 드립니다. 성인도 똑같이 식욕·성욕 때문에 힘들어하고 늘 깨어서 이겨 내고 계신데, 이제 막 공부에 입문한 사람이 "나는 식욕·성욕을 못 끊겠어. 그것 때문에 이제 수행은 포기해야 할 것 같아."라고 말한다면 성인들이 들었을 때 어이가 없지 않을까요?

성인도 겨우 참으면서 공부해 가고 있는 것인데, 이제 막 공부를 시작한 사람이 환상을 가지고서 수행을 바라보면 진짜 성인을 만났을 때에도 그 성인을 이해하지 못합니다. 성인도 똑같습니다. 보살이 윤회를 떠나지 않는다는 말은, 보살도 일체 중생과 똑같은 조건을 감수한다는 의미입니다. 생각·감정·오감을 통해 겪어야 할 모든 것을 다 겪고 있지만, 성인은 그것을 6바라밀에 맞게 경영하고 있을 뿐이죠.

잘못된 환상을 버리고 깨어있는 정신으로 생각·감정·오감을 6바라밀에 맞게 경영하며 살 수 있다면, 여러분도 성인입니다. 성인에게도 매 순간 고락과 욕망, 유혹이 찾아옵니다. 시련이 찾아오기도 하고 모르는 게 있어서 답답해하기도 합니다. 성인도 무지한 부분이 있을 것입니다. 신이 아닌 이상, 즉 인간으로 존재하는 이상은 다른 사람의 속을 100% 알 수가 없으니까요. 이것이 게임의 조건입니다.

6바라밀로 운명을 바꿔라

그런데 성인들은 일반인과 어떤 점이 다를까요? 성인들은 어떤 고민이건 6바라밀로 해결합니다. 여러분에게 지금 심각한 고민거리가 하나 있다고 가정하죠. 이 심각한 고민을 6바라밀로 해결한다는 것은 이런 의미입니다. 먼저 ① '선정바라밀'을 써서 "평정심을 유지하고 있나? 내 마음은 고요한가? 아니면 흥분된 상태인가? 우울한 상태인가? 감정의 앙금을 모두 초월했는가?" 하고 물어야 합니다. 그리고 정신을 차리고자 노력해야 합니다.

또 ② '보시바라밀'을 써서 "상대방의 이익도 생각했는가?" 하고 물어보고, 내 이익만이 아니라 상대방의 이익까지 배려해주세요. 그리고 ③ '지계바라밀'을 써서 "상대방에게 피해를 주지 않고 계율을 지켰는가?"라고 묻고 성찰하여, 자신이 당해서 싫은 일은 남에게도 하지 않아야 합니다.

그다음 ④ '인욕바라밀'을 써서, "지금 마땅히 받아들여야 할 것들을 받아들이고 있는가?" "혹시 못 받아들이고 있는 게 있지는 않은가?" 하고 물어서 받아들일 것은 흔쾌히 받아들이십시오. 그래야 끝납니다. 받아들일 수 없는 것을 계속 곱씹어 보아야 상황만 악화될 뿐입니다.

처음에는 이게 자신이 받아들일 수 있는 것인지 아닌지 모르니까 도전을 해야 하지만, 그렇게 도전을 많이 하다 보면 이것은 내 힘으로 안 될 것이라는 판단이 자명해질 때가 옵니다. 그때는 빨리 받아들이고 즐기는 게 최고입니다. 피할 수 없는 일은 긍정적으로 마음을 고쳐먹는 것이 최선이라는 것이죠. 애초에 선택을 하지 않았다면 모르겠지만, 내가 선택한 인생에서 내가 바꿀 수 없고 필연적으로 만나게 되는 일들이 있지요? 그런 조건들에 대해서는 빨리 생각을 바꾸고 즐기는 수밖에 없습니다. 그건 부처님이라고 해도 그렇게 하실 것입니다.

불보살이라고 해도 아이를 낳았는데 자기 아이가 맘에 안 들 수 있겠죠? "아니 어쩌다 이런, 누굴 닮은 거야?"라고 생각할 수도 있지만, 그래도 현실을 받아들이지 않을 수 있나요? 또 태어나고 보니 부모님이 마음에 들지 않을 수 있겠지요. 그렇다고 받아들이지 않을 수 있나요? 그러면 이때는 즐겨야 합니다. "내가 큰 공부를 하려고 이렇게 왔구나. 우주의 인과법이 나를 배려해서 최선책을 내놓은 것일 거야." 이런 식으로 생각하고 받아들여야 합니다.

물건 하나를 잘못 샀더라도 바꿀 수 없는 경우에는 어쩔 수 없지 않겠습니까? 어쩔 수 없는 것은 예쁘게 보려고 노력해야 합니다. 하필 멀쩡한 것들을 놔두고 흠이 있는 것을 골라서 샀더라도 다시 무를 수가 없다면 어떻게든 그것을 받아들여야 합니다.

저도 이런 적이 있습니다. 제가 물건을 하나 샀는데 하필 하자가 있는 게 왔습니다. 환불이 가능하긴 한데 절차가 너무 복잡해서 신경을 많이 써야 했습니다. 그래서 바꾸는 것보다는 하자가 있어도 그냥 써야 할 상황이었습니다. 이때 보살도의 마음으로 받아들이니 한결 편했습니다.

"이걸 다른 중생이 받았다면 얼마나 놀랬을까? 그래도 이왕이면 보살도를 닦는 나한테 온 게 하늘의 뜻이겠지. 이 기회에 인욕바라밀의 실력이나 닦자!" 이렇게 하늘의 뜻인가 보다 하고 받아들이면 조금 위안이 됩니다. "하늘의 뜻이다. 우주의 명령이다. 우주가 이 물건을 나한테 줘 놓고 나를 관찰하고 계시다! 6바라밀로 이 상황을 해결하는지 지켜보고 계시다!" 하고 생각하세요.

이럴 때 표정과 반응, 리액션을 잘해야 하는 겁니다. 너무 성급하게 화를 내면 내 인격의 바닥이 드러날 수 있으니, "몰라!"와 "괜찮아!"로 마음을 챙기면서 곤란한 상황을 해결해 보는 겁니다. 받아들여야 할 것을 못 받아들이면, 그것 때문에 고통(苦)이 시작됩니다. 반대로 무조건 받아들여야 하는 상황이 힘들기 때문에 그게 수행이 됩니다. 받아들일 것은 얼른 받아들이고 넘어가십시오. 안 그러면 문제가 풀리지 않습니다.

다음으로 ⑤ '정진바라밀'을 써서 "나는 지금 최선을 다하고 있나?" 하고 물어보세요. "지금 이 문제를 양심적으로, 모두에게 이익이 되도록 합리적으로 해결하려고 최선을 다하고 있나?" 이렇게 묻고 성찰하여 지금 이 순간, 자신의 양심에 최선을 다해야 합니다. 자신은 분명히 알고 있으니 속일 수 없지요.

마지막으로 ⑥ '지혜바라밀'로 "지금 내 판단은 자명한가? 진리에 부합한가? 체험과 개념이 일치하는가? 성인들의 말씀에 부합하는가?" 이렇게 묻고 자명한 것만을 진리로 인정하십시오. "성인들이라면 어떻게 판단하셨을까? 내가 좀 미진한 부분은 없나?" 하고 늘 의심하십시오.

보살의 길과 선비의 길

6바라밀을 가지고서 이렇게 자기 생각을 하나하나 정돈해가며 살아가는 것이 수행입니다. 유교의 '양심계발법'으로 말하면, 먼저 ① '몰입'(敬)을 써서 "나는 지금 깨어있나? 감정적 앙금은 없고 고요한가?" 하고 성찰합니다. 유교의 군자가 되는 수행법은 6바라밀의 수행과 근본적으로 같습니다.

그리고 ② '사랑'(仁)을 써서 "남의 이익까지 잘 배려하고 있는가?" 하고 성찰하고, ③ '정의'(義)를 써서 "다른 사람에게 부당한 피해를 주고 있지 않나?" 하고 성찰합니다. 또 ④ '예절'(禮)을 써서 "다른 사람에게 무례하게 굴지 않았나?" 하고 성찰합니다.

이 경우 받아들일 것은 받아들이고 상대방과 조화를 이루는 것이 포인트입니다. 이런 면에서 예절은 '인욕바라밀'과 통합니다. "받아들일 건 받아들이고 무례하지 않게 자신을 표현하고

[6가지 덕목을 갖춘 양심과 보리심]

있나?" 하고 돌아봐야 합니다. 남을 받아들여야 무례하지 않게 남을 대할 수 있고, 상황을 받아들여야 예절을 지킬 수가 있습니다.

그리고 ⑤ '성실'(信)을 써서 "나는 양심의 실천에 최선을 다하고 있는가?" 하고 돌아봐야 합니다. 마지막으로 ⑥ '지혜'(智)를 써서 "내 판단은 자명한가? 성인들의 말씀에 부합하나? 성인들도 이렇게 판단했을 것인가?" 하고 성찰합니다. 객관적으로 자기를 잘 돌아보려면, "남이 이렇게 판단한다면 내가 어떻게 지적할 것인가?" 하고 스스로에게 물어보십시오. 내가 지금 하고 있는 일을 그대로 남이 한다고 생각하고 반성해 보면 더 잘 보입니다.

불가의 보살이 자신의 '보리심'이 이끄는 대로 "자신을 이롭게 하고 남을 이롭게 하자!"(自利利他) "위로는 지혜를 구하고, 아래로는 중생을 구제하자!"(上求菩提 下化衆生) 하는 가르침을 닦아 가듯이, 유가의 군자·선비는 자신의 '양심良心'이 이끄는 대로 "나를 닦고 남을 다스리자!"(修己治人) "타고난 양심을 다시 밝혀내어, 백성들이 날로 새로워지게 도와주자!"(明明德 新民)라는 가르침을 닦아 갑니다. 그러니 그 수행법이 다를 수 없습니다.

양심성찰을 할 때 "몰라!" "괜찮아!" 하고 마음을 모으는 것은, 유교에서는 '몰입'(敬)의 덕목이 되고, 불교에서는 '선정바라밀'의 덕목이 됩니다. 양심(보리심)과 하나가 되고 보면, 양심 안에 모든 덕목이 온전하게 갖추어져 있다는 것을 알 수 있습니다. "몰라!" "괜찮아!"는 '양심'과 접속하는 가장 손쉬운 방편일 뿐입니다.

그래서 유교에서는 '만선구족萬善具足'(양심 안에 온갖 선함이 모두 갖추어져 있음)이라고 하고, 불교에서는 '만법구족萬法具足'(보리심 안에 온갖 진리가 모두 갖추어져 있음)이라고 하는 것입니다.

인생이라는 게임에 임하는 보살의 자세

오늘 하루 게임에 접속했다고 생각해 보십시오. 아침에 눈을 뜰 때가 게임에 접속한 것입니다. 일단 내가 현재까지 갖춘 아이템을 확인하고, 그 아이템으로 오늘 할 수 있는 좋은 일이 무엇인지를 생각해 보십시오. 온라인 게임을 한다고 생각하면서 오늘은 어디로 가서 사냥을 하고 무엇을 할지를 정한 다음, 아이템들을 획득해 가면서 보람 있게 사는 겁니다.

하루 동안 좋은 창작을 많이 하세요. 생각·감정·오감을 가지고 좋은 생각, 좋은 말, 좋은 일을 함으로써 공덕을 많이 쌓으세요. 이것은 돈이 없어도 할 수 있는 일입니다. 좋은 생각하기, 좋은 말하기, 좋은 업 짓기는 여러분이 이미 가지고 계신 재료로 하는 것이기 때문에 누구나 충분히 할 수 있습니다.

저도 아무것도 가진 게 없어 남을 경제적으로 도와줄 수 없는 형편일 때가 있었습니다. 그때 저는 제가 할 수 있는 가장 의미 있는 일은, 모든 종교와 철학의 가치를 하나로 통합해서 사람들이 나중에 공부할 때 편하게 길을 만들어 놓는 것이라고 생각했습니다. 그 일은 돈이 드는 것도 아니었습니다. 그래서

도서관에 가서 무료로 책을 빌려 계속 연구했습니다. 제 시간과 정력을 좋은 일, 의미 있는 일에 썼던 것뿐이었습니다.

여러분도 스스로를 돌아보면 이런 일들이 많을 것입니다. 오늘 내 시간과 정력을 나와 남 모두에게 좋은 방향으로 쓰면 그 사람이 보살입니다. 보살은 '창조바라밀'을 쓰는 창조자이기 때문에 내일을 걱정할 필요도 없습니다. 그래서 잠들기 전까지 "오늘 하루를 어떻게 하면 가장 의미 있게 보낼까?" 하는 방법만 연구합니다. 그리고 잠자리에 들 때 오늘의 게임은 끝납니다. 그러면 오늘 한 생을 잘 산 게 됩니다. 그리고 내일 눈을 떴을 때에는 어제의 나로부터 이어받은 아이템인 '공덕'과 '지혜'를 가지고 또 한 생을 다시 살게 됩니다.

인욕바라밀로 받아들여라

이렇게 여러분의 생을 하루 단위로 끊어서 보면 좋습니다. 인간은 멀리까지 예측할 힘이 부족하기 때문입니다. 그런데 마음이 불안하기 때문에 우리는 계속 멀리 보려고 합니다. 결국 이것도 욕심 때문에 그러는 것입니다. 자꾸 미래의 일에 불안해하고 과거의 일에 집착하는 것은 모두 '욕심' 때문입니다.

"과거에 그것들을 가질 수 있었는데 ….." 이런 생각은 반야바라밀에도 맞지 않고 인욕바라밀에도 어긋납니다. 판단도 잘못되었지만, 과거의 일은 지금 받아들여야 하는데 못 받아들이고 있기 때문에 또 끄집어내서 고민하는 것입니다. 고민을 아예 하지 마십시오. 그게 답입니다. '인욕바라밀'을 써야 할 때에는 받아들여야 끝납니다.

갈릴레오 갈릴레이가 지동설을 주장했을 때 교황청은 강력하게 반대했습니다. 그때 그 교황청 분들에게 필요했던 건 뭐죠? 인욕바라밀입니다. 받아들일 것은 빨리 받아들여야 끝납니다. 어차피 언젠가는 받아들이게 되어 있으니까요. 자명한 것은 결국에는 받아들여야 하기 때문에, 따져보아서 자명하게 "이건 바꿀 수 없다. 내가 어떻게 할 수 없는 영역이다."라고 판단이 되었다면 빨리 받아들이는 게 상책입니다.

'진리'도 마찬가지입니다. 진리도 내가 바꿀 수 있는 것이 아닙니다. 그래서 불경에서는 진리(法)를 받아들이는 것도 인욕바라밀이라고 말합니다. 또 자신이 처한 환경을 받아들이는 것도 인욕바라밀입니다. 즉, 내가 어찌할 수 없는 것들은 다 받아들이라는 것입니다. '1+1=2'라는 사실은 우리가 아무리 반항을 해 봐도 어쩔 수가 없습니다. "그래 인정하자!" 이게 인욕바라밀입니다. 초등학생들이 처음에는 거부해 보지만 결국은 "선생님이 맞는 것 같아요." 하고 받아들이고 끝나지요.

아이들도 인정을 해야 다음 단계로 넘어갑니다. 이게 굉장히 중요한 진리인데 '인욕바라밀'을 써야만 해결이 됩니다. 지금 뭔가 받아들이지 못해서 괴로운 일이 있다면, 그냥 업을 갚았다고 좋게 생각하고 넘어가세요. 받아들여야 끝날 문제는 흔쾌히 받아들이세요. 빠르면 빠를수록 좋은 일입니다. 다시 그 우울한 생각에 빠지면 또 말려드니까, 좋은 생각을 자꾸 해서 긍정적으로 넘어가십시오.

주식을 하다가 큰돈을 잃었더라도, "아! 그때 더 큰돈을 잃을 수도 있었는데 막았다!" 하고 넘어가야 합니다. 그런데 돈을 잃은 사실을 곱씹으면서, "그 돈을 다시 벌려면 엄청 고생해야 하는데 그걸 잃다니 …." 하고 우울해하거나, 그 돈을 가지고 누릴 수 있었던 것들을 계속 떠올리면서 후회하면 아주 죽을 맛이겠죠? 그런데 그 돈을 이미 회수할 길이 없다면, 그냥 흔쾌히 받아들이고 다시는 생각하지 않는 게 답입니다. 이것이 '바라밀'을 실천하는 것이고, 이것이 '지혜'입니다. 이런 것도 '보살도'라는 것을 아시고, 당당하게 잊으십시오.

"내가 혹시 이러면 뭔가 미진한 것 아닌가?" "죄를 짓는 것은 아닌가?" 이러지 마시고 "몰라!" "괜찮아!"를 시원하게 쓰십시오. "'몰라'라고 하는 것은 도피 아닌가?" 하실지 모르지만 일단 도피하셔야 합니다. 빨리 도피하세요. 도망갈 땐 빨리 도망가야 살아남습니다.

"그래도 내가 이렇게 도망가는 건 아니지 않나?" 이러지 마세요. 본인이 도망가야 주변 사람도 살릴 수 있는 처지라는 게 있습니다. "몰라!" "괜찮아!"를 하라는 것은, 우리 마음에서 불필요한 것들을 좀 내려놓자는 의미입니다. 내려놔야 상황이 제대로 보이겠죠. 그런데 그걸 못 내려놓고 있으면서 "내려놓으면 도피 아닌가?" 하면, 나와 남 모두를 위태롭게 만드는 것밖에 안 됩니다.

가끔 "몰라!" "괜찮아!" 하면서도 "나는 괜찮지 않은데 '괜찮다!'라고 하는 게 찜찜한 것 같아 ⋯." 하고 생각하는 분도 계십니다. 왜 그런 데에만 그렇게 정밀한 사고가 발동하는지 모르겠습니다. 정작 해야 할 부분은 고민하지 않다가 하지 말아야 할 부분에서는 심각하게 고민하는 게, 아직 보살이 못 되었다는 증거입니다.

내려놓아야 할 것은 못 내려놓아 붙잡고 있고, 고민하지 말아야 할 것은 고민하면서 고민해야 할 것은 고민하지 않습니다. 또 "몰라!" 해야 할 것은 안 하면서, "몰라!" 하지 말아야 할 건 잘합니다. 신기하게도 이렇게 살면 6바라밀의 세계에서 점점 멀어집니다. 여러분 안에 잠재력으로만 있는 6바라밀을 복원하세요. 그러면 스스로 운명을 창조할 수 있습니다. "운명은 내가 만들어가는 것이지, 나의 장애물이 아니다!"라는 것을 깨달으십시오!

유튜브(YouTube) | 받아들임의 지혜와 실전 팁

모든 고통에서
자유로워지는 길 ─────

고통에 직면하는 자세

조선의 선비 중에 아주 불우한 일을 당하면서 양심으로 이겨 내신 분이 있는데, 이런 내용의 시를 지으셨어요.(구봉 송익필, 낙천樂天) "하늘은 인자하다! 하늘은 공정하다!" 사실, 이 부분에 대한 확신이 없는 사람은 아직 보살이나 군자가 아닙니다.

이것을 인정하지 않고서는 문제가 풀리지 않고, 인생의 '고통'에 대한 해답을 얻지 못합니다. 하느님, 불교식으로 말하면 우주의 법신불(인과법)이 인과·카르마를 굴리시는데, 그분이 카르마를 공정하게 굴린다는 것을 인정하지 않고서 어떻게 인생의 해법을 찾겠습니까?

인과·카르마는 법신불(인과법)이 경영한다고 인정하는 사람도, 막상 현실에 직면해서는 조금이라도 뭔가 일이 안 풀리면 곧장 하늘을 원망하고 남을 원망하는 경우가 많습니다. 자신에게 닥친 불행을 부당하다고 느낀다는 것이죠. 그런데 선비들도 이런 부분을 분명히 직시했고, 그래서 그 시에 다음과 같은 내용이 담겨 있습니다.

"하늘은 인자하고, 하늘은 공정하다! 만물을 고르게 사랑하지, 누구 하나 치우치게 사랑하는 존재가 아니다. 누구 하나 치우치게 미워하는 존재가 아니다. 따라서 나에게 닥친 이 고난은 이유가 있어서 하늘이 나에게 내린 것이다. 결국 내가 짓고 내가 받는 것이다. 내가 선善을 보태거나 덜어 내지 않는다면, 하늘이 어떻게 사사로이 나에게 후하게 하거나 박하게 하겠는가?"

그러면서, "나는 생사를 둘로 보지 않고 고락을 둘로 보지 않으면서, 죽는 그날까지 내게 주어진 삶 속에서 양심을 닦을 것이다!"라고 했습니다. 이 시 안에 우리가 고통을 대할 때, 역경을 대할 때, 새겨들어야 할 좋은 지침이 담겨 있어 소개해 드립니다.

하늘은 공정하다

첫째로 "하늘은 공정하다!"라는 내용을 살펴볼까요? 여러분은 이 우주를 굴리는 '하늘'(법신불)이 공정한 분이라고 생각하십니까? 우주의 '인과법'이 공정하다고 확신하시나요? 과보가 닥칠 때 그런 생각이 드시나요? 우리가 막상 고통을 당해 힘들 때에는 원망할 사람을 찾고 누군가를 원망해야 분이 좀 풀리지, 인욕이 잘 안 되지요. 이게 중생의 현실입니다.

그런데 기억해야 할 것이 있습니다. 하늘이 공정한 분이라는 것을 인정했다면, 공정한 분을 신뢰하는 범위 안에서 답을 찾아야 진짜 인생의 답이 나온다는 것입니다. 잘못된 방식으로 고통에 저항하는 것은, 오히려 고통을 더 키우는 일이 될 수 있습니다. 우리가 몸을 건강하게 쓰지 않으면 몸에 병이 생겨서 고통을 겪어야 하죠. 그럴 때에는 그 병을 치료하는 방향으로 가야 당연합니다. 그런데 "왜 이렇게 아픈 거야?" 하면서 아픈 곳에 잘못된 치료를 하면 상처가 더 커지겠지요?

그러나 막상 우리가 살아갈 때에는 그렇게 살기가 쉽다는 것입니다. 힘든 일이 찾아왔을 때 그 일을 더 힘들게 만들어 놓고 잠깐 안심하고는 "내가 문제를 다 해결했다!"라고 말할지 모르겠지만, 장차 더 큰 고통이 기다리고 있는 게 일상적이라는 말입니다.

그래서 고통을 대할 때, 역경을 대할 때, 우선 "하늘은 공정하시다!"라는 사실을 잊지 말아야 하고, "하늘은 내가 받아야 할 고통만큼만 주시는 분이다!"라는 것을 잊어서는 안 됩니다. 하늘은 아무것도 모르는 것 같아도 업보를 정확히 알고 알맞게 과보를 내리며, 한 번 지은 과보는 절대로 놓치는 법이 없습니다. 그래서 『노자』에는 다음과 같은 말이 있습니다.

> '하늘의 그물'은 매우 넓어서
> 구멍이 큰듯하나 놓치는 법이 없다.
> 天網恢恢 疏而不失 (『노자』)

또한 『대승기신론』에서는 다음과 같이 말합니다.

> '인연의 화합'과 '선악의 업보', '고통과 쾌락 등의 과보'가
> 없어지거나 무너지지 않음을 알아차려야 한다.
> 念因緣和合 善惡之業 苦樂等報 不失不壞 (『대승기신론』)

이 말이 자명하지 않습니까? 그렇지 않다면 이미 그 하늘은 못 믿을 하늘이지요. 그러니까 이러한 진실을 믿어야 합니다. 여러분이 우주 법계를 굴리는 하늘(인과법)의 존재를 확신하신다면, "하늘은 공정한 분이고 에고를 초월한 분이기 때문에 그 자리는 나에게 사사로이 고통을 가하지 않을 것이다!"라고 말할 수 있어야 합니다.

그런데 문제는 이것입니다. 개인 간에 생각해 보면, 선악을 각자 자기가 받은 만큼만 주고받으면 좋지 않을까요? 그러면 서로 업보가 풀릴 텐데, 우리는 그렇게 안 하지 않나요? 내가 받은 것 이상을 상대방에게 주고 저쪽도 받은 것 이상을 나에게 주면서, 서로 고통이 깊어져 가는 것이 현실 아닙니까?

내가 어떤 사람에게 잘못을 했을 때, 그 사람이 무지와 아집으로 오판해서 나에게 더 심하게 할 수도 있거든요. 이걸 생각하면 앞선 내용과 충돌이 나지 않나요? 한 개인의 고통을 가지고 보면, 상대방이 나한테 하는 것이 내가 그 사람한테 한 그대로를 받았다고 말할 수 있을까요? 그랬다면 사실 인과가 진즉에 풀렸어야 하는데, 이상하지 않은가요? 이런 것을 생각하면 복잡한 문제입니다.

그런데 앞에서 우리가 따르기로 했던 전제를 다시 한번 생각해 보세요. "하늘은 우리가 받아야 할 만큼의 고통을 주신다!" 이것이 대원칙이잖아요? 이 공식이 없다면 업보란 복불복이 되는 것이죠. 곧장 이런 이야기를 믿기에는 체험이 아직 자명하지 않다고 생각할 수도 있지만, 카르마를 연구해 보면 이런 원리가 점점 선명해질 것입니다. 제가 연구해 본 경험으로는, 하늘은 딱 받아야 할 고통만 준다는 사실은 의심할 수가 없었습니다. 그런데 개별적인 사건을 놓고 보면 상황이 다르지요. 그러면 이것은 어떻게 풀어야 할까요?

예를 들어 제가 친구한테 100만큼의 피해를 줬다고 하지요. 그런데 그 친구가 화가 나서 나에게 150만큼의 피해를 줬다면, 제 입장에서는 "나는 억울합니다!"라고 할 만하죠. 하늘도 "참 억울하게 되었네."라고 하는 것이 맞는 상황 아닙니까? 그런데 하늘은 "나는 누구에게나 당할 만큼만 고통을 준다."라고 했잖아요. 이 2가지 공식을 회통해서 보면 어떻게 될까요? 가장 자명한 해석은 뭘까요?

이렇게 보면 어떨까요? 우리가 억울하게 받는 50을, 하늘이 우리가 받아야 할 다른 고통을 감하는 데에 써 준다고 말입니다. 그러면 억울하지가 않지요. 그 50을 가지고 우리의 다른 빚을 갚아 주면 되는 거잖아요? 그러니까 부당하게 받았건 정당하게 받았건, 여러분이 당하는 모든 고통은 결국 여러분에게 유리하게 작용할 수 있다는 것입니다. 고통에 잘 대처하기만 한다면 말이죠.

따라서 정말 중요한 것은 '고통'을 잘 갚아 가야 한다는 것입니다. 어떤 고통이 우리에게 찾아오건 고통을 더 키우지 않고 잘 갚아 간다면, 우리가 겪는 고통은 모두 우리의 묵은 업보를 탕감하는 데에 쓰일 것이라는 말입니다. 이렇게 생각하면 2가지 공식이 충돌이 나지 않지요?

우리가 처음에 세웠던 전제는 "하늘은 공정하다!"인데, 이렇게 되어야 공정하다고 할 수 있겠죠. 하늘이 "선한 씨앗에는 쾌락의 열매가 열리며, 악한 씨앗에는 고통의 열매가 열린다!"(善因樂果 惡因苦果)라는 공식대로 공정하게 우주를 운영하지 않는다면, 누가 인과법을 존중하고 따르겠습니까? 개개인별로 따지면 정당한지 부당한지 말이 많겠지만, 전체적으로 공정하게 돌아간다는 것을 확신하시라는 것입니다.

'고통'이란 게 별게 아니라, 여러분의 욕구를 좌절시켜서 '욕구불만'을 만드는 모든 것이 고통입니다. 즉, 여러분의 뜻대로 되지 않는 것이 모두 고통입니다. '역경'이라는 것도 별게 아닙니다. 우리 뜻대로 안 되는 것입니다. "집에 가서 맛있는 것을 먹고 TV를 보고 싶다. 나는 이래야만 행복하다!"라고 선언했는데 우주가 그 계획을 틀어 버리면 욕구가 좌절된 것이니, 고통이자 역경이 되는 것이죠.

그런데 작은 욕구의 좌절도 누군가에게는 매우 심각할 수 있어요. "하늘이 나를 잠시도 편히 쉬게 하지 않는구나!" 하고 크게 원망할 수도 있습니다. 작은 일 하나도, 이전에 계속해서 다가왔던 고통과 연결되면 얼마든지 크게 느껴질 수 있습니다. 늘 뜻대로 일이 이루어지다가, 소소한 것 하나가 내 뜻대로 되지 않는 것과는 상황이 다르지요. 늘 불행하다가 정말 소소한 행복이라도 좀 누리고자 했는데, 그것마저 하늘이 허락하지 않으면 고통이 증폭될 수밖에 없겠죠.

하지만 고통이 다가왔을 때 "내가 묵은 빚을 갚을 기회가 왔다!"라고 생각하고 고통에 대처하면, 공정한 하늘에 대해서도 확신할 수 있고 현재 당하는 고통에도 적극적으로 깨어서 대처할 수가 있습니다. 이런 자세가 중요합니다.

하늘은 인자하다

둘째로 "하늘은 인자하다!"라는 내용을 살펴보죠. "하늘은 인자하시다. 우주법계는 나를 사랑하고, 나를 응원하고 있다!"라는 것을 알아야 합니다. 불교적으로 보더라도, 우주법계 법신불(인과법)이 내가 성불하고 보살이 되기를 바라기에 고통을 주는 것이지, "어디 한번 죽어 봐라!" 하고 고통을 줄 리가 없습니다. 그래서 하늘이 인자하다는 것입니다.

고통을 극복하는 데에 있어서, 자비로운 하늘이 우리를 나쁜 쪽으로 끌고 갈 리가 없다는 것을 확신하는 것도 아주 중요합니다. 고통이 올 때 "우주가 나를 죽이려고 하는구나!" 하고 쉽게 좌절하기 쉬운데, "나를 시험을 통해 한 단계 성숙시키고, 내가 업보를 덜 기회를 주는구나!" 하고 생각해야 합니다.

여기서 하나 더 생각할 수 있는 것이, "인자한 하늘은 우리의 역량을 잘 알기 때문에, 지금 이 순간 우리가 극복할 수 있는 만큼의 고통을 준다!"라는 것입니다. 인자한 하늘이 전제되면, 반드시 우리가 감당해서 이겨 냈을 때 성숙할 수 있는 그런 문제를 주겠지요? 역량이 작은데 큰 문제를 주면 살 수 없을 것 아닙니까?

현명한 채권자라면 채무자의 빚 갚을 능력을 보면서 빚을 받아내지 않겠습니까? 현 시점에서 감당할 만한 변제를 요구하지 않을까요? 무작정 빚을 당장 갚으라고 하는 것보다, "네 사정을 보니 한 달에 100을 초과해서 갚는 것은 벅찰 것 같으니, 한 달에 100씩만 갚아라!"라고 제의하는 것이 현명할 것입니다. 갚을 수 없는 무리한 요구를 했다가 저쪽이 아주 주저앉아 버리면 서로 손해 아닙니까?

인간사도 이럴진대, 카르마를 주재하시는 인자한 하늘이 지금 얼마 정도 갚을 수 있다는 것을 모르실 리가 있나요. 그러니까 분명히 갚을 수 있을 만큼 요구할 것입니다. 이것을 "하늘은 감당할 만한 고통을 주신다!"라고 표현할 수 있겠죠. 그러나 여기에는 반드시 전제가 있습니다.

빚을 제대로 갚는 법을 알아야 한다는 것입니다. 어떻게 빚을 갚아야 하는지를 모르면 10원도 감당하지 못합니다. 애초에 하늘이 고통을 왜 주었나요? "선한 씨앗에는 쾌락의 열매가 열리며, 악한 씨앗에는 고통의 열매가 열린다!"(善因樂果 惡因苦果)라는 '카르마 법칙'을 기억하세요. 스스로 짓고 과보果報로 받는 고통은, '양심'을 어겨서 받는 것이라는 것을 말입니다.

그렇다면 지금 내가 겪는 모든 고통이 내가 악행을 한 탓인가? 물론 그건 아닙니다. 이것을 좀 더 정밀히 살펴볼까요? 우리가 삶에서 겪는 '고통'을 대략적으로 나누어 보면, ① 현상계의 무상함이나 이원성, 생장수장生長收藏과 같은 현상계 자체에 내재된 고통 ② 타인의 악행으로 인해 받게 되는 고통 ③ 스스로의 악행으로 받게 되는 고통 ④ 누구의 탓도 아닌 우연으로 발생한 고통 ⑤ 인격의 성숙과 단련, 보살도의 구현을 위해 하늘이 부여하는 고통 등으로 나누어 볼 수 있을 것입니다.

인간에게 고통이 없다면 성숙도 없습니다. 그러니 인자하고 공정한 하늘이라면, 이러한 각각의 고통들을 기반으로 인격을 성숙시키고 단련시키는 데에 필요한 전체 고통량을 감안하여, 개인마다 한 생에 '일정량의 고통'을 받도록 관리할 것입니다. 그러니 어떠한 고통이 닥치건 모든 고통에는 한계가 있다는 것을 명심하고, '6바라밀'에 합당하게 대처하기만 하면 됩니다. 이것이 고통을 극복하는 최고의 요결입니다.

어떤 종류의 고통이건, 6바라밀로 극복하지 못할 고통은 없습니다. 오직 '양심'대로, 6바라밀대로 대처하는 방법밖에 없습니다. 어떤 고통이든 양심으로 대처하지 않으면 고통을 제대로 극복할 수 없습니다. 6바라밀의 인도를 따르지 않으면 당장은 잘 감당한 것 같지만, 오히려 고통을 더 키우고 빚이 더욱 늘어나게 될 뿐입니다.

하늘은 충분히 감당할 수 있을 것 같아서 '일정량의 고통'을 요구했는데, 즉 하늘이 볼 때는 '양심'으로 해결하면 충분히 100은 갚을 수 있다고 봐서 요구했는데, 양심으로 대처하지 않고 사채를 끌어다 갚으면 빚이 더욱 늘어나고 끝날 수도 있다는 것입니다. 하늘은 분명히 자비심으로 요구했는데, 결과가 참담할 수도 있는 것이지요.

'욕심'으로, 즉 '무지·아집'으로 대처하면 일을 망치게 됩니다. 하늘이 분명히 인자하게 우리의 역량을 감안하여 요구하더라도, 인간이 그걸 피하겠다고 꼼수를 부리다가는 훨씬 큰 고통을 만들어 놓을 수 있어요. 그러니까 하늘이 인자하더라도, 우리에게 주어진 고통을 우리가 무조건 감당할 수 있다고 말하기는 어렵습니다. 이 말에는 전제가 있으니까요.

그러니 이렇게 말하는 것이 더 맞겠죠. "하늘은 양심적으로 대처하면 반드시 해결할 수 있는 만큼의 고통을 준다! 하늘은 내가 벌인 짓보다 더 요구하지 않는다. 즉, 정확한 빚을 갚으라고 요구한다! 내 역량에 따라 한 생에 갚을 고통의 분량을 정확히 계산해 주니 나는 그것만 갚아 나가면 된다!" 이렇게 말입니다.

고통을 양심으로 극복하라

지금 우리에게 닥친 '고통'만 '양심'으로 이겨 내면, 우리는 모두 보살이 될 수 있습니다. 따로 공부거리를 찾아다니지 않더라도, "어떤 중생을 구해야 하나?" 하고 고민하지 않아도, 하늘이 알아서 우리를 고통으로 인도할 것이니, 지금 여러분에게 닥친 고통만 6바라밀로 최선을 다해 해결하면 되는 것입니다. 우주 법계가 그렇게 프로그래밍을 해 놓았어요.

6바라밀을 닦으려면 무엇을 해야 할까요? 그냥 열심히 올바르게 살아가면 됩니다. 사람은 태어날 때 '일정량의 고통'을 가지고 태어납니다. 그러니까 늘상 행복하기를 바라면 안 돼요. 누구나 '행복'과 '고통'을 일정량 갖고 태어났다고 보는 것이 타당합니다. 지난 세월 동안 자기가 한 짓으로 인해 행복과 고통의 양이 대충 정해져 있을 것입니다.

우리가 운전할 때 내비게이션을 보면 신통하지요? 이 속도로 이렇게 가면 몇 시에 도착할지를 알려 주잖아요. 그런데 우주는 더 신통합니다. 지금까지 여러분이 입력한 카르마가 있는데 우주가 왜 계산을 못 하겠습니까? 그리고 그 빚도 여러 생에 걸쳐 갚아야 하기 때문에, 이번 생에 얼마를 갚게 하겠다 하는 게 있겠죠?

그 빚을 또 쪼개어서 하루에 얼마씩 갚도록 하겠죠. 우리는 언제나 빚을 조금은 지고 산다고 생각해야 합니다. 내가 불보살처럼 사는 게 아니라면, 분명히 자신도 알지 못하는 빚이 많을 것입니다. 물론 보살들은 보살대로 또 다른 고충이 있어요. 인간은 고통을 겪어야 인격이 성숙되고 단련되어 큰 보살이 되기 때문에, 그런 분들에게도 하늘이 '일정량의 고통'을 예정해 놓습니다. 꼭 자기가 업보로 불러들인 고통이 아니더라도 필수적인 고통을 받아야 불보살이 되니까요. 이건 좀 예외적인 이야기입니다.

각설하고 누구나 이번 생에 일정량의 고통을 받아야 할 테니, 다음 생에 받을 것까지 미리 걱정하지 말고 이번 생에 감당해야 할 것만 열심히 갚아 나가자고 생각하세요. '일정량의 고통'이 있다는 것은 부자든, 가난하든, 현명하든, 어리석든 상관없이 다 같습니다. 각자 자신의 몫이 있어요.

우리는 늘 행복할 수 있다

고통은 언제 우리를 찾아올까요? 우주는 음양의 진동으로 움직이기 때문에, 에고의 뜻대로 되는 일이 오고 나면 반드시 에고의 뜻대로 되지 않는 일이 기다리고 있습니다. 그러니 매사가 뜻대로 안 된다고 해서 하늘을 원망할 필요가 없습니다. "좀 전까지 너무나 좋았는데, 하늘이 또 내 인생을 망치는구나." 이렇게 생각하지 마시고 "당연히 고통이 올 때가 되었구나."라고 생각해야 합니다.

"고통이 아주 안 오면 좋겠다." 하는 생각은 애초에 말이 안 되는 것입니다. 불보살도 고통을 피할 수 없으니까요. 그래서 부처님이 일체의 중생을 관찰해 보고 나서, "일체는 고통이다!"라는 현상계의 진리를 말씀하신 것입니다. 이것은 현상계를 살아가려면 구조적으로 모두가 고통에 허덕이게 되어 있다는 의미입니다.

돈을 많이 벌어 놨더니 가족에게 변고가 생길 수도 있고, 이 정도면 성공했다고 여길 때 갑자기 사업이 망할 수도 있고, 언제 무슨 일이 생길지 모릅니다. 이럴 때 "아, 예정된 고통이 찾아왔구나." 하고 받아들이고, 당당하게 '6바라밀'로 정면 승부를 해야 합니다.

고통은 오직 '양심'으로 치유됩니다. 꼼수를 부린다면 빚은 더 커지게 되어 있다는 것을 알아야 합니다. 이렇게 고통의 문제에 합리적으로 접근한다면, 이것은 대단한 일입니다. 고통의 문제를 해결하는 것은 인간에게 있어 매우 중요한 부분이기 때문에, 부처님도 고통을 해결하는 것에 대해 계속 말씀하신 것입니다. 그리고 지금도 많은 이들이 인문학을 찾는 것은 삶이 그만큼 괴롭기 때문이 아닐까 합니다.

그렇다면 '6바라밀'로 양심대로 일을 처리하면 다시는 고통을 겪지 않느냐? 그건 아닙니다. 에고의 뜻대로 안 되는 것도 고통이지만, 양심을 멋지게 펼치고 싶은데 안 되는 것도 고통이거든요. 즉, '에고의 욕구불만'도 고통이고, '양심의 욕구불만'도 고통입니다. 그러니 우리는 현상계를 살아가면서 고통을 떠날 수 없습니다. 우리는 어떤 고통이 찾아오든 계속 껴안고 살아야 합니다! 우주가 제시한 것은 이것밖에 없습니다. "뜻대로 되는 게 있으면, 반드시 뜻대로 되지 않는 게 있다!"

그렇다고 해서 모든 고통 앞에서 우리가 늘 괴로워해야 하는 것은 아닙니다. 고통을 효과적으로 극복하면 됩니다. 우리는 어떤 역경 속에서도 늘 행복할 수 있습니다. 6바라밀로 계속 고통을 극복한다면 어떻게 될까요? 상황이 에고의 뜻대로 돌아갈 때는 당연히 행복할 것이고, 에고의 뜻대로 안 되더라도 양심이 만족하기 때문에 고통이 극복될 수 있습니다.

우리가 몸이 건강할 때는 당연히 행복하게 살겠지요. 하지만 몸이 아프더라도 제대로 된 진통제와 치료제만 있다면 걱정하지 않을 겁니다. 고칠 수 없는 병이 문제이지, 확실한 치료제만 있다면 겁이 나지 않겠죠? 마찬가지로 하늘이 인간에게 고통을 줄 때, 양심이라는 치료제도 주었습니다. 그러니 무엇이 걱정입니까? 빨리 약을 복용하세요.

아무리 험한 상황이라도 6바라밀대로만 하면 치료가 되게 되어 있습니다. 물론 그 치료가 꼭 '에고의 만족'으로 이어지는 것은 아닙니다. 6바라밀을 만족시키면 고통이 풀리기는 하겠지만, 꼭 에고가 만족하는 방식으로 풀리지는 않을 수 있으니까요. 그러나 '양심의 만족'이 있기에 행복해질 수 있습니다. '에고의 불만족'은 양심의 만족의 힘으로 극복해 나가면 됩니다.

우리 인생에 '일정량의 고통'이 있다는 것은, 결국 우주가 에고의 뜻대로 되지 않게 해 놓았다는 의미입니다. 그 부분만큼 에고의 불만은 피할 수 없습니다. 그러나 에고의 불만이 있더라도, 양심이 만족하면 에고도 이 사정을 알게 되고 공감하게 되어 있습니다. 이렇게 에고를 설득하면서 양심이 만족할 수 있는 방향으로 고통을 풀어 가면, 어떤 고통도 극복할 수 있습니다.

여러분이 매일 맞닥뜨려야 하는 역경과 고통을 극복하지 못하고서, 철학을 공부한들 무엇 하겠습니까? 고통을 합리적이고 철학적으로 치밀하게 풀어 가지 않고서, 일시적인 위안책으로 마음을 푼다거나 자명하지 않은 철학으로 고통을 넘기면 안 됩니다.

그것은 '꼼수'일 뿐입니다. 일시적인 꼼수로 그 고통을 넘기고 나면, 뿌리가 치료된 것이 아니기에 나중에 더 큰 과보가 밀려옵니다. 그러니 일시적인 진통제로 넘어가려 하면 안 됩니다. '선정바라밀'이 진통제라면, 진통제를 쓴 뒤에는 반드시 나머지 5가지 바라밀을 치료제로 삼아 뿌리를 치료해야 합니다. 그래야만 진정으로 건강해질 수 있습니다.

6바라밀로 고통을 이겨 내는 방법

고통이 찾아올 때마다 6바라밀로 이겨 내면, 여러분의 영성은 더 계발되게 되어 있습니다. 이것이 하늘이 원하는 게 아닐까요? 공정하고 인자한 하늘이, 여러분들에게 한번 죽어 보라고 고통을 주는 것이 아니라면 말입니다.

일단 고통이 왔을 때에는 진통제를 먼저 쓰십시오. "몰라!" "괜찮아!" 하고 마음을 챙기는 것은 진통제를 쓰는 것과 같습니다. 진통제를 쓰면 마음에 여유가 생기면서 시야가 넓어집니다. 그래야 "하늘이 나더러 죽어 보라고 이렇게 하지는 않을 것이다. '양심'을 어기면 상황은 더욱 심각해진다. 여기에서 내가 구현할 수 있는 양심은 무엇인가?" 하고 자명한 성찰을 할 수 있습니다.

그러니 진통제를 쓰되, 시야가 넓어지면 '양심성찰'을 통해 답을 내리고 실천하십시오. 그러면 실질적인 치료가 됩니다. "몰라!"는 '선정바라밀'이고 양심성찰은 나머지 바라밀이며, 선정바라밀은 '진통제'이고 나머지 바라밀은 '치료제'입니다. 이렇게 6바라밀을 적용하면 어떤 고통도 극복할 수 있습니다.

하늘(인과법)을 믿고 이렇게 하나하나 넘기십시오. 제가 공부해 온 비결도 이것입니다. 어떤 일을 겪든 매번 하늘과 대화하면서 하늘의 뜻대로 고통을 풀어가다 보면, 하늘이 어떻게 돌아가는지를 알 수 있습니다. 또 실제로 그러한 '하늘의 뜻'(카르마 법칙)을 따랐을 때, 결과가 달라지는 것도 느끼게 됩니다.

그런 과정을 자꾸 겪다 보니 '카르마 법칙'을 인정하게 되고, 하늘과 수작하는 요령도 알게 된 것입니다. 이렇게 되면 무슨 일이 생겨도 빨리 정신을 차리고, "나는 어떻게 이 고통을 긍정적으로 해결할 것인가?"에만 집중하게 됩니다. 일단 "몰라!" 하며 '선정바라밀'로 마음을 비우고, 내 뜻대로 안 되는 것이 있다는 것을 빨리 받아들여야 합니다.

이때 내 욕망만을 고집하면 안 됩니다. "지금 상황에서는 내 뜻대로 되지 않을 것이다!"라는 것을 '인욕바라밀'로 받아들이고, "그렇다면 이 안에서 나는 어떻게 정신을 차리고 6바라밀을 총동원하여 상황을 긍정적으로 만들 것인가?"라고 생각해야 합니다. 그게 에고에게는 만족스럽지 않을지도 모르지만, 결국은 에고한테도 좋은 일이 됩니다.

아이가 몸에 좋지 않은 것을 사달라고 떼를 쓰는 것을 부모가 거절할 때, 그게 당장 아이에게는 불만이겠지만 결국에는 아이에게 좋은 결정이 되지 않겠습니까? 마찬가지로 고통이라는 것도 우주가 그렇게 결정해서 나에게 온 일입니다. 우주의 하느님을 부모라고 생각한다면 "당장에는 죽을 것 같아도, 나에게 더 유리하니까 이런 고통을 허락하셨을 것이다." 하고 생각할 여유가 생길 것입니다.

이렇게 생각하고 고통을 대하면, 고통을 대하는 맛이 이미 달라져 있을 것입니다. 그러면 잘하건 못하건 고통도 조금씩 극복이 되고, 동시에 '영성靈性'도 계발되어 더욱 현명한 선택을 할 수 있게 될 것입니다.

롤러코스터와 같은 삶을 6바라밀로 굴리자

고통에는 일정량이 있기 때문에 "이제 고는 끝났다!" 이런 말을 할 필요가 없습니다. "내 인생에 이제 고통은 끝났다!"라고 하는 그때 실제로는 큰 것이 기다리고 있을 수도 있습니다. 마치 그 말을 하기를 기다리고 있었던 것처럼 말입니다. 신기하게도 그런 말을 한 다음에 바로 고통이 찾아오는 경우가 많습니다. 그래서 저도 그런 말을 조심합니다. "아, 이 정도면 딱 좋다!"라는 말을 하면 그다음 날 고통이 찾아옵니다.

그 이유가, 상한가를 치고 내려가기 직전에 그런 생각을 하기 쉽기 때문입니다. 최고치까지 올라가서 최고점을 찍으면 이제 내려가야죠. 우리가 상한가를 쳤다는 기분이 들 때, 그때가 내리막의 시작이기 때문에, 그때 그런 기분에 취하기보다는 착실히 미래를 준비하십시오. "이런 기분이 드는 것을 보니, 뭔가가 찾아올 것이다." 하고 말입니다.

그럴 때에는 "이제 내리막이구나." 하고 마음을 챙기고 기다려야 합니다. 그래야 내리막을 현명하게 잘 넘길 수 있고, 내려가더라도 하한가를 빨리 치고 또 올라가게 됩니다. 이런 인생의 롤러코스터를 잘 탈 수 있는 사람이 아니고서 어떻게 군자, 보살이 되겠습니까? 이렇게 현장에서 직접 롤러코스를 탈 때에도 정신을 잃지 않고 타는 모습을 보여 주지 못한다면, 어떻게 중생을 인도하겠느냐는 것입니다.

중생은 올라갈 때에는 좋아서 죽는다고 합니다. "이대로만 가라!" 하다가 딱 꺾이는 순간 절망의 구렁텅이에 빠집니다. "나는 더 살 희망이 없다. 내려가고만 있고 어디까지 내려갈지 모르겠다." 그런데 다시 올라가면 또 금방 거만해집니다. 과거는 잊어버리고 "우와! 역시 하늘은 나만 사랑하신다." 이렇게 모든 것을 에고의 안목으로 봅니다. 에고의 자명하지 못한 철학을 가지고 마음대로 재단해서, 잘못된 답을 내리면서 계속 꼼수를 부리니 상황은 더욱 악화됩니다.

여러분들은 현명한 군자, 보살이 되시기를 바랍니다. 공부에 있어서도 마찬가지입니다. "요즘 나 공부 되게 잘 되는데!" 이런 이야기는 하지 마세요. 아마 내일은 바닥을 칠 것입니다. "나는 공부를 해 봤자 여전히 제자리구나." 하는 상황이 분명 생깁니다. 그때 당황하지 마세요. 이것은 수행자라면 누구한테나 똑같이 찾아가는 고통입니다. 여러분의 실력을 다지기 위한 고통인 것이지요.

여러분이 지금 너무 부풀려져 과대평가되어 있다면 하늘은 그 거품을 꺼 주려고 출동합니다. 여러분의 실체를 보여 주기 위해서 가장 어두운 면, 즉 밑바닥을 보여 줍니다. 그래야 여러분의 공부의 평균치가 나옵니다. 공부가 진실로 진보한다는 것은 이 평균치가 높아지는 것입니다. 이 평균치가 높아지는 게 수행이지, 이러한 과정을 거치지 않고서 공부가 는다는 것은 말이 되지 않습니다. 매일매일 나아지기만 하는 것은 없습니다. 매일매일 나아진다는 것은 평균치가 나아지는 것이고, 그 안에서는 천국과 지옥을 왔다 갔다 하게 됩니다.

그래서 말도 안 되는 상황을 다시 직면하게 됩니다. 나는 그 자리를 벗어났다고 확신했는데 말이죠. 우리 공부가 성장할수록, 그다음에 떨어지면 체감 충격이 훨씬 강합니다. "내가 이 정도밖에 안 되었다니 …." 하는 충격을 받기 때문입니다.

그런데 이런 고통을 6바라밀에 맞게 잘 극복하면, 평균치가 상승해서 실력이 올라갑니다. 김연아 선수가 계속 넘어지면서도 실력이 늘어 가는 것과 같은 이치입니다. 이런 상황에서 필요한 게 뭐가 있겠습니까? '6바라밀'밖에 없습니다.

아무리 넘어져도 빨리 처한 상황을 흔쾌히 받아들이고 "몰라!" "괜찮아!"로 초연한 마음을 유지하면서, "하늘은 공정한 답을 주시는 분이시고, 여전히 나한테 기대하고 계신다. 내가 여기서 양심을 어겨 버리면, 하늘은 실망하실 것이고 고통은 더 커질 것이다!"라고 생각하고, 양심에 맞는 한 수를 두십시오.

양심에 맞는 한 수를 두었을 때 상황은 다시 변하니, 참으로 신비한 일입니다. 이렇게 여러분이 1년이고 10년이고 살아 보지 않고서, '카르마 법칙'을 논하고 '6바라밀'을 논한다는 것은 좀 찜찜하지 않을까요? 그러니 어차피 살아야 하는 인생, 한번 이렇게 살아보시라는 것입니다.

보살이나 군자는 별다른 존재가 아니라 이렇게 인생의 롤러코스터를 '인욕바라밀'로 당연하다고 받아들이면서, '선정바라밀'로 심리적 불안과 두려움을 극복하고, '반야바라밀'을 써서 냉정하게 판단하고, '보시바라밀'과 '지계바라밀'로 남과 나누면서도 지킬 것은 지키며, '정진바라밀'로 매 순간 최선을 다하는 분들입니다.

우리가 태어나서 죽을 때까지 이런 롤러코스터를 타게 될 텐데, 하늘은 도대체 무엇을 바라는 것일까요? 우리가 늘 행복하게 살기만 바랐다면 하늘이 애초에 고통을 주지 않았겠죠? 단순히 '에고의 행복'이 하늘의 목표가 아니라는 것입니다. 고통을 듬뿍 주시는 분이 늘 행복하라고 할 때, 그 행복은 이미 '에고의 행복'만을 의미하지 않습니다. 하늘은 우리가 어떤 역경에 처하더라도 6바라밀로 행복하게 될 수 있기를 바라고 있는 것입니다.

이렇게 닦은 결과물이 여러분의 '영성'입니다. 우주 만물은 모두 하나의 춘하추동 · 생장수장生長收藏을 거치면서 '씨알'을 남깁니다. 이 씨알이 한 해 농사의 결과물인 것이죠. 우리가 한 생을 거쳐 거둔 결실인 '영성'도 우리 생의 결과물입니다. 우리는 이 영성을 가지고 또 다음 생을 맞이하게 될 것입니다.

그래서 다음 해 봄에 다시 태어나서 그 봄에 맞추어 또 하나씩 배워 가며 자라고, 또 그 생의 롤러코스터를 타다가 마지막에는 평생에 걸쳐 닦은 그 '영성'을 가지고 다음 생을 준비하겠지요. 보살이란 이렇게 수많은 생을 거쳐 '영성'을 닦고 계발하는 분들입니다.

이런 장구한 닦음의 길을 가려는 분이, 역경이 왔을 때 어떻게 대처할지에 대해 나름의 답을 갖고 있지 않으면 안 되겠지요? 사정이 이러니, 아무리 글과 강의를 본다고 해도 역경을 현명하게 극복하지 못하고 보살이 되는 법은 없습니다.

6바라밀이 우주의 대원칙인 줄 모르고서는 절대로 고통을 제대로 극복할 수 없습니다. 우리가 현상계에서 고통을 겪는 것은 더도 덜도 아니고 6바라밀을 못해서 그렇습니다. 어떤 종류의 고통이건, 6바라밀대로만 경영하면 극복하지 못할 고통이 없습니다. 고통을 6바라밀로 극복하지 못하는 사람이 보살이 되는 법이 없고, 6바라밀을 못하는 사람이 보살이 되는 법이 없기 때문에, 이렇게 결론을 내려 말씀드립니다.

유튜브(YouTube) | 어떠한 고통에서도 자유로워지는 길

보살은 중생심을 버리고
열반에 안주하는 것이 아니라,
'6바라밀의 보리심'으로 '6도윤회의 중생심'을
잘 경영하는 것을 목표로 한다.

부록

5분 명상 ———

잠시만 시간을 내십시오. 5분이면 충분합니다.
자신이 지금 숨을 들이쉬고 있는지, 내쉬고 있는지,
주의를 기울여 관찰하십시오.

잡념이 일어나면 "몰라!"라고 선언하십시오.
오직 지금 이 순간 자신의 숨결만 느끼세요.
우리 마음은 곧장 리셋될 것입니다.

스스로에게 "내 이름은 무엇인가?"라고 묻고,
"몰라!"라고 선언하며,
자신의 이름을 완전히 잊고
자신의 '존재감'에만 집중해 보십시오.

고요하되 또렷한 이 존재감이야말로
우리의 본래 모습입니다.
모든 것을 잊고 이 자리에서 푹 쉬며

자신을 충전하십시오.

지금 힘들고 초조하고 불안하십니까?
조금도 걱정하지 마십시오.
우리에겐 흔들리는 마음이 있듯이,
늘 고요하여 흔들리지 않는 마음도 있습니다.

잠시 자신의 '이름'만 잊고 푹 쉬어 보십시오!
푹 쉬는 그 마음, 바로 그 자리가
바로 '참나'의 자리입니다.

유튜브(YouTube) | 5분 명상

10분 명상

눈을 감으시고,
"지금 여기가 어딘가?"라고 물어보십시오.
"모른다!"라고 하세요.
"모른다!"라고 하면 정말 모르게 됩니다.
뇌는 판단을 멈추게 됩니다.

"몇 시인가?" 물어보십시오.
"모른다!"라고 하십시오.

"모른다!"라고 하시고,
자신의 호흡만 느껴 보십시오.
들어오고 나가는 호흡만 바라보십시오.

과거는 사라지고 없습니다.
미래는 아직 오지 않았습니다.
존재하는 것은 이 순간밖에 없습니다.

지금 이 순간 들어오고 나가는 호흡만 바라보십시오.
이것이 지금 이 순간 할 수 있는 가장 고귀한 일입니다.

잡념이 일어나면 "모른다!" 하시고요.
또 "괜찮다!" 하십시오.

어깨에 힘을 빼시고요.
입가에 미소를 지으십시오.
지금 이 순간을 깊이 만족해 보십시오.
부족한 게 하나도 없습니다.

숨이 들어와 내 몸에서 일어나는 일을 관찰해 보십시오.
숨이 나가면서 일어나는 일도 관찰해 보십시오.
숨을 느끼고 관찰하기만 하십시오.
인위적인 조절은 하지 마시고요.

"모른다!"를 이겨 낼 수 있는 잡념은 없습니다.
"모른다!"라고 하십시오.
"몰라서 괜찮다!"라고 하십시오.

"모른다!"라고 하실 때마다
더욱 깊은 내면으로 들어가실 겁니다.

'호흡'을 빈틈없이 알아차리시고요.

단전이 있는 아랫배 쪽으로
몸의 에너지가 내려가는 것을 느껴 보십시오.
머릿속은 텅 빈 것처럼 됩니다.
어떤 생각도 할 수가 없고,
오직 호흡을 알아차릴 뿐입니다.

어깨에 힘 빼시고요.
"편안하다!"라고 하십시오.

어떠한 고민도 없고 번뇌도 없는 상태를 즐기십시오.

과거도 미래도 아닌
지금 이 순간 호흡에 집중하십시오.

들어오는 느낌을 관찰하시고요.

나가는 느낌을 알아차리십시오.
지금 이 순간 더 필요한 것은 없습니다.

마음을 불편하게 하는 모든 것들에 대해
"모른다!" "괜찮다!"라고 하십시오.

마치겠습니다.

유튜브(YouTube) | 10분 명상

몰입의 4단계

유튜브(YouTube) | 격물치지의 심법 – 몰입의 4단계

불교의 4선정四禪定과 멸진정滅盡定

멸진정	• 4선정에는 '나'라는 존재감이 확연함 • 멸진정은 '나'라는 존재감을 초월함
4선정	• 정신이 하나로 집중됨 • 생각이 존재하지 않음 • 희열·즐거움이 모두 존재하지 않음
3선정	• 정신이 하나로 집중됨 • 생각이 존재하지 않음 • 은은한 즐거움만 존재함
2선정	• 정신이 하나로 집중됨 • 생각이 존재하지 않음 • 희열·즐거움이 존재함
1선정	• 정신이 하나로 집중됨 • 미세한 생각이 존재함 • 희열·즐거움이 존재함

유튜브(YouTube) | 불교 4선정 총정리

5가지 화두

1. 한 생각도 일어나기 전의 '본래모습'은 무엇인가?
2. 일어나고 사라지는 '호흡'을 알아차리는 자는 무엇인가?
3. 일어나고 사라지는 '오감'을 알아차리는 자는 무엇인가?
4. 일어나고 사라지는 '감정'을 알아차리는 자는 무엇인가?
5. 일어나고 사라지는 '생각'을 알아차리는 자는 무엇인가?

10가지 견성의 인가 기준

1. 과거 · 현재 · 미래를 떠나
   지금 이 순간에 현존할 수 있는가?
   (시간과 공간을 초월한 참나의 현존 체험)

2. 자신의 호흡과 몸을 깨어서 의식할 수 있는가?
   (육신과 오감을 초월한 참나의 현존 체험)

3. 생각과 감정을 깨어서 알아차릴 수 있는가?

4. 번뇌와 망상을 깨어서 다스릴 수 있는가?
   (생각과 감정을 초월한 참나의 현존 체험)

5. 꿈과 잠에서도 깨어있을 수 있는가?
   (꿈과 잠을 초월한 참나의 현존 체험)

6. 생각의 뿌리가 되는
  '순수한 나'로서만 존재할 수 있는가?

7. 생각을 일으킬 수 없는 자리를 아는가?
  (일체를 초월한 참나의 현존 체험[참나-본체])

8. 현존하는 깨어있는 의식이
  인위적인 노력 없이 존재하는가?
  (늘 여여如如한 참나의 현존 체험[참나-안주], 아공我空)

9. 현상계를 이루는 일체 사물이
  참나와 둘이 아니며, 본래 청정하다는 것을 아는가?
  (현상계의 바탕인 참나의 현존 체험[참나-작용-], 법공法空)

10. 모든 지혜와 방편이 참나에서 나오며,
  참나 안에 모든 공덕이 온전히 갖추어져 있음을 아는가?
  (6바라밀의 뿌리인 참나의 현존 체험[참나-실상], 구공具空)

6바라밀과 6도윤회

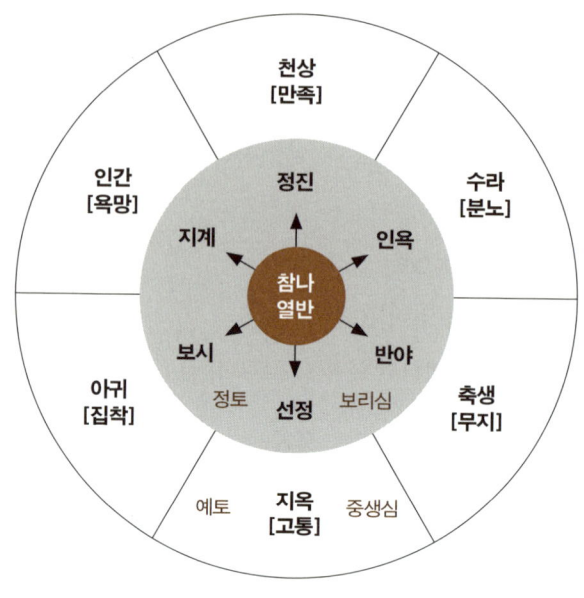

[보리심과 중생심]¹⁴

14 6도윤회는 '탐진치의 중생심'으로 이루어지니, 천상(만족) · 인간(욕망) · 수라(분노)의 '3선도善道'는 탐진치의 죄가 가벼운 자들의 세계이며, 축생(어리석음) · 아귀(집착) · 지옥(고통)의 '3악도惡道'는 탐진치의 죄가 무거운 자들의 세계이다.
    생각 · 감정 · 오감의 '중생심'은, ① 괴로울 때 '지옥의 법계', ② 집착에 빠져 허덕일 때 '아귀의 법계', ③ 무지할 때 '축생의 법계'와 하나로 통하게 된다. 또한 ④ 분노에 충만할 때 '수라의 법계', ⑤ 욕망을 추구할 때 '인간의 법계', ⑥ 만족에 빠져 있을 때 '천상의 법계'와 하나로 통하게 된다. 마찬가지로 참나와 하나로 공명하는 '보리심'일 때 '정토의 법계'와 통하게 된다.
    따라서 보살은 중생심을 버리고 열반에 안주하는 것이 아니라, '6바라밀의 보리심'으로 '6도윤회의 중생심'을 잘 경영하는 것을 목표로 한다. 마찬가지로 6도윤회를 초월하는 것을 목표로 하는 것이 아니고, 현상계 안에서 극락정토를 건설하는 것을 목표로 한다.

1. 지옥의 마음 : 우리의 마음이 쉼 없는 고통에 빠져 있다면, 곧장 고요하되 자명한 참나와 접속하는 '선정바라밀'을 닦아 '정토의 마음'을 강화시켜야 합니다. 보살은 선정바라밀로 지옥계의 중생들을 정토로 인도합니다.

2. 아귀의 마음 : 우리의 마음이 집착에 빠져 갈증에 허덕이고 있다면, 곧장 내 주변의 입장까지 이해하고 배려하는 '보시바라밀'을 닦아 '정토의 마음'을 강화시켜야 합니다. 보살은 보시바라밀로 아귀계의 중생들을 정토로 인도합니다.

3. 축생의 마음 : 우리의 마음이 무지에 빠져 혼미한 상태로 있다면, 곧장 근거가 있는 자명한 것만을 옳다고 인정하는 '반야바라밀'을 닦아 '정토의 마음'을 강화시켜야 합니다. 보살은 반야바라밀로 축생계의 중생들을 정토로 인도합니다.

4. 수라의 마음 : 우리의 마음이 질투와 분노에 빠져 있다면, 곧장 진실을 흔쾌히 수용하고 매사에 겸손한 '인욕바라밀'을 닦아 '정토의 마음'을 강화시켜야 합니다. 보살은 인

욕바라밀로 수라계의 중생들을 정토로 인도합니다.

5. 인간의 마음 : 우리의 마음이 욕망의 추구에 빠져 있다면, 곧장 양심에 부끄러운 짓을 하지 않는 '지계바라밀'을 닦아 '정토의 마음'을 강화시켜야 합니다. 보살은 지계바라밀로 인간계의 중생들을 정토로 인도합니다.

6. 천상의 마음 : 우리의 마음이 만족에 빠져 교만해지고 있다면, 곧장 양심의 구현에 최선을 다하는 '정진바라밀'을 닦아 '정토의 마음'을 강화시켜야 합니다. 보살은 정진바라밀로 천상계의 중생들을 정토로 인도합니다.

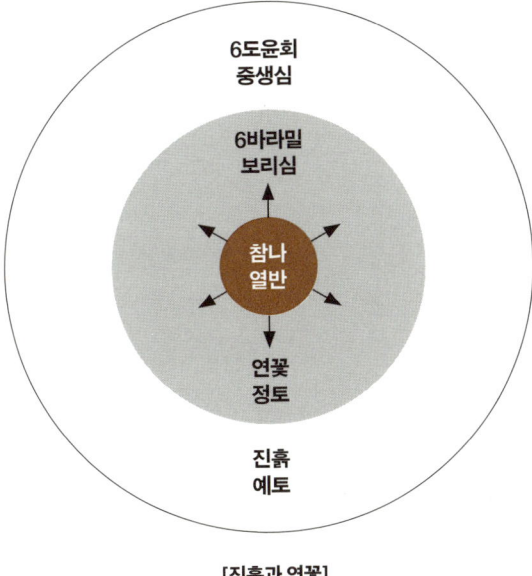

[진흙과 연꽃]

유튜브(YouTube) | 정토, 6바라밀로 6도윤회를 경영하라

지상정토 게임(MMORPG) 즐기는 법

1. 참나에 접속해야
   게임에 접속이 가능하다.

2. 게임 공간은 지금 여기
   마음(중생심)의 세계이므로,
   현상계를 참나의 작용으로 보고
   현상계를 '정토'로 볼 수 있어야,
   지상정토에서 자유로운 플레이가 가능하다.

3. '6바라밀'로 탐진치 3독을 다스릴수록
   '자리自利의 경험치'가 올라가며,
   일정 수준 이상 경험치 획득 시 레벨 업이 가능하다.

4. 비접속자를 접속시키고
   다른 접속자를 레벨 업시킬수록,
   '이타利他의 경험치' 획득과 레벨 업이 가능하다.

5. 게임머니는 '공덕 포인트'이다.

6. 지상정토 게임을 통해서,
  사후에 극락정토에서 살아갈
  자신의 '영적 캐릭터'(報身)를 키우는 것이 핵심이다.
  이렇게 키워진 영적 캐릭터는
  윤회를 통하여 영원히 진화해 나간다.

유튜브(YouTube) │ 천국게임, 그랜드 오픈!

유튜브(YouTube) │ 지상정토 게임 즐기는 법

선정·지혜·실천의 3가지 공부

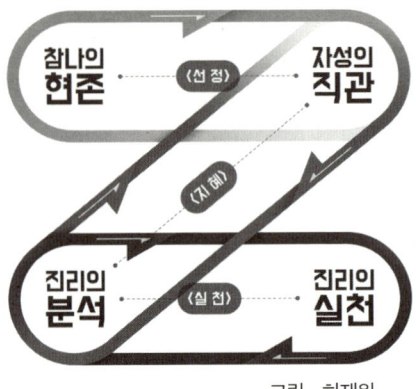

그림 _ 허재원

유튜브(YouTube) | 선정·지혜·실천으로 즉각 번뇌를 제압하라!

말로 된 강의를 글로 정리해 주신
많은 분들께 감사드립니다.

고미경 김귀순 김동헌 김성희 김연실 김옥녀 김옥주 김진래 김호철 노윤진
문혜온 박기철 박두병 박우성 박종배 서명만 송진일 양성연 우성태 윤성복
윤형식 이동우 이선빈 이승진 이용학 이재웅 이재중 이현경 이훈식 이희종
장수연 장영미 전준성 정기현 정기현 정우준 정혜진 조대호 조문주 조순희
채혁우 최경숙 최재훈 최진형 최희선 한수진 홍지영 stella0805

책이 출간될 수 있도록 후원해 주신
많은 분들께 감사드립니다.

이 책이 나오는 데 적극적으로 후원해 주신 〈BRODT-U.S. C&J-flower Changjeonghee Jinminghua Joohwan-Lee Eunah-Kim Vandekeun 가은 강덕희 강미경 강미영 강병율 강소영 강연도 강영숙 강윤아 강태일 강태희 강현주 고갑남 고근호 고동균 고옥희 공국진 공종진 곽봉수 곽윤희 곽정수 곽찬희 권선아 권세정 권수 권은주 권정섭 권정임 권지란 김규열 김규찬 김근환 김기옥 김기태 김남훈 김남희 김대련 김도영 김도형 김동우 김동욱 김만일 김만홍 김명란 김묘진 김미란 김미숙 김미영 김민아 김병철 김병호 김상호 김선미 김선우 김성국 김성덕 김성운 김성희 김세영 김세영(동국통운) 김세완 김수미 김수용 김순기 김애순 김연우 김연회 김영 김영굉 김영미 김영민 김영수 김영숙 김영순 김영우 김영익 김영준 김영필 김옥주 김옥희 김완희 김용복 김용빈 김우 김원배 김윤전 김은기 김은나 김은숙 김은정 김은희 김재정 김정련 김정원 김제성 김조현 김종배 김종필 김중국 김진운 김진희 김창현 김태순 김태연 김태희 김현미 김현주 김현준 김현철 김형선 김홍준 김화중 김희택 나경미 나승민 나온동희 나현경 남삼현 남성훈 남원배 남지현 노희철 도영섭 도재광 문경미 문선혜 문영호 문옥희 문인호 민세홍 민지영 민진암 박금주 박기호 박달환 박래은 박병윤 박봉규 박봉수 박비송 박선후 박세종 박순이 박승자 박시형 박신화 박영은

박영제 박웅제 박인숙 박재만 박재전 박재홍 박정일 박정자 박정하 박진
박진구 박진실 박진현 박하영 박혜진 방인숙 방한일 방현원 방형국 배기수
배성진 배승훈 배애순 배은실 백경아 백은혜 백종심 변기현 서명순 서민정
서영원 서은남 서정우 석수공 석정은 성민자 성정애 성정희 손석구 손현수
송대현 송묵심 송민정 송봉수 송시원 송연정 송영주 송용자 송율성 송잉근
송해영 신경숙 신만승 신명호 신여정 신영무 신은영 신재국 신정현 신지연
신현주 신혜미 신효숙 심영호 안금자 안덕민 안영민 안혜실 양광균 양문규
양선귀 양성연 양순애 양재훈 양후남 여상혁 연지민 염찬우 염희영 오경희
오남기 오동희 오정석 오종숙 오창규 왕원상 왕정숙 우승화 우정옥 우태희
원명진 유경미 유금순 유남인 유미선 유미화 유선호 유성민 유재인 유희정
육순복 윤경애 윤동근 윤모로 윤병율 윤선옥 윤숙조 윤순영 윤시현 윤재기
윤정은 윤태수 윤한철 이강열 이건영 이경자 이계영 이광선 이기수 이기원
이기춘 이도원 이동주 이동훈 이락삼 이미숙 이미영 이미화 이상민 이상봉
이상수 이상한 이선자 이성준 이성화 이수미 이수복 이수연 이승배 이승진
이승한 이승훈 이신화 이애란 이영민 이영숙 이영진 이영현 이용희 이윤미
이윤석 이은영 이은혜 이은호 이임영 이재민 이재우 이재웅 이재익 이재중
이정분 이정이 이정화 이정희 이종옥 이종원 이진영 이진태 이진희 이찬영

이창준 이태인 이태호 이현경 이현주 이혜숙 이혜원 이호국 이홍기 이화정 이희웅 이희행 임경란 임규식 임선아 임소양 임하진 임한경 임한근 임한철 임형철 장대영 장서연 장성종 장소영 장수미 장연수 장영미 장영숙 장윤서 장인영 전대도 전대성 전수현 전영준 전영환 전우성 전윤경 전지완 전혜영 전희식 정강 정기백 정미경 정민주 정보우 정봉경 정석훈 정선희 정성대 정성철 정수진 정순옥 정연헌 정영일 정왕대 정우준 정이선 정인숙 정일조 정진옥 정창균 정춘자 정태현 정학원 정한순 정현숙 정혜주 정혜진 정희성 조대호 조성만 조성주 조애리 조영호 조예서 조재성 조현숙 조현주 조혜선 조희숙 주계원 지민경 진림 진석미 진성일 진연희 차경화 차정림 채윤정 천상하 천유정 최귀영 최금정 최동대 최미자 최상욱 최상희 최선덕 최성재 최숙자 최숙자(명성산업) 최연아 최영주 최영철 최은미 최이욱 최재훈 최정식 최종민 최종삼 최창희 최치영 최현숙 최현우 최홍 최홍묵 추혜원 하미하 하조이 한광호 한덕실 한문기 한미선 한병대 한성수 한승원 한양덕 한영진 한정환 한희정 허다원 허순옥 허완 허유미 허재원 허현희 현명숙 현재옥 홍다린 홍동완 홍삼표 홍성태 홍승지 홍정순 홍지민 홍지연 홍현숙 황대연 황석현 황연희 황영철 황의중 황의홍 황인천 황혜정〉님과, 그 밖에도 익명으로 후원을 해 주신 많은 분들께 진심으로 감사드립니다.

윤홍식

홍익당 대표이며, 제19대 대통령선거에서 홍익당 후보로 출마하였다. 동서양 인문학의 핵심을 참신하면서도 알기 쉽게 유튜브를 통해 전 세계에 알리고 있는 인기 있는 젊은 철학자이자 양심경영 전문가이다. 3,800여 개의 인문학 강의 조회 수는 5,700만을 돌파하였고, 구독자 수는 8만 2천여 명에 달한다. 연세대학교 사학과 및 동 대학원 철학과를 졸업한 후 홍익학당, 홍익선원, 출판사 봉황동래를 운영하고 있으며, 견성콘서트·고전콘서트·참선캠프 등을 열고 있다. BBS에서 수심결 강의를 진행했고, 동국대 불교학과 및 춘천 삼운사, 태고종, 원불교 등의 초청으로 '견성과 6바라밀, 대승불교'를 주제로 강의를 하였다. 그 밖에도 삼성, LG 등 일반기업과 법무부, 중소기업 진흥청, 우정청 등 공공기관에서 고전을 통한 윤리교육과 양심리더십 교육을 맡았으며, KBS, EBS, BBS 등 방송 매체에서도 활발하게 활동 중이다. WBS원음방송에서도 "정신을 개벽하자" 특강 시리즈를 강의하였다. 다양한 강의를 통해 견성과 보살도, 6바라밀의 실천을 강조하고 있으며, 국민 전체의 인성교육을 위하여 『양심노트』를 만들어 보급하고 있다. 저서로는 『한국 큰스님에게 배우는 선의 지혜』 『윤홍식의 수심결 강의』 『5분 몰입의 기술』(2009년 문화체육부 선정 우수도서) 『선문답에서 배우는 선의 지혜』 『양심이 답이다』 『인성교육, 인문학에서 답을 얻다』 『화엄경, 보살의 길을 열다』 등이 있다.

카르마 경영의 6가지 원칙

지은이	윤홍식
초판발행	2019년 4월 1일
초판2쇄발행	2020년 6월 1일
펴낸곳	봉황동래
펴낸이	윤홍식
출판등록	제313-2005-00038호
등록일자	2005년 3월 10일
주소	서울 마포구 마포대로 86, 522호(도화동, 창강빌딩)
전화	02-322-2522
팩스	02-322-2523
홈페이지	www.bhdl.co.kr
디자인	투에스디자인
ISBN	978-89-94950-29-7 (03190)

값 20,000원
책값은 더 좋은 책을 만드는 데 사용됩니다.